Die Reformbedürftigkeit des Lichtbildschutzes nach § 72 UrhG aus rechtsökonomischer Perspektive

SCHRIFTENREIHE ZUM URHEBER- UND KUNSTRECHT

Herausgegeben von Thomas Hoeren

BAND 21

PETER LANG

Julia Werner

Die Reformbedürftigkeit des Lichtbildschutzes nach § 72 UrhG aus rechtsökonomischer Perspektive

PETER LANG

Bibliografische Information der Deutschen Nationalbibliothek
Die Deutsche Nationalbibliothek verzeichnet diese Publikation in der Deutschen Nationalbibliografie; detaillierte bibliografische Daten sind im Internet über http://dnb.d-nb.de abrufbar.

Zugl.: Münster (Westfalen), Univ., Diss., 2022

D6
ISSN 1860-076X
ISBN 978-3-631-88855-1 (Print)
E-ISBN 978-3-631-88870-4 (E-PDF)
E-ISBN 978-3-631-88871-1 (EPUB)
DOI 10.3726/b20137

Peter Lang – Berlin · Bern · Bruxelles ·
New York · Oxford · Warszawa · Wien

Diese Publikation wurde begutachtet.

www.peterlang.com

Meinen Eltern und meinem Bruder

Vorwort

Die vorliegende Arbeit wurde im Sommersemester 2022 von der Rechtswissenschaftlichen Fakultät der Westfälischen Wilhelms-Universität Münster als Dissertation angenommen. Die mündliche Prüfung fand im Juli 2022 statt. Rechtsprechung und Literatur konnten bis Ende November 2021 berücksichtigt werden. Die in der Arbeit genannten Internetseiten wurden zuletzt am 28. November 2021 besucht.

Mein besonderer Dank gilt meinem Doktorvater, *Professor Dr. Thomas Hoeren*, der mich bei der Erstellung dieser Arbeit betreut und als wissenschaftliche Mitarbeiterin an seinem Lehrstuhl stets gefördert hat. Darüber hinaus danke ich ihm für die Aufnahme der Arbeit in seine Schriftenreihe zum Urheber- und Kunstrecht. Dank gebührt ferner *Professorin Dr. Katharina de la Durantaye, LL. M. (Yale)* für die zügige Erstellung des Zweitgutachtens.

Für einen Einblick in die Zusammenhänge der Museumsfotografie danke ich *Ursula Grimm*, *Hanna Neander*, *Dr. Tanja Pirsig-Marshall* und *Thomas Ernstschneider*. *Dr. Stephan Holtkamp* gilt mein Dank für ein aufschlussreiches Gespräch über Reproduktionsfotografien in den Naturwissenschaften. Für die scharfsinnigen wettbewerbsrechtlichen Diskussionen danke ich *Professor Dr. Christoph Buchmüller*. *Barbara Dornes* von der Universitäts- und Landesbibliothek in Münster sei für ihre zuverlässige Unterstützung im Hinblick auf den Zugang zu maßgeblicher Literatur gedankt.

Herzlich bedanken möchte ich mich darüber hinaus bei meinen Kolleginnen und Kollegen vom ITM, die die Zeit dort sowohl fachlich als auch menschlich so besonders gemacht haben, dass sie mir unvergessen bleibt.

Besonders hervorheben möchte ich *Derman Aktas-Paszkiet*, *Dr. Johannes Baur*, *Michael Böckers*, *Dr. Julia Dreyer*, *Doris Eppe*, *Owen McGrath* und *Marie Wirtz*. Aufrichtigen Dank möchte ich *Tabea Ansorge* für die kritische Durchsicht des Manuskripts und ihre klugen Anmerkungen aussprechen. Mein besonderer Dank gilt darüber hinaus *Dr. Nico Gielen*, *Elisaweta Rabovskaja*, *Marten Tiessen* und *Steffen Uphues* für die inhaltlichen Anregungen und wertvollen Diskussionen im Hinblick auf die Forschungsfrage dieser Arbeit. Ich danke ihnen allen nicht nur für ihre Unterstützung während der Erstellung dieser Arbeit, sondern auch für ihre langjährige Freundschaft.

Meinem Bruder *Jonas Werner* danke ich von Herzen für die Durchsicht des Manuskripts, seine hilfreichen Anmerkungen und seine unermüdliche Unterstützung.

Tiefer Dank gebührt *Marvin* für seinen liebevollen Zuspruch und die stetige Bestärkung.

Für ihr Vorbild danke ich meinen Großeltern *Hanni* und *Hans Werner* sowie *Elisabeth* und *Hubert Ashauer.*

Der größte Dank gebührt meinen Eltern, *Petra Ashauer-Werner* und *Hubertus Werner*, die mir nicht nur in allen Lebenslagen liebevollen und uneingeschränkten Rückhalt bieten, sondern mich während meiner gesamten Ausbildung bedingungslos und vertrauensvoll unterstützt und gefördert haben. Worte können kaum ausdrücken, wie sehr ich sie schätze und wie dankbar ich ihnen bin. Ihnen und meinem Bruder *Jonas* ist diese Arbeit gewidmet.

Münster im Oktober 2022
Julia Werner

Abkürzungsverzeichnis

BT-Drs.	Drucksachen des Deutschen Bundestages (1949 ff.)
DiskE II	Diskussionsentwurf des Bundesministeriums der Justiz und für Verbraucherschutz eines Zweiten Gesetzes zur Anpassung des Urheberrechts an die Erfordernisse des digitalen Binnenmarktes v. 24. Juni 2020
DSM-RL	Richtlinie (EU) 2019/790 des Europäischen Parlaments und des Rates vom 17. April 2019 über das Urheberrecht und die verwandten Schutzrechte im digitalen Binnenmarkt und zur Änderung der Richtlinien 96/9/EG und 2001/29/EG
GeschGehG	Gesetz zum Schutz von Geschäftsgeheimnissen
MFM	Mittelstandsgemeinschaft Foto-Marketing
RefE	Referentenentwurf des Bundesministeriums der Justiz und für Verbraucherschutz eines Gesetzes zur Anpassung des Urheberrechts an die Erfordernisse des digitalen Binnenmarktes vom 13. Oktober 2020

Siehe für die übrigen Abkürzungen:

Kirchner, Hildebert (Begr.), Abkürzungsverzeichnis der Rechtssprache, 10. Auflage, Berlin 2021.

Inhalt

Einleitung

A. Legitimationskrise des Lichtbildschutzes

Der Lichtbildschutz in Deutschland befindet sich in einer „*Legitimationskrise*".[1]

Die Zahl einfacher Lichtbilder hat innerhalb der letzten Jahrzehnte drastisch zugenommen.[2] Dies ist auf die Entwicklung der technischen Möglichkeiten infolge der Digitalisierung zurückzuführen.[3] Es ist zu einem „*pictorial turn*"[4]/ „*iconic turn*"[5] gekommen, Bilder ersetzen zunehmend das Wort.[6] Die Digitalfotografie ist zu einem Massenmedium geworden.[7] Gleichzeitig bietet das Internet einen vereinfachten Zugang zu etlichen dieser Fotografien und erleichtert deren Kopie und Verbreitung.[8] Dadurch hat auch die unzulässige Nutzung als Lichtbilder geschützter Fotografien zugenommen.[9] Mit nur einem Mausklick oder einem Tippen ist die Verletzung des Leistungsschutzrechts begangen.[10] Die Verbreitung der Lichtbilder kann eine Eigendynamik entwickeln,[11] die zu zahlreichen Rechtsverletzungen führt. Ebenso leicht können derartige Rechtsverletzungen ermittelt und dokumentiert werden.[12] Darauf folgen Abmahnungen und gerichtliche Streitigkeiten.[13] Urheberrechtliche Streitigkeiten in der gerichtlichen und anwaltlichen Praxis beziehen sich häufig auf die Verwendung

---

1 *Apel*, in: FS Vogel, 205 (216 f.); ähnlich *Schack*, in: FS Wandtke, 9 (9 ff.).

2 *Apel*, in: FS Vogel, 205 (216); *Overbeck*, 65, 71.

3 *Apel*, in: FS Vogel, 205 (216); *Overbeck*, 65, 71.

4 *Mitchell*, Picture Theory, 11; *Mitchell*, Art Forum 1992, 89 (89 ff.); vgl. *Boehm*, in: Belting, Bilderfragen, 27 (27, 31, 34); vgl. *Mitchell*, in: Belting, Bilderfragen, 37 (39 ff.); vgl. *Sachs-Hombach*, 9. Weiterführend *Maar/Burda*.

5 *Boehm*, in: Boehm, Was ist ein Bild?, 11 (13); vgl. *Boehm*, in: Belting, Bilderfragen, 27 (27, 29, 32, 34, 36); vgl. *Sachs-Hombach*, 9. Weiterführend *Maar/Burda*.

6 *Flechsig*, in: VFF Verwertungsgesellschaft der Film- und Fernsehproduzenten mbH, Urheberrecht im Wandel der Zeit, 91 (106).

7 *Apel*, in: FS Vogel, 205 (205); *Overbeck*, 71.

8 *Apel*, in: FS Vogel, 205 (216); *Hansen*, 69; *Lerach*, in: DSRI-Tagungsband 2012, 175 (175); *Overbeck*, 1; *Schiessel*, 248, 253.

9 *Lerach*, in: DSRI-Tagungsband 2012, 175 (175); *Overbeck*, 1; *Schiessel*, 251; vgl. *Ohly*, 36.

10 *Schiessel*, 254.

11 *Apel*, in: FS Vogel, 205 (216).

12 *Schiessel*, 254.

13 *Apel*, in: FS Vogel, 205 (205); *Schiessel*, 252.

fremder Fotografien.[14] Die Google-Bildersuche macht es den Rechteinhabern leicht, entsprechende Rechtsverletzungen zu recherchieren.[15] Die Verfolgung solcher Rechtsverletzungen hat sich zu einem Geschäftsmodell entwickelt, dessen Grundlage letztlich nicht nur die Verpflichtung des Verletzers zu einer Schadensersatzzahlung an den Lichtbildner, sondern auch die Generierung von Abmahnkosten ist.[16] Neben der zunehmenden Verunsicherung auf Nutzerseite fehlt vielen noch immer ein entsprechendes Unrechtsbewusstsein.[17]

Gegenstand der Abmahnungen und gerichtlichen Streitigkeiten sind mittlerweile vielfach einfachste Lichtbilder, deren Anfertigung auf den ersten Blick weder mit einem hohen technischen noch mit einem hohen finanziellen Aufwand verbunden ist.[18] Diese werden mithilfe von digitalen Kameras inzwischen täglich millionenfach erstellt.[19] Gemeint sind vor allem einfache „*Knipsbilder*".[20] Smartphones ermöglichen die Anfertigung von Fotografien zu Zeiten und Orten der Wahl des Anwenders ohne wesentlichen Kostenaufwand.[21] Ausreichend ist ein kurzes Betätigen.[22] Die Geltendmachung von Ansprüchen wird vielfach auf die unzulässige Verwendung von einfachen Produktfotografien zur Illustration von Verkaufsangeboten gestützt.[23]

Es droht zunehmend ein Akzeptanzverlust des Urheberrechts seitens der Allgemeinheit.[24] Der Lichtbildschutz in seiner aktuellen Form wird als Ausdruck dieser „*Legitimationskrise*"[25] des Urheberrechts bezeichnet.[26] Teilweise wird daher für eine Einschränkung des Anwendungsbereichs des Lichtbildschutzes

---

14 *Forch*, GRUR-Prax 2016, 142 (142); *Fortmeyer*, Anm. zu OLG Braunschweig – 2 U 7/11, MMR 2012, 332 (332); *Lerach*, in: DSRI-Tagungsband 2012, 175 (175); *Schneider*, CR 2016, 37 (37); vgl. *Schneider*, in: DSRI-Tagungsband 2015, 581 (581).

15 *Schiessel*, 251.

16 *Bleich*, c't 1/2010, 154 (154); *Schiessel*, 249.

17 *Lerach*, in: DSRI-Tagungsband 2012, 175 (175 f.); *Ohly*, 36.

18 *Lerach*, in: DSRI-Tagungsband 2012, 175 (190); vgl. *Klimpel/Rack*, RuZ 2020, 243 (257).

19 *Apel*, in: FS Vogel, 205 (217); *Overbeck*, 65.

20 *Apel*, in: FS Vogel, 205 (221); *Klimpel/Rack*, RuZ 2020, 243 (257).

21 *Klimpel/Rack*, RuZ 2020, 243 (248).

22 *Overbeck*, 138; *Schiessel*, 253 f.

23 *Apel*, in: FS Vogel, 205 (216); *Ohly*, 36 f.; vgl. *Schack*, in: FS Wandtke, 9 (11); vgl. *Schneider*, in: DSRI-Tagungsband 2015, 581 (585).

24 *Apel*, in: FS Vogel, 205 (217); *Hansen*, 71; *Metzger*, GRUR Int. 2006, 171 (172); *Raue*, GRUR 2017, 11 (12); vgl. *Leistner/Hansen*, GRUR 2008, 479 (479).

25 *Apel*, in: FS Vogel, 205 (216); *Hansen*, 1; *Leistner/Hansen*, GRUR 2008, 479 (479); *Schack*, in: FS Wandtke, 9 (9).

26 *Apel*, in: FS Vogel, 205 (216 f.); *Schack*, in: FS Wandtke, 9 (9 ff.).

plädiert.[27] Einige Stimmen fordern gar eine Abschaffung des Lichtbildschutzes.[28] Angeführt wird, dass sich die tatsächlichen Gegebenheiten, die einst die Grundlage der Rechtfertigung eines Lichtbildschutzes gewesen seien, geändert hätten.[29] Der Gesetzgeber von 1965 habe einfachen Lichtbildern in einer Zeit, in der die Fotografien noch mit analogen Kameras aufgenommen worden seien und die Verbreitung noch von persönlichen Treffen oder der postalischen Versendung abhängig gewesen sei, einen urheberrechtlichen Leistungsschutz eingeräumt.[30] Die Nutzungsmöglichkeiten und das Nutzungsinteresse seien geringer gewesen.[31] Einfache Lichtbilder ließen sich mittlerweile ohne großen Aufwand und ohne nennenswerte Kosten anfertigen.[32] Der Investitionsschutz könne nicht mehr zur Rechtfertigung eines urheberrechtlichen Schutzes einfacher Fotografien herangezogen und dadurch zur Grundlage für die Verfolgung von durch Privatpersonen begangenen Rechtsverletzungen gemacht werden.[33] Es sei fraglich, ob ein Anreiz in Form des Lichtbildschutzes zur Anfertigung von einfachen Lichtbildern noch notwendig sei.[34] Gleichzeitig sei mit dem aktuellen Lichtbildschutz eine zu reduzierende Rechtsunsicherheit verbunden.[35]

Im Juni 2021 ist der Anwendungsbereich des Lichtbildschutzes durch § 68 UrhG als Umsetzung von Art. 14 der Richtlinie (EU) 2019/790 des Europäischen Parlaments und des Rates vom 17. April 2019 über das Urheberrecht und die verwandten Schutzrechte im digitalen Binnenmarkt und zur Änderung der Richtlinien 96/9/EG und 2001/29/EG (im Folgenden DSM-RL) bereits beschränkt worden.[36] Danach sind

---

27 *Apel*, in: FS Vogel, 205 (217, 221); *Schiessel*, 300; *Zech*, Anm. zu BGH – I ZR 104/17, GRUR 2019, 291 (291).

28 *Flechsig*, in: VFF Verwertungsgesellschaft der Film- und Fernsehproduzenten mbH, Urheberrecht im Wandel der Zeit, 91 (108); *Hoeren*, EuZ 2012, 2 (9); *Klimpel/Rack*, RuZ 2020, 243 (257); *Lerach*, in: DSRI-Tagungsband 2012, 175 (190); *Ohly*, 126; *Overbeck*, 161, 195 f.; *Schack*, GRUR 2021, 904 (906 f.); *Schack*, in: FS Wandtke, 9 (19); *Ziegler*, 250 f.

29 *Apel*, in: FS Vogel, 205 (216 f.); *Schiessel*, 253 ff., 300; *Ziegler*, 250 f.; vgl. *Linke/Žikovská*, GRUR Int. 2021, 770 (774).

30 *Schiessel*, 253.

31 *Schiessel*, 253 f.

32 *Klimpel/Rack*, RuZ 2020, 243 (248, 257); *Zech*, 363, 371, 423; vgl. *Schack*, in: FS Wandtke, 9 (11).

33 *Lerach*, in: DSRI-Tagungsband 2012, 175 (190); *Ohly*, 37; *Schiessel*, 253 f.

34 *Hughes*, 25 JOLT 2012, 327 (387).

35 *Apel*, in: FS Vogel, 205 (217).

36 In Kraft seit dem 7. Juni 2021.

„Vervielfältigungen gemeinfreier visueller Werke [...] nicht durch verwandte Schutzrechte [...] geschützt".

Bezüglich Reproduktionsfotografien gemeinfreier Vorlagen war bereits vorher von Teilen der Literatur eine teleologische Reduktion befürwortet worden.[37] Der Bundesgerichtshof hatte allerdings zuletzt Ende 2018 die Erforderlichkeit einer solchen teleologischen Reduktion abgelehnt.[38] In die Kritik geraten war der Schutz entsprechender Fotografien infolge der Annahme, dass dadurch die Gemeinfreiheit unterlaufen werde.[39] So sei die kommerzielle Verwertung gemeinfreier Werke ermöglicht worden.[40]

In der Schweiz ist hingegen nach jahrelangen Verhandlungen erst vor kurzer Zeit ein Lichtbildschutz eingeführt worden.[41] Von der Fotografenlobby gewollt war ein Schutz nach deutschem Vorbild,[42] wenngleich die Umsetzung systematisch von dem zweigliedrigen Aufbau des Urheberrechtsgesetzes abweicht. Dort gelten fotografische Wiedergaben nun nach Art. 2 Abs. 3bis URG als Werke, *„auch wenn sie keinen individuellen Charakter haben"*. Verfechter des Lichtbildschutzes hatten angeführt, dass *„nüchterne[...]"* Abbildungen teilweise *„höher"* zu bewerten seien als künstlerische fotografische Gestaltungen.[43] Kritisiert worden war, dass sowohl Anwälten als auch Richtern zu großer Interpretationsspielraum geboten worden und dadurch Rechtsunsicherheit entstanden sei.[44] Begründet wurde die Einführung des Lichtbildschutzes letztlich damit, dass Fotografien *„jeglichen Charakters"* das gesellschaftliche Leben dokumentierten und dadurch eine wichtige gesellschaftliche Funktion übernähmen.[45] Auch

---

37 *Peukert*, 110; *Stang*, ZUM 2019, 668 (670); *Stang*, 187; *Stang*, ZGE 2009, 167 (213 ff.); *Yang*, Anm. zu OLG Stuttgart – 4 U 204/16, ZUM 2017, 951 (952 f.); vgl. *Nordemann*, GRUR 1987, 15 (18); vgl. *Ohly*, 37.

38 *BGH*, GRUR 2019, 284 (287) – Museumsfotos.

39 *AG Nürnberg*, ZUM-RD 2016, 615 (615 f.); Wandtke/Bullinger/*Thum*, § 72 UrhG Rn. 35; *Ohly*, 37; *Stang*, ZUM 2019, 668 (670); vgl. *Peukert*, 110; vgl. *Stang*, ZGE 2009, 167 (213 ff.).

40 Wandtke/Bullinger/*Thum*, § 72 UrhG Rn. 6; *Garbers-von Boehm*, 58, 242 f.

41 Bundesgesetz über das Urheberrecht und verwandte Schutzrechte vom 27. September 2019, in Kraft seit dem 1. April 2020.

42 *Rigamonti*, GRUR Int. 2020, 987 (987); *Schütz*, sic! 6/2021, 285 (285 f.).

43 *Schütz*, sic! 2/2016, 53 (54).

44 *Schütz*, sic! 2/2016, 53 (54).

45 Botschaft des Schweizerischen Bundesrates zur Änderung des Urheberrechtsgesetzes sowie zur Genehmigung zweier Abkommen der Weltorganisation für geistiges Eigentum und zu deren Umsetzung, BBl 2018 591, S. 619.

diese Fotografien könnten über einen wirtschaftlichen Wert verfügen.[46] Durch den Lichtbildschutz solle eine „*value gap*“[47] geschlossen werden.[48] So würden Rechtsgleichheit und Rechtssicherheit geschaffen.[49] In Anbetracht der leichten Übernehmbarkeit von Fotografien infolge neuer technischer Möglichkeiten und der Möglichkeiten des Internets sei den Fotografen ein Einkommen zu sichern.[50]

Auch Teile der deutschen Literatur betonen, dass der Lichtbildschutz noch immer eine Rechtfertigung durch den Schutz derjenigen Lichtbilder erfahre, deren Anfertigung den Einsatz immenser finanzieller und technischer Mittel erfordere und mit großem Aufwand verbunden sei.[51] Ein solcher Aufwand wird insbesondere noch für Lichtbilder angenommen, die von Berufsfotografen angefertigt werden.[52] Für die Anfertigung einiger Lichtbilder könnte daher die Setzung eines gesetzlichen Anreizes weiterhin erforderlich und dadurch gerechtfertigt sein.[53] Möglicherweise ist der gesetzliche Schutz dieser Lichtbilder gerade infolge des vereinfachten Zugangs und der vereinfachten Nutzung erforderlich.

B. Erkenntnisinteresse der Arbeit und Gang der Untersuchung

Das Erkenntnisinteresse dieser Arbeit besteht darin, die Legitimation des Lichtbildschutzes in seiner aktuellen Fassung zu überprüfen. Erarbeitet wird,

---

46 Botschaft des Schweizerischen Bundesrates zur Änderung des Urheberrechtsgesetzes sowie zur Genehmigung zweier Abkommen der Weltorganisation für geistiges Eigentum und zu deren Umsetzung, BBl 2018 591, S. 676.

47 *Leistner/Metzger*, IIC 2017, 381 (381).

48 Botschaft des Schweizerischen Bundesrates zur Änderung des Urheberrechtsgesetzes sowie zur Genehmigung zweier Abkommen der Weltorganisation für geistiges Eigentum und zu deren Umsetzung, BBl 2018 591, S. 611.

49 Botschaft des Schweizerischen Bundesrates zur Änderung des Urheberrechtsgesetzes sowie zur Genehmigung zweier Abkommen der Weltorganisation für geistiges Eigentum und zu deren Umsetzung, BBl 2018 591, S. 676.

50 Botschaft des Schweizerischen Bundesrates zur Änderung des Urheberrechtsgesetzes sowie zur Genehmigung zweier Abkommen der Weltorganisation für geistiges Eigentum und zu deren Umsetzung, BBl 2018 591, S. 603 f.

51 Fromm/Nordemann/*A. Nordemann*, § 72 UrhG Rn. 1; Loewenheim/*Vogel*, § 43 Rn. 2; Schricker/Loewenheim/*Vogel*, § 72 UrhG Rn. 16; *Schiessel*, 261, 267, 270; vgl. *Linke/Žikovská*, GRUR Int. 2021, 770 (774).

52 *Overbeck*, 138 f.

53 Vgl. *Hughes*, 25 JOLT 2012, 327 (384); vgl. *Kogan*, 35 COLUM. J.L. & ARTS 2012, 445 (502).

inwieweit es dem Lichtbildschutz nach § 72 UrhG in seiner aktuellen Fassung an einer Rechtfertigung fehlt und in welchem Umfang der Lichtbildschutz noch gerechtfertigt ist. Anknüpfend an dieses Ergebnis werden verschiedene Reformmöglichkeiten abgewogen. Sofern sich eine Reform als erforderlich herausstellt, soll ein Reformvorschlag entwickelt werden, der dem mit Blick auf die Legitimation erarbeiteten Ergebnis angemessen Rechnung trägt und die Interessen von Lichtbildnern und Nutzern in einen bestmöglichen Ausgleich bringt.

Darüber hinaus ist Ziel der Arbeit, die Legitimation der Ausnahme von Fotografien gemeinfreier visueller Vorlagen aus dem Lichtbildschutz durch § 68 UrhG zu überprüfen. Untersucht wird die Erforderlichkeit der dadurch erfolgten Beschränkung des Anwendungsbereichs des Lichtbildschutzes. Zudem wird eine Analyse der konkreten Umsetzung des Art. 14 DSM-RL durch § 68 UrhG im Hinblick auf einen möglichst optimalen Ausgleich der Interessen der Betroffenen angestrebt.

Es erscheint zweckmäßig, dafür zunächst in **Teil 1** die Voraussetzungen für den Lichtbildschutz zu erläutern, den Anwendungsbereich des Lichtbildschutzes einzugrenzen und einen Überblick über die verschiedenen Lichtbildkategorien zu geben. Im Anschluss daran wird in **Teil 2** die rechtsökonomische Analyse als Bewertungsmaßstab für die Rechtfertigung eines urheberrechtlichen Schutzrechtes erläutert. Dargestellt wird der Ansatz der Anreiz- und Nutzungsoptimierung, nach dem die Rechtfertigung urheberrechtlichen Schutzes darin liegt, einen unmittelbaren Anreiz zur Schaffung neuer Werke zu setzen.[54] Es folgt die Begründung der besonderen Eignung dieses Ansatzes für eine Analyse der Rechtfertigung des Lichtbildschutzes. In **Teil 3** wird der Ansatz der Anreiz- und Nutzungsoptimierung auf den Lichtbildschutz nach § 72 UrhG angewandt und dessen Legitimation aus rechtsökonomischer Perspektive geprüft. Dafür werden zunächst der mit dem Lichtbildschutz nach § 72 UrhG verbundene Wohlfahrtsgewinn und der sich daraus ergebende Wohlfahrtsverlust erarbeitet. Ein Wohlfahrtsgewinn könnte sich aus einer mit dem Lichtbildschutz verbundenen Anreizwirkung ergeben. In einem ersten Schritt wird überprüft, ob von

54 *Akerlof et al.*, 2 ff.; *Cohen*, 97 Mich. L. Rev. 1998, 462 (471); *Depoorter/Parisi*, 21 Int'l Rev. L. & Econ. 2002, 453 (454); *Elkin-Koren/Salzberger*, 19 Intl Rev. L. & Econ. 1999, 553 (559); *Euler*, in: Drossou/Krempl/Poltermann, Die wunderbare Wissensvermehrung, 147 (149); *Gordon*, in: Ott/Schäfer, Ökonomische Analyse der rechtlichen Organisation von Innovationen, 328 (332); *Gordon*, 82 Colum. L. Rev. 1982, 1600 (1602, 1610); *Hansen*, 129; *Landes/Posner*, 18 JLS 1989, 325 (326); *Lemley*, 75 Tex. L. Rev. 1996–1997, 989 (993); *Netanel*, 106 Yale L. J. 1996, 283 (293, 308); *Peukert*, in: Hilty/Peukert, Interessenausgleich im Urheberrecht, 11 (16); *Prosi*, 17; *Schäfer/Ott*, 749.

dem Lichtbildschutz ein Anreiz zur Anfertigung von Lichtbildwerken ausgeht. Nachfolgend wird die Anreizwirkung des Lichtbildschutzes hinsichtlich der Anfertigung von Lichtbildern untersucht. Dafür wird zunächst die historische Entwicklung der Legitimation des Lichtbildschutzes infolge einer Anreizwirkung als Vergleichsgrundlage erarbeitet. Insbesondere wird der Zusammenhang des Erfordernisses von Investitionen sowie der Möglichkeit einer Amortisation und kommerziellen Verwertung und der Anreizwirkung des urheberrechtlichen Schutzes von Fotografien dargestellt. Im Anschluss daran werden die Investitionshöhe und die mit der Anfertigung der einzelnen Lichtbildkategorien verbundenen Interessen als Grundlage für eine Prognose hinsichtlich des Anreizes des Lichtbildschutzes erarbeitet. Erwogen wird zudem ein alternativer gesetzlicher Schutz über das Lauterkeitsrecht. In Bezug auf den Wohlfahrtsverlust ist auf die Auswirkungen der Beschränkung der Allgemeinheit in der freien Nutzbarkeit der Lichtbilder einzugehen. Im Rahmen einer Abwägung des aktuell bestehenden Wohlfahrtsgewinns und Wohlfahrtsverlusts soll eine abschließende Aussage hinsichtlich des Ausmaßes der (fehlenden) Legitimation des aktuellen Lichtbildschutzes getroffen werden. In dem sich anschließenden **Teil 4** werden verschiedene Reformvorschläge gegenübergestellt. Im Rahmen einer Folgenabwägung werden die Vor- und Nachteile der jeweiligen Reformvorschläge benannt. Durch eine Bewertung der Folgen wird ein Reformvorschlag entwickelt. Dieser ist nicht nur auf den Anwendungsbereich des Lichtbildschutzes beschränkt, sondern umfasst auch das Namensnennungsrecht sowie die Schutzdauer. In **Teil 5** wird schließlich die Notwendigkeit der Beschränkung des Anwendungsbereiches des Lichtbildschutzes durch § 68 UrhG als Umsetzung von Art. 14 DSM-RL überprüft. Dafür werden der Wohlfahrtsgewinn und der Wohlfahrtsverlust des vorherigen lichtbildnerischen Schutzes von fotografischen Vervielfältigungen gemeinfreier visueller Werke erarbeitet und abgewogen. Analysiert wird zudem die konkrete Umsetzung des Art. 14 DSM-RL durch den deutschen Gesetzgeber. Die Zusammenfassung der Ergebnisse erfolgt in **Teil 6**.

Teil 1: Status quo – Der Lichtbildschutz nach § 72 UrhG

Das deutsche Urheberrecht sieht einen zweigliedrigen Schutz von Fotografien vor. Handelt es sich bei einer Fotografie um eine „persönliche geistige Schöpfung", ist sie nach § 2 Abs. 2 UrhG in Verbindung mit § 2 Abs. 1 Nr. 5 UrhG als Lichtbildwerk geschützt. Mangelt es an der dafür erforderlichen Individualität, ist ein Schutz als Lichtbild möglich. § 72 UrhG gilt als leistungsschutzrechtlicher „*Unterbau*" zu § 2 Abs. 1 Nr. 5 UrhG.[55] Dieses zweigliedrige System stellt im internationalen Vergleich eine Besonderheit dar.[56] In den USA wird beispielsweise ausschließlich auf das Merkmal der Originalität abgestellt,[57] die durch Gestaltungsentscheidungen wie die Auswahl des Hintergrunds, der Beleuchtung und des Blickwinkels erreicht werden kann.[58] Die Originalität ähnelt der für den urheberrechtlichen Werkschutz erforderlichen schöpferischen Individualität. Auch im europäischen Vergleich übertrifft die Anzahl der Länder, in denen kein einfacher Lichtbildschutz gewährt wird, die Anzahl der einen Lichtbildschutz gewährenden Länder bei weitem.[59]

A. Grundlagen des Lichtbildschutzes

Nach § 72 Abs. 1 UrhG werden

> *„Lichtbilder und Erzeugnisse, die ähnlich wie Lichtbilder hergestellt werden, […] in entsprechender Anwendung der für Lichtbildwerke geltenden Vorschriften des Teils 1 geschützt".*

Für den Schutzumfang wird demnach auf den Schutzumfang des Lichtbildwerkschutzes verwiesen.

Das Recht erlischt gemäß § 72 Abs. 3 Satz 1 UrhG

---

55 Dreier/*Schulze*, § 72 UrhG Rn. 1; Hoeren/Sieber/Holznagel/*Ernst*, Teil 7.1 Grundlagen des Urheberrechts Rn. 8.

56 Vgl. *Hughes*, in: Bogre/Wolff, The Routledge Companion to Copyright and Creativity in the 21st century, 78 (81 f.).

57 § 102 lit. a Copyright Law of the United States and Related Laws Contained in Titel 17 of the United States Code; vgl. Burrow-Giles Lithography Company v. Sarony, 111 U.S. 53 (1884).

58 Leigh v. WARNER BROS., a DIV. OF TIME WARNER, 10 F. Supp. 2d 1371 (S.D. GA. 1998).

59 Vgl. *Schiessel*, 307 ff.

> *„fünfzig Jahre nach dem Erscheinen des Lichtbildes oder, wenn seine erste erlaubte öffentliche Wiedergabe früher erfolgt ist, nach dieser, jedoch bereits fünfzig Jahre nach der Herstellung, wenn das Lichtbild innerhalb dieser Frist nicht erschienen oder erlaubterweise öffentlich wiedergegeben worden ist“.*

Das Gesetz bietet keine Definition der Lichtbilder und der Erzeugnisse, die ähnlich wie Lichtbilder hergestellt werden.[60] Dafür sei auf deren technische Definition zum einen und auf die von Rechtsprechung und Literatur entwickelten Mindestanforderungen an den Lichtbildschutz zum anderen verwiesen.

I. Technische Definition der Lichtbilder und Erzeugnisse, die ähnlich wie Lichtbilder hergestellt werden

Die technische Definition von Lichtbildern und Erzeugnissen, die ähnlich wie Lichtbilder hergestellt werden, hat sich im Hinblick auf die analoge Fotografie entwickelt und wurde dann infolge der technischen Weiterentwicklung hin zur digitalen Fotografie an diese angepasst. Die Aufnahme von ähnlich wie Lichtbilder hergestellten Erzeugnissen in den Schutzbereich des Lichtbildschutzes ermöglicht die spätere Einbeziehung von zum Zeitpunkt der Einführung des Lichtbildschutzes unbekannten fotografischen Technologien.[61]

1. Analoge Fotografie

Ein analoges Lichtbild entsteht, wenn eine Strahlungsquelle (Licht) chemische oder physikalische Veränderungen auf einer strahlungsempfindlichen Schicht verursacht und dadurch eine Abbildung der Wirklichkeit erzeugt.[62] Ein ähnlicher Herstellungsprozess ist dann anzunehmen, wenn ein *„in Wirkungsweise und Ergebnis“* ähnliches Verfahren genutzt wird.[63] Ein Verfahren entspricht diesen Anforderungen, wenn (mithilfe eines technischen Hilfsmittels)[64] eine

---

60 *Heitland*, 20.

61 Schricker/Loewenheim/*Vogel*, § 72 UrhG Rn. 23; vgl. Dreier/*Schulze*, § 2 UrhG Rn. 199.

62 Schricker/Loewenheim/*Vogel*, § 72 UrhG Rn. 23, 25; nicht beschränkt auf Licht als mögliche Strahlungsquelle *Oldekop*, Rn. 369; beschränkt auf chemische Veränderungen *Overbeck*, 58 f.; *Platena*, 86 f., 122, 132.

63 *Erdmann*, in: FS Bornkamm, 761 (763); *Nordemann*, 66; *Oldekop*, Rn. 374; vgl. Schricker/*Loewenheim*/*Leistner*, § 2 UrhG Rn. 209.

64 Vgl. Wandtke/*Bullinger*, § 2 UrhG Rn. 113.

Abbildung durch die Nutzung strahlender Energie geschaffen wird.[65] Infolge des identischen Schutzumfanges ist die Unterscheidung rein dogmatischer Natur.[66]

2. *Digitale Fotografie*

Aus der technischen Weiterentwicklung ist die Digitalfotografie erwachsen. Sie hat die herkömmliche analoge Fotografie inzwischen weitestgehend abgelöst.[67]

Die ihr zugrundeliegende technische Vorgehensweise ähnelt der analogen chemischen Silberhalogenid-Fotografie bis auf die Art und Weise der Abbildung des Motivs.[68] Während bei der analogen chemischen Silberhalogenid-Fotografie eine permanente Abbildung durch die Veränderung der chemischen Schicht unmittelbar infolge der Lichtstrahlung selbst entsteht, wird die Abbildung im Rahmen der digitalen Fotografie erst nach der Umwandlung des Lichtimpulses in einen elektronisch lesbaren Impuls und dessen Speicherung in Datenform über einen Bildschirm oder einen Ausdruck sichtbar.[69] Die Lichtstrahlen treffen auf einen lichtempfindlichen Sensor und nicht wie bei der analogen Fotografie auf einen beschichteten Film.[70]

Digitale Fotografien fallen unstreitig in den Lichtbildschutz, ob als Lichtbilder[71] oder als lichtbildähnliche Erzeugnisse[72].[73] Der Schutz entsteht nicht erst mit der Wahrnehmbarkeit des Bildes, sondern bereits mit der Speicherung der

---

65 *BGH*, GRUR 1990, 669 (673) – Bibelreproduktion; *BGH*, GRUR 1962, 470 (472) – AKI; Dreier/*Schulze*, § 72 UrhG Rn. 6; Schricker/Loewenheim/*Vogel*, § 72 UrhG Rn. 23, 26; *Maaßen*, ZUM 1992, 338 (340).

66 *Nordemann*, 63; *Oldekop*, Rn. 376; vgl. Schricker/*Loewenheim*/*Leistner*, § 2 UrhG Rn. 209.

67 Wandtke/Ohst/*Maaßen*, Rn. 2; vgl. *Apel*, in: FS Vogel, 205 (205).

68 Wandtke/Ohst/*Maaßen*, Rn. 2; *Oldekop*, Rn. 379.

69 *Oldekop*, Rn. 379.

70 *Garbers-von Boehm*, 148; Wandtke/Ohst/*Maaßen*, Rn. 2.

71 *Erdmann*, in: FS Bornkamm, 761 (763); *Platena*, 144.

72 *Garbers-von Boehm*, 148 f.; *Maaßen*, ZUM 1992, 338 (340); *Oldekop*, Rn. 385; *Pfennig*, in: Becker/Dreier, Urheberrecht und digitale Technologie, 95 (99); vgl. *Bisges*, Rn. 129; vgl. *Pfennig*, 39.

73 *LG Hamburg*, ZUM 2004, 675 (677); Dreier/*Schulze*, § 72 UrhG Rn. 4, 6; Dreyer/Kotthoff/*Meckel*/Hentsch, § 72 UrhG Rn. 6; Schricker/Loewenheim/*Vogel*, § 72 UrhG Rn. 25 f.; *Apel*, in: FS Vogel, 205 (207).

durch die Strahlen vermittelten Informationen auf der strahlungsempfindlichen Schicht.[74]

Nicht geschützt sind am Computer erstellte Abbildungen eines virtuellen Gegenstandes.[75] Die Abbildung wird in diesen Fällen nicht wie erforderlich mittels strahlender Energie, sondern mittels elektronischer Befehle erstellt.[76] Zudem wird, anders als sonst in der Fotografie üblich, kein körperlicher Gegenstand abgebildet.[77]

II. Mindestanforderungen an den Lichtbildschutz

Neben der technischen Definition haben Rechtsprechung und Literatur mit dem Erfordernis eines „*Mindestmaß[es] an persönlicher geistiger Leistung*“ eine weitere Voraussetzung für den Lichtbildschutz geschaffen.[78] Dieses Erfordernis dient insbesondere der Abgrenzung schutzfähiger Lichtbilder von nicht schutzfähigen technischen bzw. mechanischen Vervielfältigungen.[79]

---

74 *BGH*, GRUR 1962, 470 (472) – AKI; *Maaßen*, ZUM 1992, 338 (340); *Pfennig*, in: Becker/Dreier, Urheberrecht und digitale Technologie, 95 (99); *Platena*, 138 f.; *Reuter*, GRUR 1997, 23 (26).

75 *KG*, ZUM-RD 2020, 301 (306) – Kart; *OLG Köln*, GRUR-RR 2010, 141 (142) – 3D-Messestände; *OLG Hamm*, GRUR-RR 2005, 73 (74) – Web-Grafiken; *LG Berlin*, ZUM 2017, 955 (957); BeckOK/*Lauber-Rönsberg*, § 72 UrhG Rn. 11; Schricker/Loewenheim/*Vogel*, § 72 UrhG Rn. 28; *Schack*, Rn. 721; vgl. *Coraths*, MMR 2021, 457 (460); a.A. *Büchner*, ZUM 2011, 549 (552). Weiterführend *Rauer/Bibi*, ZUM 2020, 519.

76 *KG*, ZUM-RD 2020, 301 (306) – Kart; *OLG Köln*, GRUR-RR 2010, 141 (142) – 3D-Messestände; *OLG Hamm*, GRUR-RR 2005, 73 (74) – Web-Grafiken; *LG Berlin*, ZUM 2017, 955 (957); BeckOK/*Lauber-Rönsberg*, § 72 UrhG Rn. 11; Schricker/Loewenheim/*Vogel*, § 72 UrhG Rn. 28; *Apel*, in: FS Vogel, 205 (207); vgl. *Coraths*, MMR 2021, 457 (460); a.A. hinsichtlich der Erforderlichkeit strahlender Energie *Büchner*, ZUM 2011, 549 (552).

77 *KG*, ZUM-RD 2020, 301 (306) – Kart; *LG Berlin*, ZUM 2017, 955 (957).

78 *BGH*, GRUR 2019, 284 (286) – Museumsfotos; *BGH*, GRUR 2001, 755 (757) – Telefonkarte; *BGH*, ZUM 2000, 233 (234) – Werbefotos; *BGH*, GRUR 1993, 34 (35) – Bedienungsanweisung; *BGH*, GRUR 1990, 669 (673) – Bibelreproduktion; *Ulmer*, 511; vgl. *Gerstenberg*, in: FS Klaka, 120 (123). Zu den im Einzelnen strittigen Details siehe eine ausführliche Übersicht in *Schiessel*, 65 ff.

79 *BGH*, GRUR 2019, 284 (286) – Museumsfotos; *BGH*, GRUR 2001, 755 (757 f.) – Telefonkarte; *BGH*, GRUR 1990, 669 (673) – Bibelreproduktion; BeckOK/*Lauber-Rönsberg*, § 72 UrhG Rn. 15; Dreier/*Schulze*, § 72 UrhG Rn. 10; *Klimpel/Rack*, RuZ 2020, 243 (249 f.); vgl. *Schiessel*, 85.

1. *Mindestmaß an persönlicher geistiger Leistung*

Lichtbildwerke und Lichtbilder unterscheiden sich durch das für den Lichtbildwerkschutz erforderliche Merkmal der persönlichen geistigen Schöpfung, vgl. § 2 Abs. 2 UrhG. Der Leistungsschutz setzt dort an, wo einer Fotografie die für den Schutz als Lichtbildwerk erforderliche Individualität fehlt.[80] Das Erbringen einer handwerklichen Leistung in Form der fachmännischen Bedienung des Aufnahmeapparates reicht für die Annahme von Individualität nicht aus.[81] Sobald der Fotograf allerdings freie kreative Entscheidungen, etwa bei der Auswahl der Perspektive, der Beleuchtung, der Kontrastierung oder der Auswahl des Bildausschnittes, trifft und nicht nur *„drauflos knipst"*, sind die Anforderungen an eine eigene Schöpfung erfüllt.[82]

Der Lichtbildschutz nach § 72 UrhG schützt die in einer Fotografie verkörperte technische Leistung.[83] In der Begründung zu dem Entwurf eines Gesetzes über Urheberrecht und verwandte Schutzrechte heißt es, dass

> *„es sich bei dem Schutz der Lichtbilder nicht um den Schutz einer schöpferischen Leistung, sondern einer rein technischen Leistung handelt, die nicht einmal besondere Fähigkeiten voraussetzt".*[84]

Rechtsprechung und Literatur haben die bereits genannte, zusätzliche Anforderung des *„Mindestmaß[es] an persönlicher geistiger Leistung"* entwickelt.[85] Das Merkmal sei in der Regel bereits bei einfachen Fotografien erfüllt.[86] Der bloße technische Reproduktionsvorgang sei allerdings noch nicht schutzbegründend.[87] Eine rein handwerkliche Leistung könne dennoch durchaus in den Schutzbereich fallen.[88] Die Auswahl aus verschiedenen Gestaltungsmöglichkeiten und

---

80 BeckOK/*Lauber-Rönsberg*, § 72 UrhG Rn. 1; *Erdmann*, in: FS Bornkamm, 761 (765).

81 BeckOK/*Lauber-Rönsberg*, § 72 UrhG Rn. 1.

82 Wandtke/Ohst/*Maaßen*, Rn. 43 f.

83 BeckOK/*Lauber-Rönsberg*, § 72 UrhG Rn. 1; Dreier/*Schulze*, § 72 UrhG Rn. 3.

84 BT-Drs. IV/270, S. 88.

85 *BGH*, GRUR 2019, 284 (286) – Museumsfotos; *BGH*, GRUR 2001, 755 (757) – Telefonkarte; *BGH*, ZUM 2000, 233 (234) – Werbefotos; *BGH*, GRUR 1993, 34 (35) – Bedienungsanweisung; *BGH*, GRUR 1990, 669 (673) – Bibelreproduktion; *Ulmer*, 511; vgl. *Gerstenberg*, in: FS Klaka, 120 (123). Zu den im Einzelnen strittigen Details siehe eine ausführliche Übersicht in *Schiessel*, 65 ff.

86 *BGH*, ZUM 2000, 233 (234) – Werbefotos; *BGH*, GRUR 1993, 34 (35) – Bedienungsanweisung.

87 *BGH*, GRUR 2001, 755 (757) – Telefonkarte.

88 *BGH*, GRUR 2019, 284 (286 f.) – Museumsfotos.

Umsetzung dieser Auswahl bei der Anfertigung der Fotografie kann dieses Mindestmaß erfüllen.[89] Die Art der verwandten Technik ist nicht entscheidend,[90] solange die technischen Grundvoraussetzungen erfüllt sind. Auch die Erbringung eines bestimmten Zeit- oder Kostenaufwands ist aktuell nicht erforderlich für den Lichtbildschutz.[91]

2. *Abgrenzung schutzfähiger zu nicht schutzfähigen Reproduktionen*

Die Rechtsprechung selbst hat keine Definition für das Merkmal des Mindestmaßes einer persönlichen geistigen Leistung entwickelt, sondern bedient sich dieses Merkmales vorrangig, um von nicht schutzfähigen (technischen) Reproduktionen abzugrenzen, die einer bloßen Vervielfältigung gleichen.[92] Das deutsche Urheberrechtsgesetz kennt nur den Begriff der Vervielfältigung.[93] Dabei handelt es sich um einen weitläufigen Begriff.[94] Umfasst sind davon alle

> *„körperlichen Festlegungen, die geeignet sind, das Werk den menschlichen Sinnen auf irgendeine Weise unmittelbar oder mittelbar wahrnehmbar zu machen“.*[95]

Unter einer Reproduktion ist eine möglichst originalgetreue Vervielfältigung des abgebildeten Objekts zu verstehen.[96] Zu unterscheiden ist zwischen rein technischen (mechanischen, vervielfältigungsgleichen) und fotografischen Reproduktionen.[97] Technische bzw. mechanische Reproduktionen sind solche originalgetreuen Vervielfältigungen, die auf rein technische Weise mittels

---

89 Dreier/*Schulze*, § 72 UrhG Rn. 10; *Gerstenberg*, in: FS Klaka, 120 (122 f.); *Seiler*, K&R 2019, 245 (246).

90 Schricker/Loewenheim/*Vogel*, § 72 UrhG Rn. 13.

91 Schricker/Loewenheim/*Vogel*, § 72 UrhG Rn. 27; *Erdmann*, in: FS Bornkamm, 761 (765).

92 *BGH*, GRUR 2019, 284 (286) – Museumsfotos; *BGH*, GRUR 2001, 755 (757 f.) – Telefonkarte; *BGH*, GRUR 1990, 669 (673) – Bibelreproduktion; BeckOK/*Lauber-Rönsberg*, § 72 UrhG Rn. 15; Dreier/*Schulze*, § 72 UrhG Rn. 9 f.; *Erdmann*, in: FS Bornkamm, 761 (765).

93 *Klimpel*/*Rack*, RuZ 2020, 243 (244).

94 Dreier/*Schulze*, § 16 UrhG Rn. 4; Schricker/*Loewenheim*, § 16 UrhG Rn. 5.

95 BT-Drs. IV/270, S. 47; vgl. *BGH*, GRUR 1955, 492 (494).

96 *LG Stuttgart*, ZUM-RD 2017, 201 (204); *Klimpel*/*Rack*, RuZ 2020, 243 (244).

97 *LG Berlin*, ZUM 2016, 766 (769); Dreier/*Schulze*, § 72 UrhG Rn. 10; Wandtke/Bullinger/*Thum*, § 72 UrhG Rn. 27 ff.; *Garbers-von Boehm*, 153; *Schiessel*, 81, 85; *Waitz*, 149; vgl. Schricker/Loewenheim/*Vogel*, § 72 UrhG Rn. 33.

Kopieren, Scannen oder Negativabzügen hergestellt werden.[98] Rein technische bzw. mechanische Reproduktionen erfüllen das Mindestmaß der persönlichen geistigen Leistung nicht,[99] wenn nicht ausnahmsweise mit der Einstellung des Aufnahmegerätes ein Mindestmaß an persönlicher geistiger Leistung erreicht wird.[100] Vereinzelt wird vertreten, dass auch die Bedienung eines Hochleistungsscanners oder eines komplizierten automatischen Aufnahmeapparates zur Erzielung eines optimalen Ergebnisses fundierte Kenntnisse und individuelle Entscheidungen des Fotografen erfordern würde, sodass auch dann das erforderliche Mindestmaß an persönlicher geistiger Leistung erreicht werden könne.[101] Möglich erscheint das allerdings nur, wenn es sich bei der Vorlage nicht um ein industriell gefertigtes Druckerzeugnis handelt, sondern beispielsweise um handgezeichnete oder -geschriebene Werke.[102] Eine Reproduktionsfotografie ist eine unter Zuhilfenahme eines fotografischen Verfahrens erstellte, (beinahe) mit der Vorlage identische, möglichst originalgetreue Abbildung.[103] Dabei betätigt der Fotograf den Auslöser einer Kamera, während bei rein technischen Reproduktionen auf Knopfdruck der Automatismus einer Apparatur in Gang gesetzt wird.[104] Der Zweck der Reproduktionsfotografie (Gegenstandsfotografie) liegt darin, über den abgebildeten Gegenstand in Form einer möglichst unveränderten, naturgetreuen Wiedergabe zu informieren.[105] Entscheidend kann für die Annahme einer lichtbildnerisch geschützten Reproduktionsfotografie sein, dass ein handwerklicher Gestaltungsspielraum vorhanden ist und dieser durch

---

98 Fromm/Nordemann/*A. Nordemann*, § 72 UrhG Rn. 11; Schricker/Loewenheim/*Vogel*, § 72 UrhG Rn. 33; Wandtke/Bullinger/*Thum*, § 72 UrhG Rn. 29; *Garbers-von Boehm*, 153; *Schiessel*, 85.

99 *BGH*, GRUR 2019, 284 (286) – Museumsfotos; *BGH*, GRUR 2001, 755 (757) – Telefonkarte; BeckOK/*Lauber-Rönsberg*, § 72 UrhG Rn. 17; Dreier/*Schulze*, § 72 UrhG Rn. 10; Fromm/Nordemann/*A. Nordemann*, § 72 UrhG Rn. 11; Schricker/Loewenheim/*Vogel*, § 72 UrhG Rn. 33; *Garbers-von Boehm*, 153; *Gerstenberg*, in: FS Klaka, 120 (121); *Katzenberger*, GRUR Int. 1989, 116 (117); *Klimpel/Rack*, RuZ 2020, 243 (249 f.); *Lehment*, 27; *Oldekop*, Rn. 454 f.; *Wanckel*, Rn. 372.

100 Schricker/Loewenheim/*Vogel*, § 72 UrhG Rn. 33 m.w.N; a.A. *Lehment*, 27; a.A. *Overbeck*, 55.

101 *Stang*, 178; *Talke*, ZUM 2010, 846 (851 f.).

102 *Talke*, ZUM 2010, 846 (852).

103 *LG Stuttgart*, ZUM-RD 2017, 201 (204); Wandtke/Bullinger/*Thum*, § 72 UrhG Rn. 22; *Schiessel*, 85.

104 *Klimpel/Rack*, RuZ 2020, 243 (250).

105 *BGH*, GRUR 1967, 315 (316) – skaicubana; *OLG Stuttgart*, GRUR 2017, 905 (907) – Reiss-Engelhorn-Museen.

die Anwendung lichtbildnerischer Fähigkeiten genutzt wird.[106] Die persönliche geistige Leistung kann beispielsweise in der handwerklichen Fertigkeit im Umgang mit der Kamera und in Gestaltungsentscheidungen wie der Perspektivwahl oder der Beleuchtung liegen,[107] ist aber auch nicht darauf beschränkt.[108] Wird das Merkmal der persönlichen geistigen Leistung nicht erfüllt, handelt es sich bei der fotografischen Reproduktion lediglich um eine rein technische bzw. mechanische Reproduktion, die eine bloße Vervielfältigung im Sinne von § 16 UrhG darstellt.[109] Anderenfalls handelt es sich um eine (als Lichtbild geschützte) Reproduktionsfotografie. Das beschriebene Begriffsverständnis von technischen Reproduktionen und Reproduktionsfotografien wird dieser Arbeit zugrunde gelegt.

Die Notwendigkeit einer Abgrenzung von nicht schutzfähigen technischen Reproduktionen und schutzfähigen Reproduktionsfotografien ergibt sich in der Regel im Rahmen der Gegenstands- und Produktfotografie, insbesondere im Rahmen der Fotografie von Sammlungsstücken in Museen und anderen Kultureinrichtungen. Im Rahmen der Gegenstandsfotografie ist zwischen fotografischen Reproduktionen dreidimensionaler und zweidimensionaler Vorlagen zu unterscheiden.

a) *Schutzfähigkeit von fotografischen Reproduktionen dreidimensionaler Vorlagen*

Als dreidimensionale Vorlagen in der fotografischen Reproduktion dienen üblicherweise dreidimensionale Kunstwerke wie Skulpturen oder Installationen.[110]

Hinsichtlich fotografischer Reproduktionen dieser Kunstwerke ist man sich weitestgehend einig, dass das für den Lichtbildschutz erforderliche Mindestmaß einer persönlichen geistigen Leistung erreicht wird.[111] Dies ist auf die größere Vielfalt an technischen Gestaltungsmöglichkeiten und -notwendigkeiten im

---

106 Dreier/*Schulze*, § 72 UrhG Rn. 10.

107 BeckOK/*Lauber-Rönsberg*, § 72 UrhG Rn. 15; Dreier/*Schulze*, § 72 UrhG Rn. 10; Schricker/Loewenheim/*Vogel*, § 72 UrhG Rn. 13.

108 Dreier/*Schulze*, § 72 UrhG Rn. 10; Schricker/Loewenheim/*Vogel*, § 72 UrhG Rn. 13.

109 *BGH*, GRUR 2019, 284 (286) – Museumsfotos; *BGH*, GRUR 1990, 669 (673) – Bibelreproduktion; Dreier/*Schulze*, § 72 UrhG Rn. 9; Wandtke/Bullinger/*Thum*, § 72 UrhG Rn. 29; *Schack*, Rn. 722.

110 *Garbers-von Boehm*, 150.

111 Dreier/*Schulze*, § 72 UrhG Rn. 10; Fromm/Nordemann/*A. Nordemann*, § 72 UrhG Rn. 10; Wandtke/Bullinger/*Thum*, § 72 UrhG Rn. 23; *Lehment*, 37; *Ohly*, in: Festgabe Schricker 1995, 427 (455); *Rau*, 34; *Schack*, in: FS Pfennig, 207 (209); *Schiessel*, 87 f.

Vergleich zur fotografischen Reproduktion von zweidimensionalen Vorlagen zurückzuführen.[112] Infolgedessen genügen die Fotografien dreidimensionaler Vorlagen oft bereits den Anforderungen an einen Schutz als Lichtbildwerke nach § 2 Abs. 1 Nr. 5 UrhG.[113] Individuelle Entfaltungsmöglichkeiten ergeben sich insbesondere aus der Wahl der Perspektive, des Ausschnitts und der Beleuchtung.[114] Zudem kann der Fotograf bereits bei der Auswahl des Standortes kreativ tätig werden,[115] während die Aufnahme bei zweidimensionalen Vorlagen stets parallel zur Vorlagenebene erfolgen muss.[116]

b) *Schutzfähigkeit von fotografischen Reproduktionen zweidimensionaler Vorlagen*

Die urheberrechtliche Einordnung fotografischer Reproduktionen zweidimensionaler Vorlagen, die selbst keine Lichtbilder sind, gestaltet sich etwas schwieriger. Als zweidimensionale Vorlagen dienen üblicherweise Zeichnungen und Gemälde.[117] Ob Gemälde zwei- oder (zum Beispiel im Fall von dicken Ölgemälden) dreidimensionale Vorlagen sind, ist vom Einzelfall abhängig.[118] Für fotografische Reproduktionen zweidimensionaler Vorlagen gilt es, die rein technische Kopie von der lichtbildnerischen Reproduktion zu unterscheiden.[119] Ein Schutz als Lichtbildwerk kommt für eine solche fotografische Reproduktion üblicherweise nicht in Betracht.[120]

---

112 BeckOK/*Lauber-Rönsberg*, § 72 UrhG Rn. 19; *Rau*, 34 f.; *Schack*, in: FS Pfennig, 207 (209); vgl. *Stang*, 175.

113 *OLG Düsseldorf*, GRUR 1997, 49 (50 f.) – Beuys-Fotografien; BeckOK/*Lauber-Rönsberg*, § 72 UrhG Rn. 19; *Bullinger*, in: FS Raue, 379 (385); *Garbers-von Boehm*, 150, 155; *Lauber-Rönsberg*, Anm. zu BGH – I ZR 104/17, ZUM 2019, 341 (342); *Schack*, in: FS Pfennig, 207 (209); *Stang*, ZGE 2009, 167 (175); vgl. *Pfennig*, 40.

114 *Bullinger*, in: FS Raue, 379 (385); *Garbers-von Boehm*, 150; *Schack*, in: FS Pfennig, 207 (209); *Stang*, ZGE 2009, 167 (175).

115 *Bullinger*, in: FS Raue, 379 (385); *Schack*, in: FS Pfennig, 207 (209).

116 *Rau*, 34 f.

117 *Garbers-von Boehm*, 150.

118 *LG Berlin*, ZUM 2016, 766 (770); BeckOK/*Lauber-Rönsberg*, § 72 UrhG Rn. 19.

119 Vgl. *Schiessel*, 85.

120 *Schiessel*, 91 m.w.N.

aa) Urbilderfordernis

Nicht vom Lichtbildschutz erfasst sind Vervielfältigungen von lichtbildnerischen Vorlagen.[121] Für den Lichtbildschutz ist es nach Ansicht des Bundesgerichtshofs und der Literatur (auf *Hertin* verweisend)[122] erforderlich, dass die Fotografie originär als „*Urbild*"[123] geschaffen wird und nicht als Kopie eines bereits existenten Lichtbildes oder eines ähnlich hergestellten Erzeugnisses.[124] Ein derartiger Schutz sei zum einen vom Gesetzgeber bei der Einführung des Lichtbildschutzes nicht beabsichtigt worden und zum anderen führe ein solcher zu einer beliebigen Verlängerbarkeit der Schutzfrist des reproduzierten Lichtbildes.[125] Das Mindestmaß an persönlicher geistiger Leistung kann bei fotografischen Reproduktionen lichtbildnerischer Vorlagen nicht erreicht werden.[126]

Infolgedessen ist ein Lichtbildschutz für Fotografien von zweidimensionalen Vorlagen, die selbst Lichtbilder oder ähnlich hergestellte Erzeugnisse sind, stets abzulehnen. Das gilt aufgrund der vom Bundesgerichtshof eingeführten teleologischen Reduktion für fotografische Reproduktionen lichtbildnerischer Vorlagen auch dann, wenn Gestaltungsentscheidungen in Form einer persönlichen geistigen Leistung getroffen werden.[127]

bb) Erreichbarkeit des Mindestmaßes an persönlicher geistiger Leistung durch fotografische Reproduktionen zweidimensionaler Vorlagen

Vereinzelt wird in der Literatur die Schutzwürdigkeit von Reproduktionen zweidimensionaler Vorlagen uneingeschränkt abgelehnt, auch wenn das Urbilderfordernis erfüllt ist.[128] Bei Reproduktionen zweidimensionaler Vorlagen komme es

---

121 *BGH*, GRUR 1990, 669 (673) – Bibelreproduktion; Dreier/*Schulze*, § 72 UrhG Rn. 9; Wandtke/Bullinger/*Thum*, § 72 UrhG Rn. 31 f.; *Lehment*, 28 f.; *Maaßen*, ZUM 1992, 338 (340); a.A. *Schiessel*, 96. Zu den innerhalb der Literatur strittigen Details siehe ausführlich *Schiessel*, 68 ff.

122 Schricker/Loewenheim/*Vogel*, § 72 UrhG Rn. 33.

123 Fromm/Nordemann/*Hertin*, 7. Auflage 1988, § 72 UrhG Rn. 2.

124 *BGH*, GRUR 2019, 284 (286) – Museumsfotos; *BGH*, GRUR 1990, 669 (673) – Bibelreproduktion; Dreier/*Schulze*, § 72 UrhG Rn. 9; Schricker/Loewenheim/*Vogel*, § 72 UrhG Rn. 33; *Schack*, in: FS Pfennig, 207 (209).

125 *BGH*, GRUR 1990, 669 (673 f.) – Bibelreproduktion.

126 *BGH*, GRUR 1990, 669 (673) – Bibelreproduktion; *Maaßen*, ZUM 1992, 338 (340); a.A. *Schiessel*, 96.

127 Wandtke/Bullinger/*Thum*, § 72 UrhG Rn. 31.

128 Hoeren/Nielen/*Fleer*, Rn. 130; *Klimpel*/*Rack*, RuZ 2020, 243 (256); *Koreng*, in: Weller/Kemle/Dreier/Michl, Tagungsband 11. Heidelberger Kunstrechtstag, 87 (99 ff.);

stets darauf an, die Vorlage so originalgetreu wie möglich abzubilden.[129] Durch diese Bindung an die Originaltreue fehle „*Raum für eine persönliche Note*".[130] Ein Fotograf werde nicht durch das simple Betätigen des Knopfes einer „*Reproduktionskamera*" zum Lichtbildner.[131] Originaltreue und individuelle Gestaltung schlössen einander aus und demnach könne das Mindestmaß an persönlicher geistiger Leistung durch naturgetreue fotografische Reproduktionen nicht erreicht werden.[132] Es gebe keine unterschiedlichen Perspektiven oder Bildausschnitte.[133] Darüber hinaus wird argumentiert, dass die entstehende Abbildung näher an der Kopie als an der „*Lichtmalerei*" sei.[134] Die jeweilige Anwendung der Fotografie als technische Methode sei Zufall und daher nicht ausschlaggebend für die rechtliche Einordnung.[135] Während es sich bei der Fotografie eines dreidimensionalen Objekts um eine eigenständige Interpretation handele, komme einer fotografischen Reproduktion einer zweidimensionalen Vorlage vielmehr „*Substitutionswirkung*" zu, da die fotografische Reproduktion als solche für den Betrachter gar nicht in Erscheinung trete.[136] Die Vorlage und die Reproduktion seien für den Betrachter identisch.[137] Ein rechtlicher Schutz sei nur dann vertretbar, wenn durch die Fotografie ein neues Bild entstehe.[138] Es bestünden auch keine Abgrenzungsschwierigkeiten, wenn originalgetreue Reproduktionen zweidimensionaler Vorlagen vom Lichtbildschutz ausgenommen würden.[139]

Nordemann, GRUR 1987, 15 (18); *Ohly*, in: Festgabe Schricker 1995, 427 (455); *Schneider*, 336.

129 *Nordemann*, GRUR 1987, 15 (17); *Ohly*, in: Festgabe Schricker 1995, 427 (455).

130 *Nordemann*, GRUR 1987, 15 (17); vgl. *Koreng*, in: Weller/Kemle/Dreier/Michl, Tagungsband 11. Heidelberger Kunstrechtstag, 87 (101).

131 *Nordemann*, GRUR 1987, 15 (17).

132 *Nordemann*, GRUR 1987, 15 (18); *Ohly*, in: Festgabe Schricker 1995, 427 (455).

133 *Koreng*, in: Weller/Kemle/Dreier/Michl, Tagungsband 11. Heidelberger Kunstrechtstag, 87 (101).

134 *Koreng*, in: Weller/Kemle/Dreier/Michl, Tagungsband 11. Heidelberger Kunstrechtstag, 87 (99).

135 *Koreng*, in: Weller/Kemle/Dreier/Michl, Tagungsband 11. Heidelberger Kunstrechtstag, 87 (99).

136 *Koreng*, in: Weller/Kemle/Dreier/Michl, Tagungsband 11. Heidelberger Kunstrechtstag, 87 (101).

137 *Koreng*, in: Weller/Kemle/Dreier/Michl, Tagungsband 11. Heidelberger Kunstrechtstag, 87 (101).

138 *Klimpel/Rack*, RuZ 2020, 243 (256); vgl. *Koreng*, in: Weller/Kemle/Dreier/Michl, Tagungsband 11. Heidelberger Kunstrechtstag, 87 (101 f.).

139 *Koreng*, in: Weller/Kemle/Dreier/Michl, Tagungsband 11. Heidelberger Kunstrechtstag, 87 (102).

Von anderer Seite wird davon ausgegangen, dass auch bei Reproduktionen zweidimensionaler Vorlagen mitunter Unterschiede hinsichtlich Farbtreue, Schärfe und Ausleuchtung existieren.[140] Diese unterschiedliche Qualität sei Ausdruck des (wenn auch geringen) Gestaltungsspielraums, der kaum unterhalb des Gestaltungsspielraums von Amateurschnappschüssen liege, die oftmals vollautomatisch entstünden und deren lichtbildnerischer Schutz nicht bezweifelt werde.[141] Es sei ausreichend, dass der Gestaltungsspielraum nur in technischer Hinsicht bestehe und die persönliche geistige Leistung dementsprechend durch die Anwendung handwerklicher Fähigkeiten erreicht werde.[142] Eine generelle Annahme der Schutzfähigkeit von fotografischen Reproduktionen zweidimensionaler Vorlagen wird allerdings abgelehnt.[143] Das Kriterium des Mindestmaßes an persönlicher geistiger Leistung sei nicht praxistauglich.[144] Es komme zu Abgrenzungsschwierigkeiten.[145] Etwa bei automatisch oder maschinell entstehenden Fotografien könne zwar eine einer persönlichen geistigen Leistung entsprechende Einstellung erforderlich sein.[146] Der Fotograf könne sich aber genauso gut eines automatisierten Programmes bedient haben, ohne dass dies auf den ersten Blick erkennbar sei.[147] Im Ergebnis wird der Ausschluss fotografischer Reproduktionen zweidimensionaler Vorlagen vom Lichtbildschutz aber vor allem zur Verhinderung einer Umgehung der Gemeinfreiheit der Vorlage gefordert.[148] Die Beschränkung des Ausschlusses auf fotografische Reproduktionen gemeinfreier Vorlagen wird mit dem Argument abgelehnt, dass in diesem Fall noch immer Reproduktionsfotografien vor Eintritt der Gemeinfreiheit angefertigt werden könnten und dadurch weiterhin geschützt wären.[149] Als unerwünschte Folgen werden unterschiedliche Schutzfristen und eine damit einhergehende Rechtsunsicherheit genannt.[150] Diese Befürchtung hat sich allerdings aufgrund der durch § 68 UrhG erfolgten Ausnahme von Vervielfältigungen gemeinfreier Vorlagen aus dem Schutzbereich des Lichtbildschutzes und der

140 *Stang*, 176 f.
141 *Stang*, 177.
142 *Stang*, 177.
143 *Stang*, 177.
144 *Stang*, 178 f.
145 *Stang*, 178.
146 *Stang*, 178.
147 *Stang*, 178.
148 *Stang*, ZUM 2019, 668 (670); *Stang*, 183, 187; *Stang*, ZGE 2009, 167 (213 ff.).
149 *Stang*, 182; *Stang*, ZGE 2009, 167 (215).
150 *Stang*, 182; *Stang*, ZGE 2009, 167 (215).

Geltung der neuen Regelung für alle Reproduktionsfotografien ab dem Eintritt der Gemeinfreiheit der Vorlage unabhängig vom Zeitpunkt der Anfertigung erübrigt.[151]

Nicht ausreichend berücksichtigt wird zudem, dass auch der Fotograf zweidimensionaler Vorlagen mitunter in einer intensiven Auseinandersetzung mit den erforderlichen Gestaltungsentscheidungen die Aufnahmebedingungen festlegt, die für eine möglichst originalgetreue Aufnahme erforderlich sind, und so seine technischen Fähigkeiten in die Fotografie umsetzt.[152] Für die möglichst identische Nachbildung einer zweidimensionalen Vorlage ist die sorgfältige Festlegung von Aufnahmewinkel, Belichtung, Brennweite etc. erforderlich.[153] Die Erforderlichkeit der Ausnutzung eines handwerklichen Gestaltungsspielraums betrifft insbesondere die museale Sammlungsfotografie.[154] Der Fotograf entscheidet beispielsweise, ob er ein Gemälde mit oder ohne Bilderrahmen abbildet.[155] Er bestimmt, ob er die *„Struktur der Oberflächenbeschaffenheit"* durch die Fotografie darstellen möchte, und er muss gegebenenfalls auf konservatorische Bedingungen Rücksicht nehmen.[156]

Die herrschende Meinung in der Literatur kann daher überzeugen, wenn sie davon ausgeht, dass auch originalgetreue Reproduktionen zweidimensionaler Vorlagen bei Vorliegen des Mindestmaßes an persönlicher geistiger Leistung vom Lichtbildschutz umfasst sein können.[157] Den Museumsfotografen könne nicht von vornherein jeglicher Lichtbildschutz verweigert werden, wenn

151 Siehe Teil 1 A. II. 2. b) cc).

152 *Schiessel*, 97.

153 *Schiessel*, 99.

154 *Garbers-von Boehm*, 153 f.

155 *Garbers-von Boehm*, 154.

156 *Garbers-von Boehm*, 154.

157 BeckOK/*Lauber-Rönsberg*, § 72 UrhG Rn. 18 f.; Wandtke/Bullinger/*Thum*, § 72 UrhG Rn. 30, 33; *Bullinger*, in: FS Raue, 379 (382); *Erdmann*, in: FS Bornkamm, 761 (766); *Ferchland*, 253; *Garbers-von Boehm*, 153 ff.; *Gerstenberg*, in: FS Klaka, 120 (123, 126); *Hoeren*, Anm. zu BGH – I ZR 104/17, MMR 2019, 246 (246); *Katzenberger*, GRUR Int. 1989, 116 (117); *Lauber-Rönsberg*, Anm. zu BGH – I ZR 104/17, ZUM 2019, 341 (342); *Lehment*, 27; fotografische Reproduktionen von Büchern ausnehmend *Overbeck*, 55 ff.; *Prengel*, 181 f.; *Schiessel*, 98 ff.; *Schulze*, in: Weller/Kemle/Dreier/Michl, Tagungsband 11. Heidelberger Kunstrechtstag, 104 (107 ff.); *Talke*, ZUM 2010, 846 (850 ff.); *Waitz*, 149; *Wanckel*, Rn. 372; *Zech*, 376 unter der Voraussetzung, dass die *„Ablichtung wirtschaftlich der Aufnahme dreidimensionaler Objekte gleichkommt, wenn also durch die Aufnahme neue Bilder entstehen"*.

daneben *„jedes Knipsbild und jedes Pressefoto"* diesen Schutz genieße.[158] Die Schutzfähigkeit von fotografischen Reproduktionen zweidimensionaler Vorlagen entspreche der Tatsache, dass für originalgetreue fotografische Reproduktionen umfassende Kenntnisse über Fototechnik erforderlich sind.[159] Darüber hinaus soll nach einem Teil der Literatur insbesondere der mit der Anfertigung der fotografischen Reproduktion verbundene Aufwand entscheidend sein,[160] durch den mit der Fotografie ein neues, selbstständig verwertbares Wirtschaftsgut entstehe.[161]

Bereits 1967 hat der Bundesgerichtshof die Schutzfähigkeit fotografischer Reproduktionen zweidimensionaler Vorlagen als Lichtbilder ohne nähere Begründung angenommen.[162] In der jüngeren Vergangenheit ist diese Frage wiederholt Gegenstand von gerichtlichen Entscheidungen gewesen. Das Landgericht Berlin ging 2016 von der Schutzfähigkeit fotografischer Reproduktionen von Gemälden für den Fall aus, dass mit ihrer Anfertigung eine aufwendige handwerklich-technische Leistung verbunden ist.[163] Dazu gehören nach Auffassung des Gerichts die Ausleuchtung, Ausrichtung und Belichtung des Motivs, sodass eine möglichst naturgetreue, detaillierte Abbildung ohne hinderliche Spiegelungen und Verzerrungen erfolge.[164] Insbesondere eine *„farb- und kontrastgetreue, nicht verzerrte Wiedergabe eines Gemäldes in Katalogqualität"* könne *„nicht „einfach so" bei beliebig vorgefundenen Beleuchtungsverhältnissen durch spontanes Abknipsen erzielt werden"*.[165] Das Kammergericht Berlin bestätigte

---

158 *Schack*, in: FS Pfennig, 207 (209); vgl. *Schiessel*, 99; vgl. *Schulze*, in: Weller/Kemle/Dreier/Michl, Tagungsband 11. Heidelberger Kunstrechtstag, 104 (107).

159 *Garbers-von Boehm*, 153; *Schiessel*, 97, 99. Bezüglich der Sammlungsfotografie bzw. Museumsfotografie BeckOK/*Lauber-Rönsberg*, § 72 UrhG Rn. 19; *Kogan*, 35 COLUM. J.L. & ARTS 2012, 445 (501); *Prengel*, 181.

160 *Hoeren*, Anm. zu BGH – I ZR 104/17, MMR 2019, 246 (246); *Katzenberger*, GRUR Int. 1989, 116 (117); *Lauber-Rönsberg*, Anm. zu BGH – I ZR 104/17, ZUM 2019, 341 (342); *Waitz*, 150; vgl. *Schulze*, in: Weller/Kemle/Dreier/Michl, Tagungsband 11. Heidelberger Kunstrechtstag, 104 (107 f.); a.A. *Stang*, 180 f.; a.A. *Talke*, ZUM 2010, 846 (852); a.A. *Yang*, Anm. zu OLG Stuttgart – 4 U 204/16, ZUM 2017, 951 (952).

161 *Katzenberger*, GRUR Int. 1989, 116 (117); *Schulze*, in: Weller/Kemle/Dreier/Michl, Tagungsband 11. Heidelberger Kunstrechtstag, 104 (107 f.); a.A. *Stang*, 180 f.; a.A. *Talke*, ZUM 2010, 846 (852).

162 *BGH*, GRUR 1967, 315 (316) – skaicubana.

163 *LG Berlin*, ZUM 2016, 766 (769).

164 *LG Berlin*, ZUM 2016, 766 (769 f.).

165 *LG Berlin*, ZUM 2016, 766 (769).

2017 die Schutzfähigkeit fotografischer Reproduktionen von Gemälden,[166] ebenso das Landgericht Stuttgart.[167] Die möglichst unveränderte, natur- und farbgetreue Abbildung einer Vorlage erfülle das Mindestmaß persönlicher geistiger Leistung.[168] Mit dem Versuch der Anfertigung einer originalgetreuen fotografischen Reproduktion sei ein viel höherer Aufwand verbunden als mit der Anfertigung gewöhnlicher Fotografien, denen ohne Zweifel ein Lichtbildschutz zugestanden würde.[169] Dieser Einschätzung schloss sich das Oberlandesgericht Stuttgart als Berufungsinstanz an.[170] Der Bundesgerichtshof hat zuletzt in seiner Entscheidung *Museumsfotos* in der Klage der Reiss-Engelhorn-Museen gegen Wikimedia als Revisionsinstanz überzeugend klargestellt, dass originalgetreue Fotografien von Gemälden und anderen zweidimensionalen Vorlagen als Lichtbilder geschützt sein können.[171] Vom Lichtbildschutz von vornherein ausgeschlossen seien lediglich fotografische Reproduktionen von Fotografien.[172] Auch für die fotografische Aufnahme einer zweidimensionalen Vorlage sei eine Reihe von Entscheidungen des Fotografen erforderlich wie Standort, Entfernung, Blickwinkel, Belichtung und Ausschnitt.[173] Unerheblich sei, dass diese allein Ausdruck von *„handwerklich-technischen Fragestellungen“* seien.[174] Nach der Vorstellung des Gesetzgebers schütze der Lichtbildschutz gerade die *„rein technische[...] Leistung“*[175], *„die nicht einmal besondere Fähigkeiten voraussetzt“*[176].[177] Dieser gesetzgeberische Wille sei im Zusammenhang mit dem Entwurf eines Gesetzes zur Angleichung des Urheberrechts an die aktuellen Erfordernisse der Wissensgesellschaft vom 15. Mai 2017 im Rahmen der Erläuterungen zur Reform des § 51 Satz 3 UrhG erneut zum Ausdruck gebracht worden.[178] Diesem liegt die Annahme zugrunde, dass eine Fotografie eines Gemäldes ein Lichtbild sein kann.[179]

---

166 *KG*, GRUR-RS 2017, 142191.
167 *LG Stuttgart*, ZUM-RD 2017, 201 (204).
168 *LG Stuttgart*, ZUM-RD 2017, 201 (204).
169 *LG Stuttgart*, ZUM-RD 2017, 201 (204).
170 *OLG Stuttgart*, GRUR 2017, 905 (907) – Reiss-Engelhorn-Museen.
171 *BGH*, GRUR 2019, 284 (286 f.) – Museumsfotos.
172 *BGH*, GRUR 2019, 284 (286) – Museumsfotos.
173 *BGH*, GRUR 2019, 284 (286) – Museumsfotos.
174 *BGH*, GRUR 2019, 284 (286) – Museumsfotos.
175 BT-Drs. IV/270, S. 88.
176 BT-Drs. IV/270, S. 88.
177 *BGH*, GRUR 2019, 284 (287) – Museumsfotos.
178 *BGH*, GRUR 2019, 284 (287) – Museumsfotos.
179 BT-Drs. 18/12329, S. 32.

Diese Auffassung kann überzeugen, weil letztlich allein entscheidend sein sollte, ob im jeweiligen Einzelfall das Mindestmaß an persönlicher geistiger Leistung erreicht wird.[180] Ein genereller Ausschluss ist abzulehnen. Abgrenzungsschwierigkeiten dürfen nicht dazu führen, dass fotografischen Reproduktionen der Lichtbildschutz verwehrt wird, obwohl sie die Voraussetzungen des Mindestmaßes an persönlicher geistiger Leistung erfüllen. Es ist daher von der Schutzfähigkeit fotografischer Reproduktionen zweidimensionaler Vorlagen auszugehen. Handelt es sich bei fotografischen Reproduktionen um solche, die das Mindestmaß an persönlicher geistiger Leistung erreichen, werden diese im Folgenden als Reproduktionsfotografien bezeichnet.

cc) Kein Schutz von Reproduktionsfotografien gemeinfreier visueller Werke

Ein urheberrechtlich geschütztes Werk wird siebzig Jahre nach dem Tod des Urhebers gemeinfrei, § 64 UrhG. Nach der Überzeugung des Gesetzgebers handelt es sich bei Werken der Literatur, Wissenschaft und Kunst um ein „*Mitteilungsgut*".[181] Dieses Gut müsse nach einer angemessenen Frist, die die geistigen und wirtschaftlichen Interessen des Urhebers und seiner Rechtsnachfolger berücksichtigt, der Allgemeinheit frei zugänglich gemacht werden.[182] Nach Ablauf der Schutzfrist sollen diese Werke deshalb zustimmungsfrei nutzbar sein. Das Schutzinteresse des Urhebers tritt siebzig Jahre nach dem Tod des Urhebers hinter dem Informationsinteresse der Allgemeinheit zurück.[183] Bei der Gemeinfreiheit der Vorlage bleibt es auch dann, wenn eine Reproduktionsfotografie von dem gemeinfreien Werk erstellt wird. Die Übertragbarkeit der Gemeinfreiheit der Vorlage auf die Reproduktionsfotografie war bereits lange Zeit ein stark umstrittenes Thema, bis mit Art. 14 DSM-RL festgelegt wurde, dass die Mitgliedsstaaten mit Umsetzung der Richtlinie vorsehen, dass

> *„nach Ablauf der Dauer des Schutzes eines Werkes der bildenden Kunst Material, das im Zuge einer Handlung der Vervielfältigung dieses Werkes entstanden ist, weder urheberrechtlich noch durch verwandte Schutzrechte geschützt ist, es sei denn, dieses Material stellt eine eigene geistige Schöpfung dar".*

---

180 BeckOK/*Lauber-Rönsberg*, § 72 UrhG Rn. 18.
181 BT-Drs. IV/270, S. 33.
182 BT-Drs. IV/270, S. 33.
183 *Tiessen*, DFN-Infobrief Recht 3/2020, 2 (3).

Art. 14 DSM-RL wird im Hinblick auf den Zusammenhang mit den vorausgegangenen Gerichtsverfahren auch „*Lex-Wikimedia*“ genannt.[184]

Zunächst war in dem Diskussionsentwurf des Bundesministeriums der Justiz und für Verbraucherschutz eines Zweiten Gesetzes zur Anpassung des Urheberrechts an die Erfordernisse des digitalen Binnenmarktes vom 24. Juni 2020 (DiskE II) folgende Umsetzung der Vorgaben aus Art. 14 DSM-RL vorgesehen:

> *„Erlischt das Urheberrecht an einem visuellen Werk, so erlischt auch der Schutz von Vervielfältigungen dieses Werkes durch verwandte Schutzrechte nach den Teilen 2 und 3“.*[185]

Diese Vorgabe wurde letztlich durch das Gesetz zur Anpassung des Urheberrechts an die Erfordernisse des digitalen Binnenmarktes vom 31. Mai 2021 final als Bereichsausnahme umgesetzt.[186] Möglich wäre auch die Umsetzung im Wege einer Schrankenregelung gewesen.[187]

Der am 7. Juni 2021 in Kraft getretene § 68 UrhG trifft folgende Regelung:

> *„Vervielfältigungen gemeinfreier visueller Werke werden nicht durch verwandte Schutzrechte nach den Teilen 2 und 3 geschützt“.*

Dadurch soll der Zugang zu Reproduktionen von gemeinfreien Werken erleichtert werden.[188]

(1) Begriffsverständnis visueller Werke

Die Vorschrift des § 68 UrhG wirft einige Auslegungsfragen auf.[189] Eine Legaldefinition des im Rahmen des Gesetzestexts verwendeten Begriffs „*visuelle Werke*“ existiert nicht.

In der englischen Version der DSM-RL ist in Art. 14 die Rede von „*works of visual art*“. Dieser Begriff wurde in der deutschen Übersetzung der Richtlinie mit „*Werke der bildenden Kunst*“ übersetzt. Die konkrete Bedeutung war angesichts unterschiedlicher nationaler Begriffsverständnisse unklar.[190] Eine Definition der „*Werke der bildenden Kunst*“ liefert die Richtlinie nicht.[191] Auch das deutsche

---

184 *Seiler*, K&R 2019, 245 (248); *Stang*, ZUM 2019, 668 (669).

185 DiskE II v. 24.6.2020, S. 12.

186 BGBl. Jg. 2021 Teil I Nr. 27, 1204 (1209).

187 *Specht-Riemenschneider/Paschwitz*, RuZ 2020, 95 (95).

188 Gesetzentwurf der Bundesregierung: Entwurf eines Gesetzes zur Anpassung des Urheberrechts an die Erfordernisse des digitalen Binnenmarktes vom 3. Februar 2021, S. 3 = BT-Drs. 19/27426, S. 3.

189 *Ohly*, ZUM 2021, 745 (749).

190 *Schiessel*, 117.

191 *Tiessen*, DFN-Infobrief Recht 3/2020, 2 (4).

Urheberrechtsgesetz kennt diesen Begriff nicht, dafür aber „*Werke der bildenden Künste*“ als Regelbeispiel in § 2 Abs. 1 Nr. 4 UrhG. Daher hat ein Teil der Literatur zunächst auf die Definition des bekannten Regelbeispiels abgestellt,[192] wonach neben Gemälden, Fotografien, Plastiken etc. auch Bauwerke und Werke der angewandten Kunst zu verstehen gewesen wären.[193] Der Umsetzungsgesetzgeber hätte den Anwendungsbereich aber auch auf weitere Werkkategorien erstrecken können.[194] Ein anderer Teil hat gemutmaßt, dass nur die „*zweckfreie Kunst*“ (Malerei, Bildhauerei, Grafik) als „*visual arts*“ in Abgrenzung zu „*applied arts*“ und „*architecture*“ zu verstehen sei.[195]

Nach dem Referentenentwurf des Bundesministeriums der Justiz und für Verbraucherschutz eines Gesetzes zur Anpassung des Urheberrechts an die Erfordernisse des digitalen Binnenmarktes vom 13. Oktober 2020 (RefE) und dem Regierungsentwurf eines Gesetzes zur Anpassung des Urheberrechts an die Erfordernisse des digitalen Binnenmarktes vom 9. März 2021 sind die Begriffe „*Werke der bildenden Kunst*“ und „*Werke der bildenden Künste*“ nicht synonym zu verstehen.[196] Die Übersetzung von „*work of visual art*“ in „*Werk der bildenden Kunst*“ sei unzutreffend, da gerade nicht das Regelbeispiel des § 2 Abs. 1 Nr. 4 UrhG gemeint sei, sondern ein darüber hinausreichender autonomer Begriff.[197] Die Bedeutung und die Tragweite des Begriffes seien nach dem Sinn und nach dem üblichen Sprachgebrauch zu ermitteln.[198] Maßgeblich sei, in welchem Kontext der Begriff verwendet werde und was mit der jeweiligen Regelung erreicht werden solle.[199] Da nach Erwägungsgrund 53 durch Art. 14 DSM-RL die Verbreitung von Reproduktionen gemeinfreier Werke erleichtert und dadurch der Zugang der Allgemeinheit zum kulturellen Erbe gefördert werden solle, handele es sich bei *works of visual art* um Kunstwerke, die visuell wahrnehmbar seien.[200] Davon umfasst seien über Werke der bildenden Künste hinaus

---

192 *Dreier*, GRUR 2019, 771 (774); *Tiessen*, DFN-Infobrief Recht 3/2020, 2 (4).

193 *Dreier*, GRUR 2019, 771 (774); *Stang*, ZUM 2019, 668 (672); *Tiessen*, DFN-Infobrief Recht 3/2020, 2 (4).

194 *Dreier*, GRUR 2019, 771 (774).

195 *Schulze*, GRUR 2019, 779 (782); *Specht-Riemenschneider/Paschwitz*, RuZ 2020, 95 (100).

196 BT-Drs. 19/27426, S. 105; RefE v. 02.09.2020, S. 113; so auch schon *Specht-Riemenschneider/Paschwitz*, RuZ 2020, 95 (99).

197 BT-Drs. 19/27426, S. 105; RefE v. 02.09.2020, S. 113; so auch *Wirth*, ZUM 2020, 715 (716).

198 BT-Drs. 19/27426, S. 105; RefE v. 02.09.2020, S. 113.

199 BT-Drs. 19/27426, S. 105; RefE v. 02.09.2020, S. 113.

200 BT-Drs. 19/27426, S. 105; RefE v. 02.09.2020, S. 113.

noch weitere Werkarten.[201] Vor diesem Hintergrund wurde in der Umsetzung der Begriff „*visuelles Werk*“ gewählt, der alle Werke umfassen soll, „*die visuell wahrnehmbar sind*“.[202]

(2) Erfasste Vervielfältigungshandlungen

Art. 14 DSM-RL ist technologieneutral ausgestaltet,[203] sodass jede Form der Vervielfältigung von der Umsetzung in § 68 UrhG umfasst sein dürfte. Darunter fällt auch die Vervielfältigung in Form der Fotografie.[204]

Ob letztlich infolge der Begrenzung auf das „*digitale [...] Umfeld*“ in Erwägungsgrund 53 eine Beschränkung auf digitale Vervielfältigungen erfolgen muss,[205] bleibt abzuwarten und wird auf eine Entscheidung des Europäischen Gerichtshofs hinauslaufen.[206]

Unklar ist, ob nur originalgetreue Vervielfältigungen (Reproduktionen) eines gemeinfreien Werkes erfasst und dadurch vom Lichtbildschutz nach § 72 UrhG ausgeschlossen sind.[207] Im Hinblick auf den Erwägungsgrund 53 der DSM-RL könnte Art. 14 DSM-RL dahingehend ausgelegt werden.[208] Eine solche Beschränkung sieht § 68 UrhG nicht ausdrücklich vor. Reproduktionsfotografien stellen den Hauptanwendungsfall von § 68 UrhG dar.

(3) Begriffsverständnis der Gemeinfreiheit des vervielfältigten Werkes

Nicht mehr geschützt sind Vervielfältigungen visueller Werke nach § 68 UrhG nur dann, wenn die abgebildeten Werke gemeinfrei sind.

Darunter fallen nach Auffassung des Gesetzgebers auch solche Objekte, die mangels Werkqualität nie urheberrechtlichen Schutz hatten.[209] Dies hatte die Literatur zuvor vereinzelt bezweifelt, da Art. 14 DSM-RL ausdrücklich nur

---

201 BT-Drs. 19/27426, S. 105; RefE v. 02.09.2020, S. 113.

202 BT-Drs. 19/27426, S. 105; RefE v. 02.09.2020, S. 113.

203 *Schiessel*, 116; *Specht-Riemenschneider/Paschwitz*, RuZ 2020, 95 (101); *Stang*, ZUM 2019, 668 (671); *Wirth*, ZUM 2020, 715 (716).

204 *Specht-Riemenschneider/Paschwitz*, RuZ 2020, 95 (101); *Stang*, ZUM 2019, 668 (671).

205 Dafür *Hoeren*, Anm. zu BGH – I ZR 104/17, MMR 2019, 246 (246); dagegen *Stang*, ZUM 2019, 668 (671).

206 *Specht-Riemenschneider/Paschwitz*, RuZ 2020, 95 (102 f.).

207 Vgl. *Specht-Riemenschneider/Paschwitz*, RuZ 2020, 95 (101 f.).

208 *Specht-Riemenschneider/Paschwitz*, RuZ 2020, 95 (101 f.).

209 BT-Drs. 19/27426, S. 3.

gemeinfreie Werke erfasst.[210] Die Mehrzahl in der Literatur hatte dies allerdings schon vor der finalen Umsetzung durch den Gesetzgeber befürwortet.[211]

Findet die Vervielfältigung zu einem Zeitpunkt statt, in dem noch urheberrechtlicher Schutz am abgebildeten Werk besteht, gilt § 68 UrhG ab dem Zeitpunkt, in dem die Schutzfrist für das abgebildete Werk abläuft.[212]

(4) Übergangsregelung

Art. 26 der DSM-RL gibt vor, dass die Richtlinie *„auf alle Werke und sonstigen Schutzgegenstände“* Anwendung findet, *„die ab dem 7. Juni 2021 oder danach durch das Recht der Mitgliedsstaaten auf dem Gebiet des Urheberrechts geschützt sind“*. Die Umsetzung dessen erfolgte durch die gesetzgeberische Erklärung, dass die Regelung in § 68 UrhG sowohl für Reproduktionen gilt, die nach Inkrafttreten der Neuregelung hergestellt werden, als auch für solche, die zuvor entstanden sind.[213] Der Leistungsschutz ist demnach für vor dem 7. Juni 2021 angefertigte Reproduktionsfotografien mit Inkrafttreten des § 68 UrhG entfallen, wenn das abgebildete visuelle Werk zu diesem Zeitpunkt gemeinfrei war.[214] Reproduktionsfotografien urheberrechtlich geschützter visueller Werke werden dann nicht mehr geschützt sein, wenn das reproduzierte Werk gemeinfrei wird.[215] In diesen Fällen wirkt die Umsetzung in § 68 UrhG ähnlich wie eine zeitliche Schrankenregelung, im Übrigen als Tatbestandsbeschränkung bzw. Bereichsausnahme.[216]

c) Zusammenfassung

Im Ergebnis ist für den Lichtbildschutz von fotografischen Reproduktionen nicht von Bedeutung, ob diese zwei- oder dreidimensionale Vorlagen abbilden, solange sie das Mindestmaß an persönlicher geistiger Leistung erfüllen und das Urbilderfordernis eingehalten wird. Reproduktionsfotografien gemeinfreier visueller Werke sind nach § 68 UrhG nicht geschützt.

---

210 *Stang*, ZUM 2019, 668 (672).

211 *Klimpel*, RuZ 2021, 68 (75); *Klimpel/Rack*, RuZ 2020, 243 (256); *Wirth*, ZUM 2020, 715 (716).

212 BT-Drs. 19/27426, S. 105; RefE v. 02.09.2020, S. 113; *Specht-Riemenschneider/Paschwitz*, RuZ 2020, 95 (101); vgl. *Stang*, ZUM 2019, 668 (671 f.).

213 BT-Drs. 19/27426, S. 53.

214 BT-Drs. 19/27426, S. 105; RefE v. 02.09.2020, S. 113.

215 BT-Drs. 19/27426, S. 105; RefE v. 02.09.2020, S. 113; *Specht-Riemenschneider/Paschwitz*, RuZ 2020, 95 (101); vgl. *Stang*, ZUM 2019, 668 (671 f.).

216 *Schiessel*, 122.

B. Anwendungsbereich des Lichtbildschutzes: Die verschiedenen Lichtbildkategorien

Die Darstellung des Anwendungsbereiches des Lichtbildschutzes nach § 72 UrhG soll lediglich einen Überblick über die verschiedenen Lichtbildkategorien geben und ist daher nicht als abschließend zu betrachten.

I. Schnappschussfotografie vs. Hobbyfotografie

Im privaten Bereich der Fotografie ist zwischen einfachen Schnappschüssen und der Hobbyfotografie als Liebhaberfotografie zu unterscheiden.

1. Schnappschussfotografie im privaten Bereich

Der urheberrechtliche Schutz einfacher, amateurhafter fotografischer Aufnahmen ist ein Teilbereich des Lichtbildschutzes. Gemeint ist das einfache „*Knipsbild*“,[217] das Menschen und/oder Objekte mit dem Ziel abbildet, spontan einen Moment fotografisch festzuhalten, ohne weitere gestalterische Maßnahmen zu treffen.[218] Mittlerweile werden diese fotografischen Aufnahmen meist nicht mehr mithilfe von dafür eigens bestimmten fotografischen Apparaten erstellt, sondern mit der Kamera des ohnehin mitgeführten Smartphones. Wenn noch ein Fotoapparat benutzt wird, handelt es sich dabei in der Regel um eine vollautomatische Kamera, die für den Anwender bereits Voreinstellungen getroffen hat.[219] Die Lichtbildner beabsichtigen, ohne nennenswerten Aufwand einen Moment spontan und auf die Schnelle fotografisch festzuhalten. Unter diese Amateuraufnahmen können beispielsweise Reise- und Familienfotos fallen,[220] aber auch Landschaftsaufnahmen oder Aufnahmen von Lebensmitteln und insbesondere die mittlerweile tagtäglich millionenfach erstellten „*Selfies*“. Daneben sind private Schnappschüsse auch aus den sozialen Medien nicht mehr wegzudenken.[221] Auf Plattformen wie Snapchat und Instagram gibt es inzwischen sogar Funktionen (Story-Funktion), durch die Fotografien nach einer vorbestimmten Zeit automatisch gelöscht werden.[222] Die Gemeinsamkeit aller Schnappschüsse

---

217 Dreier/*Schulze*, § 2 UrhG Rn. 191; Fromm/Nordemann/*A. Nordemann*, § 2 UrhG Rn. 198; Wandtke/Bullinger/*Thum*, § 72 UrhG Rn. 21.

218 Fromm/Nordemann/*A. Nordemann*, § 2 UrhG Rn. 198.

219 Wandtke/Bullinger/*Thum*, § 72 UrhG Rn. 21.

220 Dreier/*Schulze*, § 2 UrhG Rn. 191; *Erdmann*, in: FS Bornkamm, 761 (764).

221 Vgl. *Rau*, 267.

222 *Klimpel*/*Rack*, RuZ 2020, 243 (249).

besteht darin, dass sie ohne gestalterische Einstellungen angefertigt werden. Wenn gestalterische Maßnahmen getroffen werden, die eine gewisse Individualität der Fotografie erzeugen, beispielsweise die Wahl von Blickwinkel, Ausschnitt oder Beleuchtung, handelt es sich schon um ein Lichtbildwerk i.S.d. § 2 Abs. 1 Nr. 5 UrhG.[223] Auch das Einfangen einer bestimmten Stimmung kann für das Vorliegen eines Lichtbildwerkes ausreichend sein.[224] Ebenso ausreichend ist ein bewusster Bildaufbau, der eine bestimmte Wirkung erzielen soll – auch im Rahmen von Familienfotos.[225]

2. *Hobbyfotografie*

Die Hobbyfotografie wird im Gegensatz zur Schnappschussfotografie nicht nur beiläufig, sondern aus Interesse und Leidenschaft um der damit verbundenen Tätigkeit willen ausgeübt. Mit der Fotografie sind dann künstlerische Ambitionen verbunden.[226] Für diese kreative Fotografie werden im Regelfall viel Zeit und Mühe in die Anfertigung sowie in die Nachbearbeitung investiert. Nicht selten werden größere Summen in das technische Equipment (analoge/digitale Kameras, Objektive, Stative etc.) investiert. Nicht ohne Grund existieren zahlreiche Bücher, die den ambitionierten Amateur hinsichtlich Equipment, Licht, Belichtung, Schärfe, Bildgestaltung etc. anleiten.[227] Darüber hinaus gibt es zu vielen hochwertigen Kameras speziell auf diese abgestimmte Handbücher, die über die jeweilige Bedienungsanleitung hinausgehen.

Der Reiz liegt im Gegensatz zur Schnappschussfotografie nicht darin, im vollautomatischen Modus zu fotografieren. Hobbyfotografen suchen in der Regel die besondere Herausforderung darin, im halbautomatischen Modus oder vollständig manuell individuelle Einstellungen der Blende, der Belichtungszeit, der Brennweite und des ISO-Werts vorzunehmen.[228] Durch die Bildgestaltung wird die eigenpersönliche Wahrnehmung des Motivs ausgedrückt und die Fotografien tragen dadurch die *„persönliche Handschrift“*[229] der Fotografen. Letztlich wird unter Ausnutzung ihrer Gestaltungsmöglichkeiten eine fotografische Komposition geschaffen, in welche die Persönlichkeit des Fotografen einfließt, sodass

---

223 *Nordemann/Heise*, ZUM 2001, 128 (136).
224 *OLG Hamburg*, GRUR 1999, 717 (717) – Wagner-Familienfotos.
225 *OLG Hamburg*, GRUR 1999, 717 (717 f.) – Wagner-Familienfotos.
226 Hoeren/Nielen/*Berndzen*, Rn. 38; Castendyk/*Silies*/*Silies*, Rn. 40.
227 Beispielsweise *Scheibel*/*Scheibel*; *Wagner*/*Kindermann*; *Westphalen*.
228 Siehe beispielsweise *Schuster*, 27 ff.
229 *Schuster*, 108.

die Hobbyfotografien im Regelfall insbesondere angesichts der geringen erforderlichen Schöpfungshöhe Lichtbildwerke darstellen.

II. Reproduktionsfotografien musealer Vorlagen

Darüber hinaus fallen Reproduktionsfotografien zweidimensionaler Vorlagen in den Anwendungsbereich des Lichtbildschutzes.[230] Die Verwendungszwecke dafür sind vielfältig. Die größte Bedeutung kommt Reproduktionsfotografien im Bereich der Abbildung von Sammlungsstücken aus Museen zu. Die Digitalisierung von Museumsbeständen schreitet voran, insbesondere in öffentlichen Museen. Neben Reproduktionsfotografien von Gemälden und Grafiken werden auch solche von Skulpturen, Möbeln, Münzen, Schmiedearbeiten und weiteren Sammlungsstücken erstellt.[231] Auch in Archiven oder Bibliotheken ist die Anfertigung von Reproduktionsfotografien zweidimensionaler Vorlagen denkbar.

Der Schutz von Vervielfältigungen gemeinfreier visueller Werke, zu denen auch Reproduktionsfotografien derselben zählen, wurde in Umsetzung von Art. 14 der DSM-RL mit Einführung von § 68 UrhG abgeschafft.[232]

III. Produktfotografie

Produktfotografien sind nur als Lichtbilder einzuordnen, wenn sie durch ihre naturgetreue Abbildung über den abgebildeten Gegenstand ausschließlich informieren sollen.[233] Sobald das Produkt kreativ in Szene gesetzt wird, um

---

230 Siehe Teil 1 A. II. 2. b) bb). BeckOK/*Lauber-Rönsberg*, § 72 UrhG Rn. 18 f.; Wandtke/Bullinger/*Thum*, § 72 UrhG Rn. 30, 33; *Bullinger*, in: FS Raue, 379 (382); *Erdmann*, in: FS Bornkamm, 761 (766); *Ferchland*, 253; *Garbers-von Boehm*, 153 ff.; *Gerstenberg*, in: FS Klaka, 120 (123, 126); *Hoeren*, Anm. zu BGH – I ZR 104/17, MMR 2019, 246 (246); *Katzenberger*, GRUR Int. 1989, 116 (117); *Lauber-Rönsberg*, Anm. zu BGH – I ZR 104/17, ZUM 2019, 341 (342); *Lehment*, 27; fotografische Reproduktionen von Büchern ausnehmend *Overbeck*, 55 ff.; *Prengel*, 181 f.; *Schiessel*, 98 ff.; *Schulze*, in: Weller/Kemle/Dreier/Michl, Tagungsband 11. Heidelberger Kunstrechtstag, 104 (107 ff.); *Talke*, ZUM 2010, 846 (850 ff.); *Waitz*, 149; *Wanckel*, Rn. 372; *Zech*, 376 unter der Voraussetzung, dass die *„Ablichtung wirtschaftlich der Aufnahme dreidimensionaler Objekte gleichkommt, wenn also durch die Aufnahme neue Bilder entstehen"*.

231 Vgl. http://go.wwu.de/ptxb3 (zuletzt abgerufen am 28.11.2021).

232 Siehe Teil 1 A. II. 2. b) cc).

233 Dreyer/Kotthoff/*Meckel*/Hentsch, § 72 UrhG Rn. 8; Wandtke/Bullinger/*Thum*, § 72 UrhG Rn. 22.

eine bestimmte Wirkung zu erzielen, ist die Schwelle zum Lichtbildwerkschutz überschritten.[234]

Unterschiede treten regelmäßig zwischen der gewerblichen Produktfotografie und der Produktfotografie durch Verbraucher auf.[235] Im Rahmen der gewerblichen Produktfotografie ist die Schwelle zum Lichtbildwerk oftmals überschritten, da ein Hersteller eine Fotografie meist als Werbemittel nutzen will und das Produkt über die schlichte Abbildung der Wirklichkeit hinausgehend in Szene setzen lässt.[236] Im digitalen Zeitalter hat sich eine neue Art von Produktbildern entwickelt, die der Verbreitung von „*Content*" und damit der Verbreitung von Werbung durch sogenannte Influencer/Content Creator dienen.[237] Mittels der Fotografien werden entweder fremde Produkte oder die Influencer selbst beworben. Aufgrund dieses Werbezweckes und den damit verbundenen Gestaltungsentscheidungen erfüllen derartige Fotografien üblicherweise bereits die Anforderungen einer persönlichen geistigen Leistung für den Werkschutz.[238] Das Vorliegen von einfachen Lichtbildern ist im Rahmen der gewerblichen Produktfotografie insbesondere bei Fotografien für eine Bedienungsanleitung anzunehmen.[239]

Von Verbrauchern angefertigte Produktbilder fallen in den Lichtbildschutz, wenn sie zur reinen Visualisierung von Angeboten auf Verkaufsplattformen wie ebay genutzt werden.[240] Dann steht die originalgetreue, der reinen Information dienende Abbildung im Vordergrund.

Einen Sonderfall im Rahmen der gewerblichen und der privaten Produktfotografie stellt die sogenannte „*Food Photography*"[241] dar, bei der es um die Inszenierung von einzelnen Lebensmitteln bis hin zur Illustration von Kochrezepten geht.[242] Infolge des bewussten in Szene Setzens handelt es sich dabei meist bereits um Lichtbildwerke.[243]

---

234 BeckOK/*Lauber-Rönsberg*, § 72 UrhG Rn. 4; *Schiessel*, 247.

235 *Schiessel*, 247.

236 Vgl. *Schiessel*, 247.

237 *Jaworski*/*Kraetzig*, GRUR-Prax 2020, 302 (302); *Schiessel*, 226.

238 *Schiessel*, 266.

239 *BGH*, GRUR 1993, 34 (35) – Bedienungsanweisung; Dreyer/Kotthoff/*Meckel*/Hentsch, § 72 UrhG Rn. 8.

240 *Schiessel*, 247.

241 BeckOK/*Lauber-Rönsberg*, § 72 UrhG Rn. 4.

242 Vgl. *Ohly*, 37.

243 A.A. *Ohly*, 37.

IV. Reproduktionsfotografien wissenschaftlicher und technischer Befunde und Erkenntnisse

In der Dokumentation und Analyse von wissenschaftlichen und technischen Befunden und Erkenntnissen wird mit fotografischen Abbildungen gearbeitet, die bei fehlender gestalterischer Einwirkung als Lichtbilder geschützt sind.[244]

In der naturwissenschaftlichen Forschung sind Reproduktionsfotografien zum Zweck der Dokumentation von Forschungsergebnissen nicht wegzudenken. In der Wissenschaft ist entscheidend, dass wissenschaftliche Befunde für das Wissenschaftsumfeld durch die Fotografien besonders präzise wiedergegeben werden. Diese möglichst detailgetreue Wiedergabe setzt zwar technisches Können voraus, stellt jedoch mangels beabsichtigter Inszenierung und aufgrund der Beschränkung auf die Originaltreue in der Regel keine schöpferische Leistung dar. Es handelt sich dabei um einfache Lichtbilder. Dasselbe gilt für die fotografische Darstellung technischer Details, beispielsweise zur präzisen Darstellung einzelner Schritte zur Bedienung einer Maschine.[245]

Im medizinischen Bereich werden Fotografien in Form von Röntgen-, Ultraschall-, Computertomografie- und Kernspintomografieaufnahmen verwendet.[246] So dient die Reproduktionsfotografie in der Chirurgie oftmals der Dokumentation eines Behandlungszustandes, der nur während einer Operation sichtbar ist. In der Pflege können mithilfe der Reproduktionsfotografie Wundverläufe fotografisch dokumentiert werden.[247] Rechtsmediziner nutzen Reproduktionsfotografien insbesondere zur Beweissicherung. Zunehmende Bedeutung erfährt daneben die Telemedizin. Patienten fertigen eigenständig Fotografien an, etwa von dermatologischen Auffälligkeiten, um diese dann an den behandelnden Arzt zur Diagnosestellung zu senden. Zudem werden in der Forschung Fotografien zur Datenerhebung angefertigt, beispielsweise von Gewebeschnitten.

---

244 Dreier/*Schulze*, § 72 UrhG Rn. 6; Fromm/Nordemann/*A. Nordemann*, § 72 UrhG Rn. 14; *Hartmann*, in: DSRI-Tagungsband 2013, 505 (511); vgl. Schricker/Loewenheim/*Vogel*, § 72 UrhG Rn. 16; vgl. *Schiessel*, 267.

245 Vgl. *Schiessel*, 267.

246 Dreier/*Schulze*, § 72 UrhG Rn. 6; Schricker/Loewenheim/*Vogel*, § 72 UrhG Rn. 26; Wandtke/Bullinger/*Thum*, § 72 UrhG Rn. 52.

247 *Daumann*, 130 ff.

V. Stockfotografie

Im Fall der Stockfotografie werden die Fotografien von den Fotografen nicht wie bei der Auftragsfotografie erst nach Auftragseingang und entsprechend der Kundenwünsche angefertigt, sondern schon im Voraus produziert und gesammelt („*to have in stock*“).[248] Diese sogenannten Stockfotos werden üblicherweise über Bildagenturen vertrieben, die eine vielfältige Sammlung an Fotografien im Repertoire haben und unter verschiedenen Lizenzbedingungen anbieten.[249] Abnehmer sind nicht nur Verlage und Werbeagenturen, sondern vermehrt auch Privatpersonen.[250]

Da die Stockfotografie nur die Art der Produktion und des Vertriebes bezeichnet, lässt sich nicht im Grundsatz festlegen, ob es sich bei derartigen Fotografien um Lichtbildwerke oder um Lichtbilder handelt. Dies ist im Einzelfall davon abhängig, ob diese die Anforderungen einer persönlich geistigen Schöpfung für den Schutz als Lichtbildwerk oder eines Mindestmaßes an persönlicher geistiger Leistung für den Lichtbildschutz erfüllen. In aller Regel ist jedoch davon auszugehen, dass der Fotograf das Motiv durch den gezielten Einsatz von Perspektive, Bildausschnitt und Lichtverhältnissen in Szene setzt.[251] Zudem wird er die Aufnahme nachbearbeiten, um die Wahrscheinlichkeit eines späteren Kundeninteresses und der Erzielung damit verbundener Lizenzeinnahmen in Stockbörsen mit tausenden Aufnahmen zu erhöhen. Dann handelt es sich aller Wahrscheinlichkeit nach um Lichtbildwerke. In wenigen Einzelfällen, insbesondere im Fall von Reproduktionsfotografien, ist das Vorliegen einfacher Lichtbilder allerdings nicht ausgeschlossen.

VI. Weitere Einzelfälle

Neben den bereits erläuterten Kategorien gibt es weitere Anwendungsbereiche für den Lichtbildschutz nach § 72 UrhG.

Dazu gehören Filmeinzelbilder aus Filmwerken (§ 2 Abs. 1 Nr. 6 UrhG) und aus Laufbildern (§ 95 UrhG).[252] Darunter fallen alle Einzelbilder aus Videos,

---

248 *Kneschke*, 14.

249 *Kneschke*, 14.

250 *Kneschke*, 14.

251 Vgl. *Kneschke*, 48–55.

252 *BGH*, GRUR 2014, 363 (365) – Peter Fechter; *BGH*, GRUR 2010, 620 (621) – Film-Einzelbilder; Dreier/*Schulze*, § 72 UrhG Rn. 5; Wandtke/Bullinger/*Thum*, § 72 UrhG Rn. 48; Wandtke/Ohst/*Maaßen*, Rn. 45.

die mit dem Smartphone aufgenommen werden.[253] Serienfotos, die mittels einer automatischen Kamera erstellt werden, sind wie Einzelbilder aus Filmwerken einzeln als Lichtbilder geschützt.[254]

Lichtbildschutz genießen zudem Aufnahmen von Satelliten[255] und aus der Luft[256] sowie Luftbildaufnahmen[257]. Schutzbegründend ist dabei die Beeinflussung der Bildaufnahme durch die Auf- und Einstellung der Kamera.[258] Diese Einflussnahme kann auch durch vorbereitende Tätigkeiten stattfinden.[259] Dieselben Anforderungen gelten für den Lichtbildschutz von Standbildern, die mittels computergesteuerter Digitalkameras aufgenommen werden.[260]

Daneben können Bilder der Tagesberichterstattung als Lichtbilder geschützt sein.[261] Auch Bilder der Kriegsberichterstattung können einfache Lichtbilder darstellen, wenn sie spontan ohne schöpferische Beeinflussung entstehen.[262]

Ebenso als Lichtbilder geschützt sind Automatenpassbilder, bei denen ein Gestaltungsspielraum besteht.[263] Zu den als Lichtbildern geschützten Fotografien zählen ferner Fotos der Kriminalpolizei für deren Kartei.[264]

---

253 Wandtke/Bullinger/*Thum*, § 72 UrhG Rn. 48.

254 Dreier/*Schulze*, § 72 UrhG Rn. 4.

255 Dreier/*Schulze*, § 72 UrhG Rn. 4; Fromm/Nordemann/*A. Nordemann*, § 72 Rn. 10; Wandtke/Bullinger/*Thum*, § 72 UrhG Rn. 53; *Erdmann*, in: FS Bornkamm, 761 (766); Hoeren/Nielen/*Fleer*, Rn. 133; *Katzenberger*, GRUR Int. 1989, 116 (116, 118 f.); offengelassen, aber nicht ausgeschlossen von *LG Berlin*, GRUR 1990, 270 (270) – Satellitenfoto; a.A. *Schack*, Rn. 723.

256 Dreier/*Schulze*, § 72 UrhG Rn. 4; Wandtke/Bullinger/*Thum*, § 72 UrhG Rn. 53; *Erdmann*, in: FS Bornkamm, 761 (766); Hoeren/Nielen/*Fleer*, Rn. 132; *Katzenberger*, GRUR Int. 1989, 116 (118).

257 Fromm/Nordemann/*A. Nordemann*, § 2 UrhG Rn. 198; *Katzenberger*, GRUR Int. 1989, 116 (118); Wandtke/Bullinger/*Thum*, § 72 UrhG Rn. 53.

258 Schricker/Loewenheim/*Vogel*, § 72 UrhG Rn. 27; Wandtke/Bullinger/*Thum*, § 72 UrhG Rn. 53; *Erdmann*, in: FS Bornkamm, 761 (766); vgl. Dreyer/Kotthoff/*Meckel*/Hentsch, § 72 UrhG Rn. 9.

259 *Katzenberger*, GRUR Int. 1989, 116 (118).

260 BeckOK/*Lauber-Rönsberg*, § 72 UrhG Rn. 20.

261 Schricker/*Loewenheim*/*Leistner*, § 2 UrhG Rn. 213.

262 *Apel*, in: FS Vogel, 205 (221).

263 Dreyer/Kotthoff/*Meckel*/Hentsch, § 72 UrhG Rn. 9; Wandtke/Bullinger/*Thum*, § 72 UrhG Rn. 49; *Wanckel*, Rn. 372.

264 Fromm/Nordemann/*A. Nordemann*, § 2 UrhG Rn. 198.

Teil 2: Die rechtsökonomische Analyse als Bewertungsmaßstab

Die ökonomische Analyse des Rechts als Teilgebiet der Ökonomik beschäftigt sich mit der Frage, wie sich rechtliche Regeln auswirken, um eine Bewertung dahingehend zu ermöglichen, ob diese Folgen einem wohlfahrtsökonomischen Effizienzkriterium genügen.[265] Mithilfe der Analyse der Effizienz des Lichtbildschutzes nach § 72 UrhG soll in dieser Arbeit eine Aussage darüber getroffen werden, inwieweit dieser Schutz in der aktuellen Form aus rechtsökonomischer Perspektive möglicherweise nicht legitimiert und infolgedessen reformbedürftig ist. Letztlich obliegt es der Entscheidung des Gesetzgebers, ob er das rechtspolitische Ziel der Effizienz verfolgen will.[266]

Für die normative Bewertung einer Regelung aus ökonomischer Perspektive bedarf es eines Kriteriums, anhand dessen die Effizienz einer rechtlichen Regelung beurteilt werden kann.[267] Ein Immaterialgüterrecht beschränkt die freie Nutzung immaterieller Güter durch die Allgemeinheit.[268] Auch die Regelungen des Urheberrechts stellen eine rechtfertigungsbedürftige Ausnahme vom Grundsatz der Informationsfreiheit dar.[269] Für die Rechtfertigung der Einschränkung aus rechtsökonomischen Effizienzgründen existieren verschiedene Ansätze: der Mehrebenenansatz, der Ansatz der Anreiz- und Nutzungsoptimierung, der Property Rights-Ansatz und die Neue Institutionenökonomik mit Transaktionskostenökonomik.[270]

A. Rechtfertigungsansatz der Anreiz- und Nutzungsoptimierung

Der Ansatz der Anreiz- und Nutzungsoptimierung gründet auf der ökonomischen Anknüpfung der US-amerikanischen Verfassung in Article I Section 8 Clause 8:

265 *Eidenmüller*, 21.

266 *Eidenmüller*, 414 ff.; *Rühl*, in: Krüper, Grundlagen des Rechts, 248 (256).

267 *Eidenmüller*, 41.

268 *Ohly*, in: Hugenholtz, Copyright Reconstructed, 83 (83).

269 *Euler*, in: Drossou/Krempl/Poltermann, Die wunderbare Wissensvermehrung, 147 (149); *Hoeren*, MMR 2000, 3 (3); *Hoeren*, GRUR 1997, 866 (869 f.).

270 *Hansen*, 126 ff.

„To promote the progress of science and useful arts, by securing for limited times to authors and inventors the exclusive right to their respective writings and discoveries".

Nach dem von der US-amerikanischen Literatur geprägten Ansatz besteht die Rechtfertigung urheberrechtlichen Schutzes darin, einen unmittelbaren Anreiz zur Schaffung neuer Werke (als Ausgleich von Investitionen) zu setzen.[271] Eine Anreizsetzung sei erforderlich, weil Immaterialgüter öffentliche Güter darstellen.[272] Die Merkmale öffentlicher Güter sind deren „*Nicht-Rivalität*" und „*Nicht-Exklusivität*".[273]

Nicht-rivalisierend sind Güter, deren Nutzung durch eine Person die parallele Nutzung durch andere Personen nicht ausschließt.[274] Ein solcher Ausschluss erfolgt bei der Nutzung urheberrechtlich geschützter Werke und anderer immaterieller Güter nicht.[275] Ein geistiges Gut wird durch

271 *Akerlof et al.*, 2 ff.; *Cohen*, 97 Mich. L. Rev. 1998, 462 (471); *Depoorter/Parisi*, 21 Int'l Rev. L. & Econ. 2002, 453 (454); *Elkin-Koren/Salzberger*, 19 Int'l Rev. L. & Econ. 1999, 553 (559); *Euler*, in: Drossou/Krempl/Poltermann, Die wunderbare Wissensvermehrung, 147 (149); *Gordon*, in: Ott/Schäfer, Ökonomische Analyse der rechtlichen Organisation von Innovationen, 328 (332); *Gordon*, 82 Colum. L. Rev. 1982, 1600 (1602, 1610); *Hansen*, 129; *Landes/Posner*, 18 JLS 1989, 325 (326); *Lemley*, 75 Tex. L. Rev. 1996–1997, 989 (993); *Netanel*, 106 Yale L. J. 1996, 283 (293, 308); *Peukert*, in: Hilty/Peukert, Interessenausgleich im Urheberrecht, 11 (16); *Prosi*, 17; *Schäfer/Ott*, 749.

272 *Bechtold*, 287; *Cohen*, 97 Mich. L. Rev. 1998, 462 (471); *Depoorter/Parisi*, 21 Int'l Rev. L. & Econ. 2002, 453 (454); *Elkin-Koren/Salzberger*, 19 Int'l Rev. L. & Econ. 1999, 553 (559); *Gordon*, 82 Colum. L. Rev. 1982, 1600 (1610 f.); *Lemley*, 75 Tex. L. Rev. 1996–1997, 989 (994 ff.); vgl. *Hansen*, 129.

273 *Bartmann*, 20; *Bechtold*, 284; *Cohen*, 97 Mich. L. Rev. 1998, 462 (471); *Cooter/Ulen*, 40; *Elkin-Koren/Salzberger*, 19 Int'l Rev. L. & Econ. 1999, 553 (559); *Gordon*, in: Ott/Schäfer, Ökonomische Analyse der rechtlichen Organisation von Innovationen, 328 (329); *Hansen*, 129; *Lemley*, 75 Tex. L. Rev. 1996–1997, 989 (994 f.); *Peukert*, in: Hilty/Peukert, Interessenausgleich im Urheberrecht, 11 (45); *Schäfer/Ott*, 86 f.

274 *Bartmann*, 20; *Bechtold*, 284; *Cohen*, 97 Mich. L. Rev. 1998, 462 (471); *Cooter/Ulen*, 40; *Elkin-Koren/Salzberger*, 19 Int'l Rev. L. & Econ. 1999, 553 (559); *Hansen*, 129 f.; *Lemley*, 75 Tex. L. Rev. 1996–1997, 989 (994 f.); *Peukert*, in: Hilty/Peukert, Interessenausgleich im Urheberrecht, 11 (13); *Watt*, 3.

275 *Bartmann*, 20; *Bechtold*, 284; *Cohen*, 97 Mich. L. Rev. 1998, 462 (471); *Euler*, in: Drossou/Krempl/Poltermann, Die wunderbare Wissensvermehrung, 147 (148); *Gordon*, in: Ott/Schäfer, Ökonomische Analyse der rechtlichen Organisation von Innovationen, 328 (329); *Lemley*, 75 Tex. L. Rev. 1996–1997, 989 (994 ff.); *Peukert*, in: Hilty/Peukert, Interessenausgleich im Urheberrecht, 11 (13, 45).

seine Nutzung weder aufgebraucht noch in seinem Nutzwert für Dritte beeinträchtigt.[276]

Um nicht-exklusive Güter handelt es sich dann, wenn es entweder gar nicht oder nur in Verbindung mit unverhältnismäßig hohen Kosten möglich ist, Nicht-Zahlende von der Nutzung auszuschließen.[277] Sobald geistige Werke der Öffentlichkeit in analoger Form in irgendeiner Form zugänglich gemacht werden, besteht faktisch kaum eine Möglichkeit, andere von der Nutzung dieser auszuschließen.[278] Für den digitalen Bereich könnte angeführt werden, dass durch technische Schutzmaßnahmen gewährleistet werden könnte, dass andere von der Nutzung ausgeschlossen werden.[279] Dem ist allerdings entgegen zu halten, dass nur eine Person für die Nutzung bezahlen müsste. Für diese würde im Anschluss die technische Zugangsbeschränkung aufgehoben. Infolgedessen wäre es der Person möglich, anderen Nutzungswilligen die Nutzung ohne rechtliche Konsequenzen zu gestatten, wenn es keinen urheberrechtlichen Schutz gäbe. Zudem sind technische Schutzmaßnahmen nicht unüberwindbar. Denkbar ist auch, dass Urheber finanziell oder im Hinblick auf ihre technische Kompetenz nicht in der Lage wären, Zahlungsunwillige von der Nutzung auszuschließen.[280]

I. Anreizwirkung als Wohlfahrtsgewinn eines urheberrechtlichen Schutzrechtes

Infolge der technischen Weiterentwicklung können fremde Leistungen immer einfacher, schneller und kostengünstiger kopiert werden.[281] Ohne entgegenstehende Ausschließlichkeitsrechte stiege die Zahl der Nutzer, die für die Nutzung

276 *Bechtold*, 284; *Euler*, in: Drossou/Krempl/Poltermann, Die wunderbare Wissensvermehrung, 147 (148); *Hansen*, 129 f.

277 *Bartmann*, 20; *Bechtold*, 284 f.; *Cohen*, 97 Mich. L. Rev. 1998, 462 (471); *Cooter/Ulen*, 40; *Elkin-Koren/Salzberger*, 19 Int'l Rev. L. & Econ. 1999, 553 (559); *Hansen*, 130; *Peukert*, in: Hilty/Peukert, Interessenausgleich im Urheberrecht, 11 (14, 45); *Schäfer/Ott*, 87; vgl. *Lemley*, 75 Tex. L. Rev. 1996–1997, 989 (994 f.).

278 *Bechtold*, 285; *Euler*, in: Drossou/Krempl/Poltermann, Die wunderbare Wissensvermehrung, 147 (148); *Hansen*, 130; *Lemley*, 75 Tex. L. Rev. 1996–1997, 989 (994 f.).

279 *Hansen*, 130, 143; *Peukert*, in: Hilty/Peukert, Interessenausgleich im Urheberrecht, 11 (14); vgl. *Bechtold*, 384 f.; vgl. *Cohen*, 97 Mich. L. Rev. 1998, 462 (471).

280 *Hansen*, 144.

281 *Schulze*, in: Hilty/Geiger, Impulse für eine europäische Harmonisierung des Urheberrechts, 117 (125).

des Gutes keine Gegenleistung erbringen, stetig. Trittbrettfahrer („*free riders*“[282]) könnten das immaterielle Gut nutzen, ohne ein Entgelt dafür zu zahlen.[283] Dadurch würden Personen an der Nutzung der Werke partizipieren, die sich nicht an den Kosten der Entstehung beteiligt haben.[284] Ohne einen urheberrechtlichen Schutz könnte jeder, der in den Besitz von Immaterialgütern käme, Kopien davon anfertigen und diese ohne urheberrechtliche Konsequenzen an Dritte weitergeben.[285] Diese „*Kopisten*“ könnten die Kopien infolge geringerer Kosten, die sich auf die reinen Vervielfältigungskosten belaufen, zu einem günstigeren Preis als der mit den höheren Produktionskosten belastete Werkproduzent anbieten.[286] Informationen zu produzieren ist teuer, sie zu kopieren ist hingegen günstig.[287] Einige Nutzer würden aufgrund des geringeren Preises auf das Angebot der Kopisten ausweichen.[288] Andere Konsumenten würden abwarten, ob sie die von anderen Nutzern erworbenen Geisteswerke als Trittbrettfahrer mitnutzen dürfen.[289] Der (monetäre) Anreiz zur Herstellung der entsprechenden Güter schwände und infolgedessen wäre mit einem Rückgang der Produktion dieser Güter zu rechnen.[290] Es käme zu einem Marktversagen.[291] Dieser drohenden Unterproduktion soll durch ein (urheberrechtliches) Ausschließlichkeitsrecht entgegengewirkt werden.[292] Durch ein urheberrechtliches Schutzrecht wird Urhebern die wirtschaftliche Teilhabe an ihren Werken ermöglicht, indem

---

282 *Cooter/Ulen*, 41, 103; *Elkin-Koren/Salzberger*, 19 Int'l Rev. L. & Econ. 1999, 553 (559); *Gordon*, 82 Colum. L. Rev. 1982, 1600 (1611); *Watt*, 3.

283 *Bechtold*, 286; *Hansen*, 131; *Peukert*, in: Hilty/Peukert, Interessenausgleich im Urheberrecht, 11 (15).

284 *Handke*, Kurswechsel 4/2010, 15 (19).

285 *Bechtold*, 286; *Koboldt*, in: Ott/Schäfer, Ökonomische Analyse der rechtlichen Organisation von Innovationen, 69 (73).

286 *Bartmann*, 20; *Bechtold*, 286; *Koboldt*, in: Ott/Schäfer, Ökonomische Analyse der rechtlichen Organisation von Innovationen, 69 (73).

287 *Bechtold*, 286; *Cooter/Ulen*, 114; *Landes/Posner*, 18 JLS 1989, 325 (326); *Shapiro/Varian*, 3; *Watt*, 5.

288 *Bechtold*, 286.

289 *Bechtold*, 286; *Schäfer/Ott*, 87.

290 *Bechtold*, 286 f.; *Elkin-Koren/Salzberger*, 19 Int'l Rev. L. & Econ. 1999, 553 (559); *Gordon*, 82 Colum. L. Rev. 1982, 1600 (1611); *Watt*, 3 f.; vgl. *Hansen*, 131.

291 *Bechtold*, 287; *Cohen*, 97 Mich. L. Rev. 1998, 462 (471); *Hansen*, 131; vgl. *Cooter/Ulen*, 41; vgl. *Schäfer/Ott*, 87.

292 *Bechtold*, 287; *Cohen*, 97 Mich. L. Rev. 1998, 462 (471); *Elkin-Koren/Salzberger*, 19 Int'l Rev. L. & Econ. 1999, 553 (559); *Gordon*, 82 Colum. L. Rev. 1982, 1600 (1610 ff.).

Nutzungswillige für Nutzungsrechte Entgelte zahlen müssen und „*nonpayers*“[293] von der Nutzung ausgeschlossen werden.[294] Kopien sind dann mit höheren Kosten als den reinen Vervielfältigungskosten verbunden und die Zulässigkeit ihrer Anfertigung hängt in der Regel von einer Nutzungsrechteeinräumung ab. So ist der ursprüngliche Werkschöpfer konkurrenzfähig im Verhältnis zu Kopisten und übt die rechtliche Kontrolle über die Anfertigung von Vervielfältigungen aus. Infolge der sich aus einem urheberrechtlichen Ausschließlichkeitsrecht ergebenden Amortisationsmöglichkeit und der wirtschaftlichen Verwertungsmöglichkeit wird für potenzielle Urheber der Anreiz geschaffen, (neue) Werke zu produzieren.[295] Die Gesellschaft wird so bestmöglich mit kreativen Werken versorgt und die kulturelle Entwicklung gewährleistet.[296]

II. Unternutzung als Wohlfahrtsverlust eines urheberrechtlichen Schutzrechtes

Mit dem Anreizsystem in Form von Ausschließlichkeitsrechten gehen allerdings auch Wohlfahrtsverluste einher.[297]

Seitens der Allgemeinheit besteht ein Interesse an einem möglichst unbeschränkten und unentgeltlichen Zugang zu Werken.[298] Die urheberrechtlichen Ausschließlichkeitsrechte führen jedoch gesamtgesellschaftlich zu einer geringeren Nutzung.[299] Diese Unternutzung ergibt sich daraus, dass potenzielle Nutzer dann von der Nutzung absehen, wenn ihnen das für die

---

293 *Elkin-Koren/Salzberger*, 19 Int'l Rev. L. & Econ. 1999, 553 (559); vgl. *Watt*, 4.

294 *Bechtold*, 287 f.; *Depoorter/Parisi*, 21 Int'l Rev. L. & Econ. 2002, 453 (454); *Elkin-Koren/Salzberger*, 19 Int'l Rev. L. & Econ. 1999, 553 (559); vgl. *Hansen*, 131.

295 *Bechtold*, 288; *Depoorter/Parisi*, 21 Int'l Rev. L. & Econ. 2002, 453 (454); *Gordon*, 82 Colum. L. Rev. 1982, 1600 (1602); *Sterk*, 94 Mich. L. Rev. 1996, 1197 (1204).

296 *Reich*, 94.

297 *Bechtold*, 290 ff.; *Hansen*, 132 f.; *Koboldt*, in: Ott/Schäfer, Ökonomische Analyse der rechtlichen Organisation von Innovationen, 69 (76); *Landes/Posner*, 18 JLS 1989, 325 (326); *Lemley*, 75 Tex. L. Rev. 1996–1997, 989 (996); *Peukert*, in: Hilty/Peukert, Interessenausgleich im Urheberrecht, 11 (17, 20); *Watt*, 12.

298 *Euler*, in: Drossou/Krempl/Poltermann, Die wunderbare Wissensvermehrung, 147 (150).

299 *Bechtold*, 298 f.; *Cohen*, 53 Vand. L. Rev. 2000, 1799 (1801); *Hansen*, 132; *Koboldt*, in: Ott/Schäfer, Ökonomische Analyse der rechtlichen Organisation von Innovationen, 69 (76); *Lemley*, 75 Tex. L. Rev. 1996–1997, 989 (996); *Peukert*, in: Hilty/Peukert, Interessenausgleich im Urheberrecht, 11 (17).

Nutzungsrechteeinräumung zu zahlende Entgelt zu hoch ist.[300] Infolgedessen unterbleiben Nutzungen, obwohl der Nutzwert aufgrund der Nicht-Rivalität von Immaterialgütern nicht beeinträchtigt würde.[301] Die Allgemeinheit kann dadurch nicht von der Nicht-Rivalität immaterieller Güter profitieren.[302] Es kommt zu einem „*deadweight loss*".[303]

Darüber hinaus verursacht der urheberrechtliche Schutz sogenannte „*cost of expression*".[304] Gemeint sind damit die Kosten, die bei der Schaffung neuer Werke auf Grundlage bestehender Werke und bei Bearbeitungen von bestehenden Werken durch die Erforderlichkeit einer Einwilligung des Urhebers entstehen.[305] Je stärker der Urheberrechtsschutz ausfällt, desto höher ist der Anreiz zur Produktion neuer Werke, aber desto stärker fällt gleichzeitig die Beschränkung des Zugangs zu den Werken für die Allgemeinheit aus.[306]

Das Urheberrecht soll im Ergebnis durch die Anreizwirkung den Wohlfahrtsverlust infolge von Unterproduktion minimieren („*social welfare loss due to underproduction*").[307] Zu diesem Zweck wird der Wohlfahrtsverlust durch Unternutzung hingenommen („*social welfare loss due to underutilization*"[308]).[309]

---

300 *Bechtold*, 298 f.; *Cohen*, 53 Vand. L. Rev. 2000, 1799 (1801); *Fisher III*, 73 Chi.-Kent L. Rev. 1998, 1203 (1236); *Hansen*, 132; *Netanel*, 106 Yale L. J. 1996, 283 (293); *Peukert*, in: Hilty/Peukert, Interessenausgleich im Urheberrecht, 11 (17); vgl. *Lemley*, 75 Tex. L. Rev. 1996–1997, 989 (996).

301 *Hansen*, 132; *Peukert*, in: Hilty/Peukert, Interessenausgleich im Urheberrecht, 11 (17).

302 *Bechtold*, 298 Fn. 1562; *Gordon*, in: Ott/Schäfer, Ökonomische Analyse der rechtlichen Organisation von Innovationen, 328 (334); *Hansen*, 132.

303 *Bechtold*, 290 ff.; *Cohen*, 53 Vand. L. Rev. 2000, 1799 (1801 f.); *Fisher III*, 73 Chi.-Kent L. Rev. 1998, 1203 (1236); *Fisher III*, 101 Harv. L. Rev. 1988, 1659 (1702); *Hansen*, 144; *Netanel*, 106 Yale L. J. 1996, 283 (293); *Peukert*, in: Hilty/Peukert, Interessenausgleich im Urheberrecht, 11 (18); vgl. *Gordon*, in: Ott/Schäfer, Ökonomische Analyse der rechtlichen Organisation von Innovationen, 328 (334).

304 *Landes/Posner*, 18 JLS 1989, 325 (332); *Peukert*, in: Hilty/Peukert, Interessenausgleich im Urheberrecht, 11 (18); vgl. *Hansen*, 132.

305 *Hansen*, 132 f.; *Peukert*, in: Hilty/Peukert, Interessenausgleich im Urheberrecht, 11 (18); *Sterk*, 94 Mich. L. Rev. 1996, 1197 (1207).

306 *Bechtold*, 298 f.; *Hansen*, 133.

307 *Bechtold*, 298; *Koboldt*, in: Ott/Schäfer, Ökonomische Analyse der rechtlichen Organisation von Innovationen, 69 (76); *Novos/Waldman*, 92 JPE 1984, 236 (236 ff.).

308 *Bechtold*; 298; *Koboldt*, in: Ott/Schäfer, Ökonomische Analyse der rechtlichen Organisation von Innovationen, 69 (76); *Novos/Waldman*, 92 JPE 1984, 236 (236 ff.).

309 *Bechtold*, 298; *Koboldt*, in: Ott/Schäfer, Ökonomische Analyse der rechtlichen Organisation von Innovationen, 69 (76).

III. Erfordernis eines Ausgleichs von Wohlfahrtsgewinn und Wohlfahrtsverlust

Die nach dem Anreiz- und Nutzungsoptimierungsansatz infolge des urheberrechtlichen Schutzes zu erwartenden Kosten sowie der durch den urheberrechtlichen Schutz angestrebte Nutzen müssen abgewogen werden. Zwischen Anreiz und Verbreitung durch die Allgemeinheit muss ein Gleichgewicht hergestellt werden.[310] Die Wohlfahrtsverluste sollen so gering wie möglich ausfallen.[311]

Ein Vorteil des Ansatzes der Anreiz- und Nutzungsoptimierung liegt gerade darin, dass ein Ausgleich von Urheber- und Nutzerinteressen angestrebt wird.[312] Das Urheberrecht ist nicht nur Instrument der Urheber für die Durchsetzung ihrer persönlichen und wirtschaftlichen Interessen.[313] Ihm kommt vielmehr die Aufgabe zu, unterschiedliche Interessen verschiedener Parteien (Urheber, Verwerter und Nutzer) in einen Ausgleich zu bringen.[314] Die Interessen der Urheber gehen den Interessen potenzieller Nutzer nicht im Grundsatz vor.[315] Die Nutzung der Werke soll so optimal wie möglich gewährleistet werden.[316] Das Interesse der Allgemeinheit an der Teilhabe an kultureller Vielfalt ist schon entsprechend Art. 14 Abs. 2 Satz 2 GG aufgrund der Sozialpflichtigkeit des Eigentums zu berücksichtigen.[317] Durch die Sozialbindung des geistigen Eigentums soll sichergestellt werden, dass die Gesellschaft mit kreativen Werken versorgt wird.[318] Damit unterscheidet sich der Ansatz der Anreiz- und Nutzungsoptimierung von dem in der Diskussion um den schweizerischen Lichtbildschutz teilweise vertretenen Ansatz „*what ist worth copying is worth protecting*“[319].

---

310 *Bartmann*, 19; *Euler*, in: Drossou/Krempl/Poltermann, Die wunderbare Wissensvermehrung, 147 (150); *Watt*, 12; vgl. *Lemley*, 75 Tex. L. Rev. 1996–1997, 989 (1083 f.).

311 *Koboldt*, in: Ott/Schäfer, Ökonomische Analyse der rechtlichen Organisation von Innovationen, 69 (76).

312 Vgl. *Hansen*, 177.

313 *Ohly*, 21; vgl. *de la Durantaye/Hofmann*, ZUM 2021, 873 (874).

314 *De la Durantaye/Hofmann*, ZUM 2021, 873 (874); *Ohly*, 21.

315 *De la Durantaye/Hofmann*, ZUM 2021, 873 (873 f.); *Geiger*, GRUR Int. 2004, 815 (817 ff.).

316 *Hansen*, 133 f.; *Koboldt*, in: Ott/Schäfer, Ökonomische Analyse der rechtlichen Organisation von Innovationen, 69 (76); vgl. *Watt*, 13.

317 *Reich*, 188.

318 *Reich*, 188.

319 *Schütz*, sic! 2/2016, 53 (53); vgl. Botschaft des Schweizerischen Bundesrates zur Änderung des Urheberrechtsgesetzes sowie zur Genehmigung zweier Abkommen der Weltorganisation für geistiges Eigentum und zu deren Umsetzung der Schweizerischen Eidgenossenschaft, S. 603 f.

Die Gewährung eines Monopolrechts in Form eines urheberrechtlichen Schutzrechts ist daher nach diesem Ansatz nur insoweit legitimiert, wie *„die positiven Effekte der Anreizgewährung die damit verbundenen Nachteile der Zugangsbeschränkungen überwiegen“*.[320]

Entscheidend ist für die rechtsökonomische Rechtfertigung eines urheberrechtlichen Ausschließlichkeitsrechts demnach zum einen, dass mit dem betroffenen urheberrechtlichen Ausschließlichkeitsrecht tatsächlich eine Anreizwirkung zur Schaffung neuer Werke verbunden und diese auch in Anbetracht fehlender ausreichender alternativer Anreize notwendig ist und zum anderen, dass eine Abwägung mit den damit verbundenen gesamtgesellschaftlichen Nachteilen ein Überwiegen der Vorteile des Ausschließlichkeitsrechts ergibt.[321]

B. Eignung des Ansatzes der Anreiz- und Nutzungsoptimierung als Bewertungsmaßstab

Der Lichtbildschutz nach § 72 UrhG gehört zu den verwandten Schutzrechten, die auch als Leistungsschutzrechte bezeichnet werden.

Als verwandte Schutzrechte werden laut Gesetzesbegründung Rechte geschützt, die keine schöpferische Leistung, sondern Leistungen anderer Art schützen, *„die der schöpferischen Leistung des Urhebers ähnlich sind oder in Zusammenhang mit den Werken der Urheber erbracht werden“*.[322] Das gesamte Leistungsschutzrecht ist damit im Grundsatz auf zwei Schutzgründe zurückzuführen. Die verwandten Schutzrechte sollen zum einen persönliche Leistungen schützen, die die Schwelle zur Werkschöpfung nicht erreicht haben.[323] Zum anderen sollen sie die wirtschaftliche, organisatorische und technische Leistung zur Absicherung der dadurch getätigten Investition sichern.[324] Gerade für die Analyse der Legitimation der Leistungsschutzrechte und des Lichtbildschutzes als Teil dieser Leistungsschutzrechte könnte der Ansatz der Anreiz- und Nutzungsoptimierung vor diesem Hintergrund daher besonders gut geeignet sein.

320 *Hansen*, 133; vgl. *Gordon*, in: Ott/Schäfer, Ökonomische Analyse der rechtlichen Organisation von Innovationen, 328 (332); vgl. *Peukert*, in: Hilty/Peukert, Interessenausgleich im Urheberrecht, 11 (20).

321 *Bechtold*, 328 f.

322 BT-Drs. IV/270, S. 33 f.

323 *Dreier*/Schulze, Vorbemerkung zu §§ 70 ff. UrhG Rn. 2.

324 *Dreier*/Schulze, Vorbemerkung zu §§ 70 ff. UrhG Rn. 2.

I. Besondere Eignung für die Analyse der Rechtfertigung von Leistungsschutzrechten

Der Ansatz der Anreiz- und Nutzungsoptimierung ist dann besonders geeignet für die Analyse der Rechtfertigung von Leistungsschutzrechten, wenn diese vor allem dem Schutz der mit der Leistung verbundenen Investition dienen. Das entspräche dem Ziel des Ansatzes der Anreizsetzung als Investitionsausgleich und gilt es, im Folgenden zu untersuchen.

Für den Leistungsschutz wissenschaftlicher Ausgaben urheberrechtlich nicht geschützter Werke oder Texte nach § 70 UrhG muss ein bislang unbekannter Originaltext wissenschaftlich fundiert hergestellt worden sein.[325] Um eine wissenschaftlich fundierte Herstellung handelt es sich dann, wenn das vorhandene Material „*verglichen, kritisch gesichtet, bewertet und geordnet*“ wird.[326] Durch den Schutz wissenschaftlicher Ausgaben soll die „*häufig bedeutende wissenschaftliche Arbeit und die Aufwendung hoher Kosten*“ honoriert werden.[327]

Nach § 71 Abs. 1 Satz 1 UrhG wird der Person, die „*ein nicht erschienenes Werk nach Erlöschen des Urheberrechts erlaubterweise erstmals erscheinen lässt oder erstmals öffentlich wiedergibt*“, das ausschließliche Recht zur Verwertung eingeräumt. Dem Gesetzgeber nach ist mit dem Auffinden sowie Sammeln und der späteren Herausgabe oftmals ein signifikanter Arbeits- und Kostenaufwand verbunden, den es durch das Leistungsschutzrecht zu entlohnen gelte.[328] Kostenintensiv kann beispielsweise die Herstellung eines reproduktionsfähigen Skriptums sein.[329] Auch die öffentliche Wiedergabe von nachgelassenen Werken alter Musik kann finanziell aufwendig sein.[330] Die Gewährung des Leistungsschutzrechtes soll einen Anreiz bewirken, die erforderlichen Investitionen zu tätigen.[331] Seitens der Literatur wird eine Anreizwirkung zwar anerkannt, denn nachgelassene Werke würden der Allgemeinheit in der Regel erst infolge der Existenz des entsprechenden Leistungsschutzrechtes zugänglich gemacht.[332] Durch diese Motivation zur

---

325 BT-Drs. IV/270, S. 87.

326 *BGH*, GRUR 1975, 667 (669) – Reichswehrprozeß; Wandtke/Bullinger/*Thum*, § 70 UrhG Rn. 9.

327 BT-Drs. IV/270, S. 87.

328 BT-Drs. IV/270, S. 87 f.; zustimmend Schricker/*Loewenheim*, § 71 UrhG Rn. 1.

329 BeckOK/*Lauber-Rönsberg*, § 71 UrhG Rn. 1.

330 Wandtke/Bullinger/*Thum*, § 71 UrhG Rn. 4.

331 Wandtke/Bullinger/*Thum*, § 71 UrhG Rn. 1.

332 BeckOK/*Lauber-Rönsberg*, § 71 UrhG Rn. 1; Schricker/*Loewenheim*, § 71 UrhG Rn. 1.

möglichst schnellen Herausgabe habe der § 71 UrhG eine *„kulturfördernde Wirkung“*.[333] Gleichzeitig wird jedoch auch angemerkt, dass wissenschaftliche Zwecke einen ausreichenden alternativen Anreiz bildeten.[334] Zudem seien die modernen Vervielfältigungstechniken mittlerweile mit weniger hohen Kosten verbunden und der Investitionsschutz und die Anreizbildung als Rechtfertigungsgrund zunehmend fraglich.[335]

Ausübenden Künstlern soll durch den Schutz nach § 73 UrhG neben ihrem Persönlichkeitsschutz die kommerzielle Verwertung ihrer Leistung ermöglicht werden.[336] Sie sollen so vor der Ausnutzung ihrer Leistung geschützt werden.[337] Dies soll als Anreiz für ihre Darbietungen dienen.[338]

Nach den §§ 85, 86 UrhG wird Tonträgerherstellern ein Leistungsschutzrecht zugestanden. Die Motivation des Gesetzgebers bestand darin, die wirtschaftlichen Interessen der Tonträgerhersteller hinreichend zu sichern.[339] Das dahingehende Bedürfnis ergebe sich aus der hochwertigen technischen Leistung und aus den hohen wirtschaftlichen Aufwendungen, die für die Herstellung eines zum Vertrieb geeigneten Tonträgers notwendig seien.[340] Die Leistung kann in technischer Hinsicht besonders leicht von unbefugten Dritten kopiert und die Leistung des Tonträgerherstellers so ausgebeutet werden.[341]

Durch § 87 UrhG wird Sendeunternehmen ein Leistungsschutzrecht zugestanden. Dadurch soll ihre in der Regel mit hohen Investitionen verbundene technische und wirtschaftliche Leistung geschützt werden.[342] Die stetige technische Weiterentwicklung macht die Aneignung durch fremde Personen zunehmend leichter.[343] Die mühelose Übernahme und Nutzung einer zumeist kostspieligen Leistung des Sendeunternehmers durch unbefugte

---

333 Wandtke/Bullinger/*Thum*, § 71 UrhG Rn. 2.

334 BeckOK/*Lauber-Rönsberg*, § 71 UrhG Rn. 1; *Stang*, 143.

335 *Stang*, 143; vgl. Wandtke/Bullinger/*Thum*, § 71 UrhG Rn. 1.

336 *Dreier*/Schulze, § 73 UrhG Rn. 1.

337 BT-Drs. IV/270, S. 89.

338 *Dreier*/Schulze, § 73 UrhG Rn. 1.

339 BT-Drs. IV/270, S. 95.

340 BT-Drs. IV/270, S. 95.

341 Dreier/*Schulze*, § 85 UrhG Rn. 1; Schricker/Loewenheim/*Vogel*, § 85 UrhG Rn. 10.

342 BT-Drs. IV/270, S. 97; *Dreier*/Schulze, § 87 UrhG Rn. 1; Wandtke/Bullinger/*Erhardt*, § 87 UrhG Rn. 7.

343 *Dreier*/Schulze, § 87 UrhG Rn. 1.

Dritte soll durch das Schutzrecht verhindert werden.[344] Der Programmaufwand liegt finanziell oft im hohen Millionenbereich.[345]

Die §§ 87a ff. UrhG stellen eine Besonderheit im Leistungsschutzrecht dar. Voraussetzung für den Schutz des Datenbankherstellers ist nach § 87a Abs. 1 Satz 1 UrhG eine wesentliche Investition. Das Datenbankherstellerrecht schützt die Investition in die Beschaffung der Daten, in den Aufbau, in die Überprüfung, in die Aufbereitung und in die Darstellung des Inhalts einer Datenbank.[346] In Anerkennung des oftmals hohen finanziellen Aufwands soll den Datenbankherstellern ein besonderer Investitionsschutz zukommen.[347] Durch das Leistungsschutzrecht nach den §§ 87a ff. UrhG soll das Bedürfnis nach einem Schutz *„investitionsintensiver"* Datenbanken vor der ungewollten Übernahme und dem unerlaubten Gebrauch befriedigt werden.[348] Diese befürchtete Übernahme ist zu deutlich geringeren Kosten und mit deutlich geringerem Aufwand im Vergleich zu den für den Aufbau der Datenbanken erforderlichen personellen, technischen und finanziellen Mitteln möglich.[349] Zudem soll ein Anreiz dahingehend gesetzt werden, dass Arbeitsabläufe vereinfacht und beschleunigt werden.[350]

Auch im Fall des Presseverlegerschutzes nach § 87f UrhG handelt es sich um ein investitionsschützendes Leistungsschutzrecht.[351] Ratio des Schutzrechtes war schon vor der EU-Urheberrechtsreform der Schutz der für die Anfertigung eines Presseerzeugnisses zu erbringenden wirtschaftlichen, organisatorischen und technischen Leistung des Presseverlegers.[352] Dies gilt nach wie vor.[353]

Mit dem Leistungsschutzrecht nach § 94 UrhG soll die Stellung des Filmherstellers durch die Möglichkeit einer umfassenden Verwertung des Filmwerkes gestärkt werden.[354] Diese Stärkung soll einen Ausgleich für die zumeist

344 BT-Drs. IV/270, S. 97; Schricker/Loewenheim/*v. Ungern-Sternberg*, § 87 UrhG Rn. 47; Wandtke/Bullinger/*Erhardt*, § 87 UrhG Rn. 7.

345 22. Bericht der Kommission zur Ermittlung des Finanzbedarfs der Rundfunkanstalten aus Februar 2020, S. 94; vgl. Wandtke/Bullinger/*Ehrhardt*, § 87 UrhG Rn. 7.

346 Art. 7 Abs. 1 der RL 96/9/EG; *Dreier*/Schulze, Vorbemerkung zu §§ 87a ff. UrhG Rn. 1.

347 Wandtke/Bullinger/*Hermes*, Vorbemerkung Vor §§87a ff. UrhG Rn. 1.

348 *Dreier*/Schulze, Vorbemerkung zu §§ 87a ff. UrhG Rn. 5.

349 *Dreier*/Schulze, Vorbemerkung zu §§ 87a ff. UrhG Rn. 5.

350 Fromm/Nordemann/*Czychowski*, § 87a UrhG Rn. 1.

351 BeckOK/*Graef*, § 87f UrhG Rn. 14.

352 BT-Drs. 17/11470, S. 8; BeckOK/*Graef*, § 87f UrhG Rn. 14.

353 Erwägungsgrund 55 der DSM-RL; BeckOK/*Graef*, § 87f UrhG Rn. 14.

354 BeckOK/*Vohwinkel*, § 94 UrhG Rn. 1.

erhebliche organisatorische und wirtschaftliche Leistung darstellen, die der Filmhersteller erbringt.[355]

Zu guter Letzt wird den Herstellern von Laufbildern durch § 95 UrhG ein Leistungsschutz zugestanden. Es ging dem Gesetzgeber bei diesem Schutz auch um den Ausgleich der hohen Herstellungskosten.[356] Geschützt wird die wirtschaftliche und organisatorische Leistung des Filmherstellers,[357] die hoch ausfallen kann und an deren Refinanzierung der Laufbilderhersteller dementsprechend ein großes Interesse hat.[358] Unabhängig davon, ob der Laufbildschutz aus rechtsökonomischer Perspektive in seiner aktuellen Gesamtheit noch gerechtfertigt ist oder für einige Laufbildtypen die Legitimation fraglich ist,[359] stellt der Investitionsschutz noch immer das Argument für den Schutz dar.

Im Durchschnitt ist bei allen Leistungsschutzrechten neben dem Lichtbildschutz eine Investition in Form einer technischen, organisatorischen, personellen oder wirtschaftlichen Leistung erforderlich, deren Verwertungsmöglichkeit als Anreiz zur Erbringung der jeweiligen Leistung zumindest ein Teil der Rechtfertigungsgrundlage des jeweiligen Schutzrechtes ist. Im Fall des § 71 UrhG wird die Rechtfertigung des Schutzrechtes gerade auf Grundlage einer möglicherweise nur noch geringen Anreizwirkung bezweifelt.[360] Bezüglich aller Leistungsschutzrechte erfolgt durch den Gesetzgeber, die Literatur und die Rechtsprechung eine (Teil-) Rechtfertigung auf der Grundlage der zu schützenden Investition. Mitunter wird sogar konkreter Bezug auf die damit verbundene Anreizwirkung genommen. Alle verwandten Schutzrechte dienen mehr oder weniger der Amortisation und kommerziellen Verwertung der mit der geschützten Leistung verbundenen Investitionen, um dadurch einen Anreiz zur Erbringung der entsprechenden Leistung zu setzen. Dies entspricht dem angloamerikanischen Gedanken, dass der Zweck urheberrechtlichen Schutzes in dem Anreiz zur Schaffung neuer Werke liegt. Die Leistungsschutzrechte knüpfen in der Regel gerade nicht an die persönliche Beziehung zwischen Leistungsschutzberechtigtem und Leistung oder die Versorgung der Nachkommen des

355 BT-Drs. IV/270, S. 102; BeckOK/*Vohwinkel*, § 94 UrhG Rn. 1; Dreier/*Schulze*, § 94 UrhG Rn. 1.
356 BT-Drs. IV/270, S. 102.
357 *BGH*, GRUR 2014, 363 (365) – Peter Fechter.
358 BeckOK/*Vohwinkel*, § 95 UrhG Rn. 1.
359 Kritisch unter anderem *Schack*, in: FS Wandtke, 9 (11).
360 *Stang*, 143.

Leistungsschutzberechtigten an.[361] Der Schutz der Verfasser wissenschaftlicher Ausgaben, ausübender Künstler und der Ersteller von Lichtbildern stellt innerhalb des Systems des Leistungsrechtschutzes eine Besonderheit dar, da diesen der Schutz insbesondere auch aufgrund der Befriedigung kultureller Bedürfnisse zugestanden wird.[362] Die diesen gewährten Schutzrechte dienen als Anreiz für die Erbringung der entsprechenden Leistung und Möglichkeit der Amortisation, da die Motivation für die Erbringung der Leistung die Voraussetzung für die Befriedigung kultureller Bedürfnisse ist.

II. Besondere Eignung für die Analyse der Rechtfertigung des Lichtbildschutzes nach § 72 UrhG

Das Lichtbildschutzrecht aus § 72 UrhG ist systematisch in das Leistungsschutzrecht einzuordnen. Der Gesetzgeber selbst hat bereits einen systematischen Regelungszusammenhang zwischen den Leistungsschutzrechten der Tonträgerhersteller, Filmhersteller und Sendeunternehmen und dem Lichtbildschutz hergestellt.[363] Daher ist die Legitimation des Lichtbildschutzes auch daran zu messen, ob Fotografen gerade durch das Schutzrecht motiviert werden, Lichtbilder zu schaffen, und dies in einem angemessenen Ausgleich zu den Nachteilen steht, die für die Allgemeinheit damit verbunden sind. Aus systematischer Sicht ist es daher angemessen, den Ansatz der Anreiz- und Nutzungsoptimierung für die Beurteilung der Legitimation des Lichtbildschutzes heranzuziehen.

Zudem wird die Legitimation des Lichtbildschutzes infolge der Einschränkung der freien Nutzbarkeit für die Allgemeinheit und dessen Folgen angezweifelt.[364] Darüber hinaus ist Schwerpunkt der Argumentation sowohl für als auch gegen eine weiterhin bestehende Rechtfertigung zum einen die Erforderlichkeit von hohen Investitionen und hohem Aufwand und zum anderen die sich daraus ergebende Erforderlichkeit bzw. fehlende Erforderlichkeit einer urheberrechtlichen Anreizwirkung.[365] Beides wird durch den rechtsökonomischen Ansatz der

361 *Malevanny*, GRUR Int. 2013, 737 (744); vgl. *Helberger/Dufft/van Gompel/Hugenholtz*, 5 E.I.P.R. 2008, 174 (176).

362 *Rehbinder/Peukert*, Rn. 643.

363 BT-Drs. 13/781, S. 1.

364 *Apel*, in: FS Vogel, 205 (216 f.); *Hoeren*, EuZ 2012, 2 (9); *Lerach*, in: DSRI-Tagungsband 2012, 175 (190); *Ohly*, 36 f.; *Schack*, in: FS Wandtke, 9 (11, 19); *Schiessel*, 253 ff.

365 Fromm/Nordemann/*A. Nordemann*, § 72 UrhG Rn. 1; Loewenheim/*Vogel*, § 43 Rn. 2; Schricker/Loewenheim/*Vogel*, § 72 UrhG Rn. 16; *Apel*, in: FS Vogel, 205 (216 f., 220 ff.); *Klimpel/Rack*, RuZ 2020, 243 (257); *Lerach*, in: DSRI-Tagungsband 2012, 175

Anreiz- und Nutzungsoptimierung aufgegriffen, nach dem die Rechtfertigung urheberrechtlichen Schutzes in der Setzung eines unmittelbaren Anreizes zur Schaffung neuer Werke liegt[366].

Daher ist der Ansatz der Anreiz- und Nutzungsoptimierung besonders geeignet zur Überprüfung der Legitimation des Lichtbildschutzes in seiner aktuellen Fassung nach § 72 UrhG.

Ergibt die weitere Prüfung, dass Anreiz und Nutzung infolge der aktuellen Ausgestaltung des Lichtbildschutzes nicht optimal sind und dadurch die aktuelle Fassung des Lichtbildschutzes aus rechtsökonomischer Perspektive nicht effizient ist, besteht Reformbedarf.

(190); *Ohly*, 37; *Schack*, in: FS Wandtke, 9 (11); *Schiessel*, 261, 267, 270, 273, 279 ff.; *Zech*, 363, 371, 423; *Ziegler*, 250 f.

366 Siehe Teil 2 A. *Akerlof et al.*, 2 ff.; *Cohen*, 97 Mich. L. Rev. 1998, 462 (471); *Depoorter/Parisi*, 21 Int'l Rev. L. & Econ. 2002, 453 (454); *Elkin-Koren/Salzberger*, 19 Int'l Rev. L. & Econ. 1999, 553 (559); *Euler*, in: Drossou/Krempl/Poltermann, Die wunderbare Wissensvermehrung, 147 (149); *Gordon*, in: Ott/Schäfer, Ökonomische Analyse der rechtlichen Organisation von Innovationen, 328 (332); *Gordon*, 82 Colum. L. Rev. 1982, 1600 (1602, 1610); *Hansen*, 129; *Landes/Posner*, 18 JLS 1989, 325 (326); *Lemley*, 75 Tex. L. Rev. 1996–1997, 989 (993); *Netanel*, 106 Yale L. J. 1996, 283 (293, 308); *Peukert*, in: Hilty/Peukert, Interessenausgleich im Urheberrecht, 11 (16); *Prosi*, 17; *Schäfer/Ott*, 749.

Teil 3: Die rechtsökonomische Legitimation des Lichtbildschutzes nach § 72 UrhG

Für die Überprüfung der Legitimation des Lichtbildschutzes nach § 72 UrhG aus rechtsökonomischer Perspektive ist nach dem Ansatz der Anreiz- und Nutzungsoptimierung zunächst zu überprüfen, ob mit dem Lichtbildschutz eine für die Vermeidung von Unterproduktion erforderliche Anreizwirkung verbunden ist. Wird eine solche Anreizwirkung ermittelt, ist diese in Abwägung mit dem Wohlfahrtsverlust zu bringen.

A. Wohlfahrtsgewinn in Form einer Anreizwirkung

Die Erforderlichkeit einer Anreizsetzung durch den Lichtbildschutz nach § 72 UrhG ist sowohl im Hinblick auf die Produktion von Lichtbildern als auch im Hinblick auf die Produktion von Lichtbildwerken zu überprüfen. Entscheidend ist für das Vorliegen einer erforderlichen Anreizwirkung des Lichtbildschutzes nach § 72 UrhG, ob dessen Abschaffung zu einer geringeren Produktion führen würde.

I. Anreizwirkung des Lichtbildschutzes für die Schaffung von Lichtbildwerken

In Ermangelung eines Lichtbildschutzes wären nur noch Fotografien geschützt, die die Anforderungen aus § 2 Abs. 2 UrhG an Lichtbildwerke erfüllen. Es entfiele ein „*Auffangtatbestand*" für den Fall, dass die Anforderungen an den Werkschutz wider Erwarten des Fotografen nicht erfüllt sind.[367] Ein Rückgang der Produktion von Lichtbildwerken könnte aus einer etwaigen Unsicherheit hinsichtlich der Erreichbarkeit der Schöpfungshöhe und der Erkenntnis, dass die urheberrechtliche Schutzlosigkeit droht, resultieren.

Entscheidend ist dafür insbesondere die Schutzhöhe des Lichtbildwerkschutzes. Die Schutzhöhe umschreibt, wie streng bzw. hoch die gesetzlichen Anforderungen an den Schutz von Fotografien als Lichtbildwerke sind. Je geringer die

---

367 *Schiessel*, 257.

Anforderungen an den Lichtbildwerkschutz sind, desto geringer ist die Rechtsunsicherheit hinsichtlich der Erreichbarkeit der Schutzvoraussetzungen.

1. Schutzhöhe des Lichtbildwerkschutzes

Eine Fotografie ist nicht nur Lichtbild im Sinne von § 72 UrhG, sondern Lichtbildwerk im Sinne von § 2 Abs. 1 Nr. 5 UrhG, wenn es sich dabei um eine „*persönliche geistige Schöpfung*" handelt, § 2 Abs. 2 UrhG. Eine Schöpfung ist nur dann anzunehmen, wenn etwas „*Eigentümliches*" geschaffen wird.[368] Diese „*Eigentümlichkeit*"[369] wird auch als Individualität bezeichnet.[370] Die Abgrenzung zum bloßen Lichtbild im Sinne von § 72 UrhG wird über das Merkmal der Individualität vorgenommen.[371] Die Annahme einer schöpferischen Tätigkeit setzt voraus, dass ein Gestaltungsspielraum ausgenutzt wird.[372] Der Fotograf ist im Vergleich zu anderen gestalterisch tätig werdenden Künstlern zwar in der Wahl seiner Ausdrucksmittel auf technische Hilfsmittel beschränkt.[373] Die individuelle Prägung kann der Fotograf aber auf unterschiedliche Art und Weise und zu verschiedenen Zeitpunkten während des Herstellungsprozesses erreichen.[374] Die Art und Weise wird unter anderem durch folgende Elemente bestimmt: Wahl und Positionierung eines bestimmten Motivs, Art der Belichtung, Perspektive/Bildausschnitt, Licht- und Schattenkontraste, Brennweite des Aufnahmeobjekts, Schärfentiefe, Wahl eines bestimmten Kameratyps und Wahl eines Objektivs.[375] Diese Gestaltungsmittel können Ausdruck kreativer Entscheidungen des Fotografen sein, durch die er das Bildresultat beeinflusst.[376] Die Gestaltung der Beleuchtung, die Wahl des Motivs, die Wahl des Kameratyps

---

368 BT-Drs. IV/270, S. 38; vgl. *BGH*, GRUR 2004, 855 (857) – Hundefigur; vgl. *BGH*, GRUR 1994, 206 (208) – Alcolix; vgl. *BGH*, GRUR 1991, 449 (451) – Betriebssystem.

369 *BGH*, GRUR 2004, 855 (857) – Hundefigur; *BGH*, GRUR 1994, 206 (208) – Alcolix; *BGH*, GRUR 1991, 449 (451) – Betriebssystem.

370 Dreier/*Schulze*, § 2 UrhG Rn. 18; Schricker/*Loewenheim*/*Leistner*, § 2 UrhG Rn. 50.

371 Dreier/*Schulze*, § 2 UrhG Rn. 191 f.

372 Schricker/*Loewenheim*/*Leistner*, § 2 UrhG Rn. 211; *Heitland*, 37.

373 Wandtke/*Bullinger*, § 2 UrhG Rn. 116.

374 *EuGH*, GRUR 2012, 166 (168) – Painer/Standard.

375 *BGH*, GRUR 2003, 1035 (1037) – Hundertwasser-Haus; BeckOK/*Ahlberg*, § 2 UrhG Rn. 144; Dreyer/Kotthoff/*Meckel*/Hentsch, § 72 UrhG Rn. 8; Eichmann/Kur/*Schulze*, § 4 Urheberrecht Rn. 88; Fromm/Nordemann/*A. Nordemann*, § 2 UrhG Rn. 197; Schricker/*Loewenheim*/*Leistner*, § 2 UrhG Rn. 213; Wandtke/*Bullinger*, § 2 UrhG Rn. 113, 117; *Talke*, ZUM 2010, 846 (848).

376 Wandtke/*Bullinger*, § 2 UrhG Rn. 117.

und des Objektivs nimmt der Fotograf bereits in der Vorbereitungsphase vor.[377] Im Moment der Aufnahme trifft der Fotograf Entscheidungen hinsichtlich des Bildausschnitts/der Perspektive sowie der Schärfe.[378] Er wählt bei Bewegungsvorgängen den Aufnahmezeitpunkt aus.[379] Im Fall von mehreren möglichen Motiven entscheidet er, welches davon fokussiert wird.[380] Bei der Entwicklung des Abzugs der Fotografie hat der Fotograf die Möglichkeit, die Entwicklungstechnik und Optionen der Bildbearbeitung zu wählen.[381]

Geschützt ist schon die sogenannte „*kleine Münze*"[382], sodass nur geringe Anforderungen an die kreative Leistung und den Einsatz der gestalterischen Mittel gestellt werden.[383] Insofern ist ein besonderes Maß an schöpferischer Gestaltung keine Voraussetzung für den Schutz als Lichtbildwerk, ein geringes Maß an Individualität ist ausreichend.[384] Eine bestimmte Gestaltungshöhe, die die Fotografie erreichen muss, besteht nicht.[385] Unerheblich ist, ob die Fotografie von einem professionellen Fotografen oder von einem Amateur aufgenommen wird.[386] Der künstlerische Wert einer Fotografie ist ebenfalls keine Schutzvoraussetzung.[387] Ein Gebrauchszweck der Fotografie steht der Annahme von Individualität nicht entgegen.[388] Die Gestaltung muss sich in richtlinienkonformer Auslegung nicht zwangsläufig vom Alltäglichen abheben.[389]

Infolgedessen können auch durchschnittliche und unterdurchschnittliche fotografische Gestaltungen urheberrechtlichen Werkschutz genießen.[390]

---

377 *EuGH*, GRUR 2012, 166 (168) – Painer/Standard.
378 *EuGH*, GRUR 2012, 166 (168) – Painer/Standard.
379 Schricker/*Loewenheim*/*Leistner*, § 2 UrhG Rn. 213.
380 Dreyer/Kotthoff/*Meckel*/Hentsch, § 72 UrhG Rn. 8.
381 *EuGH*, GRUR 2012, 166 (168) – Painer/Standard.
382 *Elster*, 40.
383 BT-Drs. 13/781, S. 10; Dreier/*Schulze*, § 2 UrhG Rn. 195; Schricker/Loewenheim/*Vogel*, § 72 UrhG Rn. 32; *Nordemann*/*Heise*, ZUM 2001, 128 (136).
384 BT-Drs. 13/781, S. 10; Schricker/Loewenheim/*Vogel*, § 72 UrhG Rn. 32; *Nordemann*/*Heise*, ZUM 2001, 128 (136).
385 BT-Drs. 13/781, S. 10; Schricker/Loewenheim/*Vogel*, § 72 UrhG Rn. 32; *Nordemann*/*Heise*, ZUM 2001, 128 (136).
386 Wandtke/*Bullinger*, § 2 UrhG Rn. 118; Wandtke/Bullinger/*Thum*, § 72 UrhG Rn. 18.
387 Wandtke/Bullinger/*Thum*, § 72 UrhG Rn. 17.
388 Dreier/*Schulze*, § 2 UrhG Rn. 193.
389 *OGH*, ZUM-RD 2002, 281 (284).
390 *Nordemann*/*Heise*, ZUM 2001, 128 (136).

2. *Auswirkung der Schutzhöhe des Lichtbildwerkschutzes auf die Anreizwirkung des Lichtbildschutzes*

Die Anforderungen an den Lichtbildwerkschutz sind im Ergebnis gering und leicht erfüllbar, wenn eine dahingehende Motivation besteht. Für Fotografen, denen es auf einen Lichtbildwerkschutz ankommt, besteht damit ein sehr geringes und kalkulierbares Risiko, die erforderliche Schöpfungshöhe nicht zu erreichen.[391] Es wäre dementsprechend nicht viel Raum für eine dahingehende Rechtsunsicherheit. Infolgedessen wäre auch ohne den Lichtbildschutz als Auffangtatbestand mit einer weitgehend unveränderten Produktion von Lichtbildwerken zu rechnen. Daneben könnte eine Abschaffung des Lichtbildschutzes zwar insoweit zu Lasten der Urheber von Lichtbildwerken gehen, dass die Allgemeinheit in manchen Fällen diese Lichtbildwerke nicht als solche erkennen, sondern diese vielmehr als Lichtbilder einordnen und in diesem Glauben nutzen würde.[392] Die Erforderlichkeit einer Rechtsverfolgung geht jedoch mit jedem Schutzrecht einher und würde potenzielle Urheber nicht von der Schöpfung neuer Lichtbildwerke abhalten.

Mit dem Lichtbildschutz nach § 72 UrhG ist daher keine wesentliche Anreizwirkung für die Produktion von Lichtbildwerken verbunden.

II. Anreizwirkung des Lichtbildschutzes für die Schaffung von Lichtbildern

Vor dem Hintergrund der teils massiven Kritik am Lichtbildschutz besteht die Möglichkeit, dass im Hinblick auf bestimmte Lichtbildkategorien mit dem gesetzlichen Schutzrecht aus § 72 UrhG keine Anreizwirkung mehr verbunden ist. In Anbetracht dessen soll nun die Anreizwirkung des Lichtbildschutzes in Bezug auf die Schaffung von Lichtbildern untersucht werden. Dafür muss für die verschiedenen Lichtbildkategorien analysiert werden, ob diese auch ohne einen urheberrechtlichen Lichtbildschutz nach § 72 UrhG hergestellt würden.

Ein diesbezügliches Indiz stellt die mit den Lichtbildern verbundene Investition dar. Je geringer die mit einem Lichtbild verbundenen Investitionen sind, desto höher ist die Wahrscheinlichkeit, dass dieses auch ohne den gesetzlichen Schutz gegen Nachahmung produziert würde. Um die aktuell erforderliche Investitionshöhe der Anfertigung von Lichtbildern bestimmen und deren Auswirkung auf die Anreizwirkung des Lichtbildschutzes bewerten zu können,

391 Vgl. *Overbeck*, 123.
392 *Schiessel*, 257.

muss der Begriff der Investition zunächst konkretisiert werden. Dies soll durch eine Analyse der historisch sowie systematisch erforderlichen Investitionshöhe erfolgen.

Zudem wird das historisch mit dem Schutz von Fotografien verbundene Amortisations- und Verwertungsinteresse sowie deren Auswirkung auf die Anreizwirkung erarbeitet. Die Ergebnisse dienen als Erkenntnisgrundlage für das Verhältnis von Investitionshöhe, Amortisations- und Verwertungsinteresse sowie Anreizwirkung.

Im Anschluss werden die aktuelle Investitionshöhe der verschiedenen Lichtbildkategorien, deren Auswirkung auf das Amortisation- und Verwertungsinteresse und beider Auswirkungen auf die Anreizwirkung des Lichtbildschutzes nach § 72 UrhG bestimmt. Zuletzt wird untersucht, ob ein Schutz der Lichtbilder über das Lauterkeitsrecht nicht eine ausreichende Alternative zum Lichtbildschutz nach § 72 UrhG darstellt.

1. *Historische Entwicklung der Legitimation des Lichtbildschutzes infolge einer Anreizwirkung*

Die Entwicklung der maßgeblichen Faktoren für das Bedürfnis nach einem gesetzlichen Schutz von Fotografien seitens der Fotografen und die Anerkennung und Umsetzung dieses Bedürfnisses sollen im Folgenden dargestellt werden. Dabei erhebt insbesondere die Darstellung der Entwicklung der Fotografietechnik über die Jahrhunderte hinweg keinen Anspruch auf Vollständigkeit, sondern stellt vielmehr wesentliche Entwicklungen dar. Diese sollen Aufschluss über die Weiterentwicklung des durchschnittlichen Aufwands der Fotografen und der sich daraus ergebenden Anreizwirkung geben. Bei wörtlichen Zitaten und Eigennamen wurde die alte Rechtschreibung übernommen.

a) *Fotografieschutz vor 1876*

Im Zeitpunkt des Inkrafttretens des Preußischen Gesetzes zum Schutze des Eigenthums an Werken der Wissenschaft und Kunst gegen Nachdruck und Nachbildung vom 11. Juni 1837 war die Fotografie noch nicht bekannt.[393] Die Veröffentlichung des Daguerreotypie-Verfahrens erfolgte erst 1839.[394] Dementsprechend hat der preußische Gesetzgeber den Schutz von Fotografien in diesem

---

393 *Ricke*, 6.

394 *Cornwall*, 11; *Haberkorn*, 48; *Koschatzky*, 53; *Ricke*, 6; *Schiller*, 28; *Spingler*, 11; *Stenger*, Beginnende Photographie, 10; *Stenger*, Siegeszug, 8.

Gesetz weder durch die Einführung einer entsprechenden Werkart berücksichtigt noch anderweitig beabsichtigt.[395]

Die erste fotomechanische Entwicklung gelang dem französischen Lithographen Niépce mit den sogenannten Heliographien.[396] Für die Anfertigung war eine lange Belichtungszeit (etwa acht Stunden) erforderlich.[397] Der Maler Daguerre verbesserte das Verfahren dahingehend, dass er die ursprüngliche Belichtungszeit von acht Stunden massiv auf zwanzig bis dreißig Minuten verkürzte und somit zu einem praktikableren fotografischen Verfahren entwickelte.[398] Eine Möglichkeit der Spiegelung der von ihm erschaffenen Abbildungen (*Daguerreotypien*) hatte er nicht gefunden.[399] Die Daguerreotypie-Apparate gelangten um 1839 auch nach Deutschland.[400] Die ersten praktizierenden Daguerreotypisten stammten als Maler, Lithographen und Kupferstecher überwiegend aus der Kunstszene.[401] Insbesondere den Portraitmalern und „*Silhouetteuren*" hatten die Daguerreotypien zugesetzt, sodass diese ihr ursprüngliches Gewerbe aufgaben und zur Daguerreotypie wechselten.[402] Das junge Gewerbe der Fotografie wurde zumeist von denen betrieben, deren ursprüngliches Gewerbe von der Fotografie bedroht war.[403] Der Preis für einen Aufnahmeapparat lag damals bei ungefähr vierhundert Francs.[404] Die Anschaffung dieses Equipments war für damalige Verhältnisse sehr kostspielig,[405] sodass der Erwerb regelmäßig der gesellschaftlichen Oberschicht vorbehalten blieb.[406] Die Arbeit in den Dunkelkammern war schwierig und umständlich.[407] Die Chemikalien mussten entsprechend der Rezepte in kleinsten Mengen abgewogen werden.[408] Durch chemische Dämpfe waren die Daguerreotypisten einem Gesundheitsrisiko ausgesetzt.[409] Es waren

395 *Ricke*, 6, 7.
396 *Newhall*, 12 ff.; *Ricke*, 11; *von Brauchitsch*, 26.
397 *Newhall*, 16.
398 *Cornwall*, 11; *Ricke*, 11 f.; eine Verkürzung auf 15 Minuten annehmend *Haberkorn*, 47.
399 *Ricke*, 12; *Scheid*, 27; *von Brauchitsch*, 27.
400 *Cornwall*, 30; *Ricke*, 15 f.; *von Brauchitsch*, 32 f.
401 *Ricke*, 16; *Stenger*, Siegeszug, 181.
402 *Schiller*, 33.
403 *Schiller*, 33.
404 *Haberkorn*, 58; *Spingler*, 11.
405 *Haberkorn*, 58.
406 *Haberkorn*, 58.
407 *Spingler*, 12.
408 *Spingler*, 12.
409 *Westphalen*, 27.

oftmals aufwendige Vorversuche erforderlich.[410] Ihre Dunkelkammertechniken hielten die Fotografen aufgrund dessen vor der Konkurrenz geheim.[411] Die Daguerreotypisten betrieben die Daguerreotypie allerdings anfangs zumeist nur als Nebengewerbe am Sonntag.[412] Sie unterhielten weder ein eigenes Atelier noch wurde Personal für die Anfertigung beschäftigt.[413] Infolge der neuen Verdienstmöglichkeit nahm die Zahl der Daguerreotypisten allerdings stetig zu.[414] Die Konkurrenz untereinander war trotzdem begrenzt.[415] Bei der Anfertigung der Daguerreotypien entstanden keine Negative, die Fotografie ließ sich also nicht vervielfältigen.[416] Ungewollte Nachbildungen waren dadurch nicht möglich. Infolgedessen und mangels der Notwendigkeit großer Investitionen abseits des Equipments bestand noch kein Bedürfnis nach Rechtsschutz seitens der ersten Daguerreotypisten.[417] Mangels eines Schutzbedürfnisses bestand für den Gesetzgeber kein Anlass, sich mit einem gesetzlichen Schutzrecht für Fotografien zu befassen.[418] Ab 1841 machten einige Fotografen in großen und mittleren Städten ihr Nebengewerbe zu ihrem Hauptgewerbe und investierten in ein eigenes Atelier.[419] Insbesondere in kleineren Städten konnten durch die Daguerreotypie allerdings immer noch nicht die Einnahmen generiert werden, die für den Betrieb eines über ein Nebengewerbe hinausgehendes Gewerbe nötig gewesen wären.[420] Wer die Fotografie zu seinem Hauptgewerbe gemacht hatte und keinen festen Kundenkreis bediente, war gezwungen, als Wanderfotograf durch die Lande zu ziehen.[421]

Mit der Entdeckung des Negativ-Positiv-Prozesses um 1840 konnte erstmals ein Papiernegativ erstellt werden, von dem wiederum positive Kopien (*Kalotypien* oder *Talbot(t)ypien*) erstellt werden konnten.[422] Der Vorteil gegenüber den Daguerreotypien lag zudem in der seitenrichtigen Abbildung auf den

410 *Ricke*, 17; *Schiller*, 34.
411 *Ricke*, 17, 23; *Schiller*, 34; *Spingler*, 12.
412 *Cornwall*, 33; *Ricke*, 17.
413 *Cornwall*, 33; *Ricke*, 17; *Schiller*, 34.
414 *Cordys*, 5; *Ricke*, 17; *Schiller*, 32.
415 *Ricke*, 17; vgl. *Cordys*, 5.
416 *Newhall*, 28; *Overbeck*, 9; *Ricke*, 30; *Spingler*, 12; vgl. *Schiller*, 44.
417 Vgl. *Ricke*, 17.
418 *Zeitler*, 4.
419 *Ricke*, 17; *Schiller*, 31.
420 *Ricke*, 17; *Schiller*, 36.
421 *Schiller*, 36.
422 *Koschatzky*, 58 f.; *Ricke*, 13; *Schiller*, 44; *Stenger*, Beginnende Photographie, 2.

Papier-Positiven.[423] Die Entwicklungszeit betrug nur noch weniger als eine Minute pro Bild.[424]

Im weiteren Verlauf der technischen Entwicklung wurde 1851 mit dem Ersatz des Papiernegativs durch ein mit Kollodium überzogenes Glasnegativ das Naßkollodiumverfahren erfunden.[425] Die notwendige Belichtungszeit belief sich nur noch auf wenige Sekunden.[426] Auch hiervon konnten unbegrenzt Positiv-Abzüge erstellt werden.[427] Technische Schwierigkeiten traten allerdings noch immer auf und waren nicht geringer als jene bei der Anfertigung von Daguerreotypien.[428] So musste die präparierte Glasplatte im nassen Zustand belichtet und entwickelt werden.[429] Daher konnte die Platte erst vor Ort kurz vor der Belichtung präpariert werden und musste direkt im Anschluss im nassen Zustand entwickelt werden,[430] sodass der Fotograf nur eingeschränkt mobil war.[431] Fotografen waren aufgrund der Verfahrensweise für Außenaufnahmen gezwungen, stets ein Dunkelkammerzelt mit sich zu führen, in dem die Präparation der Platten unmittelbar vor der Aufnahme und die Entwicklung unmittelbar nach der Aufnahme stattfand.[432] Jeder der Bildträger musste von den Fotografen selbst vor- und nachbereitet werden, da es zu den Anfängen des Naßkollodiumverfahrens noch keinen entsprechenden Industriezweig gab.[433] Ein hohes Maß an Geschicklichkeit und Erfahrung sowie Wissen über chemische Abläufe waren erforderlich.[434] Landschaftsfotografen trugen die Ausrüstung auf dem Rücken oder auf Karren, wohlhabendere Fotografen bedienten sich für den Transport Sänften, die von Gehilfen getragen wurden oder Dunkelkammerkutschen, die von Pferden gezogen wurden.[435] Die darüber hinaus mitzuführenden Aufnahmegeräte waren auch von einigem Gewicht, sodass sich das Gesamtgewicht der

---

423 *Ricke*, 13.
424 *Haberkorn*, 66 ff.; *Scheid*, 31.
425 *Haberkorn*, 106 f.; *Newhall*, 47; *Ricke*, 14; *Tillmanns*, 83 f.
426 *Haberkorn*, 108; *Ricke*, 14; *Scheid*, 33.
427 *Haberkorn*, 108.
428 *Schiller*, 45.
429 *Eder*, 494; *Haberkorn*, 108; *Heidtmann*, 114; *Ricke*, 14; *Scheid*, 33; *Spingler*, 12; vgl. *Tillmanns*, 83 f.
430 *Eder*, 494; *Haberkorn*, 108 f.; *Newhall*, 48; *Scheid*, 33 f.
431 *Haberkorn*, 108 f.; *Newhall*, 48; *Scheid*, 34.
432 *Eder*, 494; *Newhall*, 48; *Ricke*, 22; *Scheid*, 33 f.; *Stenger*, Beginnende Photographie, 4.
433 *Cordys*, 9; *Ricke*, 23.
434 *Cordys*, 9; *Newhall*, 48; *Tillmanns*, 84.
435 *Scheid*, 34.

mitzuführenden Ausrüstung auf bis zu zweihundertfünfzig Kilogramm belaufen konnte.[436] Besonders beschwerlich waren Reisen in fernere Länder.[437] Diese waren neben der langen Transportstrecke und dem damit verbundenen zeitlichen Aufwand von Eile geprägt, um ein Austrocknen des Kollodiums in heißen Gegenden zu verhindern.[438] Aber auch für den Atelier-Fotografen war die Notwendigkeit der Belichtung im nassen Zustand zeitintensiv und umständlich.[439] Im Vergleich zu der Zeit der Daguerreotypie war die Anfertigung von Fotografien unter Anwendung des Naßkollodiumverfahrens weitaus aufwendiger und mit größeren Investitionen verbunden.

Um das Jahr 1855 wuchs das Fotografiegewerbe infolge eines neuen, als „*Visitenkartomanie*"[440] bezeichneten Phänomens.[441] Portraitfotografien im Visitkartenformat erfreuten sich als Ersatz für herkömmliche Visitenkarten zunehmender Beliebtheit.[442] Viele Fotografen begründeten eine Selbstständigkeit in eigenen Ateliers.[443] Infolge des Aufschwungs ergab sich sogar die Notwendigkeit, Hilfsarbeiter in nicht geringem Umfang einzustellen, die Aufgaben wie die Retusche oder die Anfertigung von Kopien übernahmen.[444] Fotografien anfertigen zu lassen oder Fotografien von berühmten Persönlichkeiten zu kaufen war nicht mehr ausschließlich der gesellschaftlichen Oberschicht vorbehalten.[445] Gefragt waren neben den Fotografien im Visitkartenformat vor allem Fotografien von bekannten Persönlichkeiten, die die Haupteinnahmequelle für die Fotografen bildeten.[446] Die mit der technischen Weiterentwicklung verbundene Möglichkeit von Nachbildungen verschaffte den Fotografen die Möglichkeit, Einnahmen durch Vervielfältigungen von Fotografien bekannter Persönlichkeiten zu generieren.[447] Sie sahen sich dadurch aber auch zunehmend der materiellen Verwertung ihrer Arbeit durch die Vervielfältigung durch Kopisten beraubt.[448] Ihnen

---

436 *Eder*, 498; *Haberkorn*, 109; *Ricke*, 22.
437 *Ricke*, 22.
438 *Ricke*, 22.
439 *Scheid*, 37.
440 *Schiller*, 49.
441 *Ricke*, 19; *Schiller*, 46 ff.
442 *Eder*, 487 f.; *Newhall*, 49 ff.; *Ricke*, 19; *Schiller*, 47.
443 *Ricke*, 19; *Schiller*, 46; vgl. *Cordys*, 8.
444 *Ricke*, 20; *Schiller*, 47 f.
445 *Freund*, 59 f.; *Ricke*, 20; *Schiller*, 46.
446 *Freund*, 84; *Ricke*, 20.
447 *Freund*, 84; *Ricke*, 20.
448 *Ricke*, 53; *Zeitler*, 5.

standen zu Zeiten des Preußischen Gesetzes zum Schutze des Eigenthums an Werken der Wissenschaft und Kunst gegen Nachdruck und Nachbildung keine Rechtsschutzmöglichkeiten zur Verfügung, mithilfe derer sie sich gegen die Vervielfältigung und Verbreitung ihrer Fotografien zur Wehr hätten setzen können.[449] Eine Behelfsmöglichkeit zur wirtschaftlichen Verwertung bestand darin, selbst Kopien von den eigenen Fotografien anzufertigen und sich den zusätzlichen Gewinn über den Kunsthandel zu sichern, bevor Kopisten dies übernehmen konnten.[450] Das Schutzbedürfnis wurde entsprechend der Vereinfachung und Verbesserung von Nachbildungen immer größer.[451]

Ausdruck einer der ersten Tendenzen in Richtung eines subjektiven Rechtsschutzbedürfnisses seitens der Fotografen war die Gründung von Fotografenvereinen.[452] 1859 wurde der Allgemeine Deutsche Photographenverein in Jena als erster Fotografenverein gegründet, weitere Vereine folgten.[453] Fotografen organisierten sich dadurch erstmals gemeinschaftlich in Verbänden, um ihre Interessen durchzusetzen. Ihr subjektives Schutzbedürfnis brachten sie in Petitionen zum Ausdruck. Am 13. Januar 1862 wandten sich mehrere Fotografen an das preußische Abgeordnetenhaus.[454] Sie erbaten eine Novelle des aktuell geltenden Gesetzes zum Schutze des Eigenthums an Werken der Wissenschaft und Kunst gegen Nachdruck und Nachbildung.[455] Wenngleich der Grund für das Ersuchen gesetzlichen Schutzes für Fotografien zunächst der war, dass Fotografien das „*Werk individueller Arbeit*" seien,[456] war doch letztlich auch der Vermögensschutz Beweggrund. Obwohl diese Kopien stets qualitativ schlechter seien als das Original, entstehe insbesondere durch die Kopien von Portraits die Gefahr, dass das Vertrauen in den ursprünglichen Fotografen zerstört werde und dieser dadurch einen Vertrauensverlust und mittelbar einen Vermögensschaden erleide.[457] Einen direkten Eingriff in das Vermögen des Fotografen könne

449 *Hoenisch*, 22; Photographische Correspondenz 1875, 37; *Ricke*, 53.

450 Photographische Correspondenz 1875, 37; *Ricke*, 31.

451 *Hoenisch*, 22.

452 Vgl. *Zeitler*, 5.

453 *Cornwall*, 140; *Ricke*, 24; *Stenger*, Siegeszug, 237.

454 Bericht der Petitionskommission des Hauses der Abgeordneten von Februar 1862, Abdruck in BörsBl. 1863, 1166; vgl. *Ricke*, 53.

455 Bericht der Petitionskommission des Hauses der Abgeordneten von Februar 1862, Abdruck in BörsBl. 1863, 1166; vgl. *Ricke*, 53 f.

456 Bericht der Petitionskommission des Hauses der Abgeordneten von Februar 1862, Abdruck in BörsBl. 1863, 1167; vgl. *Ricke*, 54.

457 Bericht der Petitionskommission des Hauses der Abgeordneten von Februar 1862, Abdruck in BörsBl. 1863, 1167.

man dann feststellen, wenn ein bekannter Kunde zuvor dem Portraitfotografen das Recht eingeräumt habe, Kopien der Fotografie herzustellen und weiter zu veräußern.[458]

Im Jahr 1864 beschäftigte sich das königlich bayerische Bezirksgericht zu München erstmals mit der Frage, ob das bayerische Gesetz den Schutz des Eigenthums an Erzeugnissen der Literatur und Kunst gegen Veröffentlichung, Nachbildung und Nachdruck betreffend vom 15. April 1840 den Schutz von Fotografien umfasste.[459] Die „*Academie*" der bildenden Künste hob in einer Stellungnahme hervor, dass sie den Schutz von Fotografien gleich Kunstwerken für angemessen erachte.[460] Die Akademie berief sich dabei auf den Fall eines Fotografen, der in eine Reise nach Ägypten investiert und dort unter beträchtlichem Aufwand fotografische Aufnahmen erstellt und diese dann unter Verschluss gehalten habe, da er sich anderenfalls durch zu erwartende Vervielfältigungen um seine aufgewendeten Kosten betrogen gesehen hätte.[461] In dem letztlich ergehenden Urteil des Obersten Gerichtshofs bezog sich die Argumentation allein auf die schöpferische Tätigkeit.[462]

Mit dem Ende der Visitkartenwelle im Jahr 1865 geriet das Fotografengewerbe in eine Krise, Ateliers mussten infolge verringerter Nachfrage schließen.[463] Ein Konkurrenzkampf begann. Fotografen sahen sich gezwungen, aufgrund der Nachbildungen ihrer Fotografien ihre eigenen Fotografien günstiger als die Nachbildungen anzubieten, um konkurrenzfähig zu bleiben.[464]

In einer Petition des Photographischen Vereins zu Berlin vom 14. Januar 1867 wurde erneut zum Ausdruck gebracht, dass die Fotografen dringend eines gesetzlichen Schutzes ihrer Fotografien bedürften.[465] Der Grund für fehlende Fotografien von Kriegsschauplätzen oder Kriegsszenen sei die gesetzliche Schutzlosigkeit.[466] Ein Album mit Fotografien des schleswig-holsteinischen Kriegsschauplatzes sei beispielsweise nach Erscheinen kopiert und der Fotograf

458 Bericht der Petitionskommission des Hauses der Abgeordneten von Februar 1862, Abdruck in BörsBl. 1863, 1167.

459 *Gebhardt*, 209; *Ricke*, 43.

460 Photographisches Archiv 1865, 43; vgl. *Ricke*, 46; vgl. *Schreiner*, 3 f.

461 Photographisches Archiv 1865, 43; *Ricke*, 46.

462 *Ricke*, 46; *Zeitler*, 18.

463 *Ricke*, 20 f.; *Schiller*, 49; vgl. *Cordys*, 10.

464 Siehe die Anzeige von Franz Hanfstängl im Börsenblatt für den deutschen Buchhandel 1865 BörsBl. 1865, 597; vgl. *Ricke*, 74.

465 Abdruck in Photographische Correspondenz 1867, 90 f.; vgl. *Ricke*, 81 f.

466 Abdruck in Photographische Correspondenz 1867, 90 f.

dadurch um *„die Früchte seiner mühevollen und kostspieligen Arbeit gebracht“* worden.[467] Zur Vermeidung von Kopien würden die Fotografien in jedem Fall vor der Öffentlichkeit verborgen und im Wege der *„Sub[s]cription“* vertrieben.[468] Der Original-Fotograf verstecke seine Werke, während der Kopist sich *„an allen Schaufenstern breit“* mache.[469] Ferner seien Aufnahmen einer neuen Synagoge in Berlin mithilfe der neu entwickelten sogenannten *„pantoskopischen Linse“* durch eine Gruppe von Fotografen angefertigt worden, die sich zur Anschaffung eines entsprechenden Instruments zusammengeschlossen hatten.[470] Diese Aufnahmen seien mit großen Investitionen verbunden gewesen: die Anschaffung des teuren Instruments, der Transport in die Oranienburger Straße, das Abwarten günstiger Lichtverhältnisse.[471] Dennoch seien die Aufnahmen kurz nach deren Veröffentlichung kopiert und von Kopisten vermarktet worden, ohne dass diese entsprechende Kosten zu tragen oder vergleichbare Mühe und Zeit in die Aufnahme investiert gehabt hätten.[472] Die Schutzlosigkeit wirke sich auch in der Wissenschaft aus: Naturwissenschaftliche Werke würden beispielsweise nicht wie in England, Frankreich und Amerika durch Fotografien illustriert, da dies für Verleger angesichts der damit verbundenen Kosten und des voraussehbaren Nachdrucks uninteressant sei.[473]

Am 12. März 1868 beantragte die königlich sächsische Regierung im Bundesrat des Norddeutschen Bundes, dass ein Bundesgesetz zum Schutze des Urheberrechts an literarischen Erzeugnissen und Werken der Kunst erarbeitet werden solle.[474] In einem Entwurf wurde für die Erforderlichkeit des Schutzes der Fotografie gegen mechanische Vervielfältigung angeführt, dass die Fotografie bereits etliche Familien ernähre, die professionelle Fotografie sich zu einem beachtlichen Industriezweig entwickelt habe und im Fall einer gesetzlichen Regelung zum Schutz der Fotografien mit einem weiteren Aufschwung zu rechnen sei.[475] Man könne einem Fotografen nicht zumuten, dass er Mühe, Zeit, Reisen und Kosten in eine Aufnahme stecke und sich gegebenenfalls noch

467 Abdruck in Photographische Correspondenz 1867, 91; vgl. *Ricke*, 82.
468 Abdruck in Photographische Correspondenz 1867, 91; vgl. *Ricke*, 81 f.
469 Abdruck in Photographische Correspondenz 1867, 91.
470 Abdruck in Photographische Correspondenz 1867, 91.
471 Abdruck in Photographische Correspondenz 1867, 91.
472 Abdruck in Photographische Correspondenz 1867, 91.
473 Abdruck in Photographische Correspondenz 1867, 91.
474 Drucksachen zu den Verhandlungen des Bundesrathes des Norddeutschen Bundes, Session 1868, Drucksache Nr. 13, 1 f.; vgl. *Ricke*, 86.
475 *Kaiser*, 64; vgl. *Ricke*, 88.

Gefahren aussetze, um dann die Konkurrenz Dritter durch Kopien der eigenen Arbeiten hinnehmen zu müssen.[476] Diese könnten die Arbeiten dem *„minder wählerischen Publikum schon Tags nach dem Erscheinen des Originals zu einem Spottpreise“* vorführen.[477]

Infolge der Erfindung des Lichtdrucks im Jahre 1869 war die Nachbildung von Fotografien nochmals erleichtert worden,[478] sodass sich die Fotografen umso bedrohter fühlten.[479] Die Photographische Gesellschaft zu Dresden wandte sich mit einer Petition vom 25. Februar 1870 an den Reichstag des Norddeutschen Bundes.[480] Sie wies darauf hin, dass die Originalwerke der Fotografen vogelfrei seien und damit zu rechnen sei, dass sowohl einheimische als auch fremde Nachbildner sich dessen bedienen würden.[481] Die Fotografen würden nur noch zu Gunsten der Nachbildner arbeiten, die die nachgebildeten Arbeiten günstiger verkaufen könnten.[482] Dies werde in Zukunft dazu führen, dass deutsche Fotografen zunehmend von der Anfertigung von Fotografien absehen würden und ihnen schließlich nichts anderes als die Auswanderung bliebe, um sich den ausländischen Fotografieschutz zu sichern.[483]

Daneben ging dem Reichstag im März 1870 eine Petition des Vereins zur Förderung der Photographie zu, die ebenfalls auf die Notwendigkeit des gesetzlichen Schutzes von Fotografien aufmerksam machen sollte.[484] Der bislang fehlende gesetzliche Schutz wirke sich vor allem auf die Landschaftsfotografie aus.[485] Diese sei aufgrund der auf weiten und beschwerlichen Reisen umständlich mitzuführenden Apparate sowie den vor Ort teilweise ungünstigen Wetter- und Lichtbedingungen mühsam und mit einem bedeutenden Kostenaufwand verbunden.[486] Auf eine solche Unternehmung werde sich wohl in Anbetracht der Tatsache, dass die fotografischen Resultate nach der Rückkehr der Nachbildung offen stünden und der zu erwartende Erlös dadurch minimal sei, niemand

---

476 *Kaiser*, 63; vgl. *Ricke*, 62.
477 *Kaiser*, 63; vgl. *Ricke*, 62.
478 *Heidtmann*, 32, 700; *Ricke*, 33, 100.
479 *Ricke*, 33, 100.
480 Helios 1870, 33; vgl. *Ricke*, 100.
481 Helios 1870, 33.
482 Helios 1870, 33.
483 Helios 1870, 33.
484 Bundesarchiv R 1401/473, Bl. 34 ff.; vgl. *Ricke*, 100.
485 Bundesarchiv R 1401/473, Bl. 36r; vgl. *Ricke*, 101.
486 Bundesarchiv R 1401/473, Bl. 36r; vgl. *Ricke*, 101.

mehr einlassen.[487] Ferner wird auch in dieser Petition darauf verwiesen, dass es infolge der Nachbildungsmöglichkeit an Fotografien wissenschaftlicher Werke mangele.[488] Eine Investition in solche Illustrationen lohne sich für deutsche Verleger angesichts des drohenden Nachdrucks wirtschaftlich nicht.[489]

Die Fotografie war bis 1871 durch das Naßkollodiumverfahren mit großem Aufwand verbunden. Die Apparaturen waren sperrig und empfindlich, wodurch fotografische Expeditionen sich als risikoreich erwiesen. Major John Wesley Powell leitete eine solche Expedition im Jahr 1871 und beschrieb die Beförderung der Kamera in ihrem Kasten und vor allem die Beförderung der Dunkelkammer und der Kästen für die Chemikalien als schwere Last.[490]

Als es dem Engländer Dr. Richard Leach Maddox 1871 gelang, das nasse Kollodium durch ein trockenes Kollodium zu ersetzen, eröffnete sich den Fotografen immerhin eine gewisse Flexibilität.[491] Des Transports einer zentnerschweren Ausrüstung für Außenaufnahmen bedurfte es nicht mehr, da kein Dunkelkammerzelt befördert werden musste.[492] Die Ausrüstung wog nur noch ein paar Kilogramm.[493] Durch die Entwicklung beweglicherer und tragbarer Handkameras wurden die Anfänge der Amateurfotografie gemacht.[494]

Nach der Übersättigung auf Nachfragerseite ab 1865 profitierte das deutsche Fotografengewerbe von der Gründung des Deutschen Reichs am 16. April 1871 und der damit verbundenen Gründerzeit.[495] Photographische Vereine und Gesellschaften wurden erneut tätig. Der Verein zur Förderung der Photographie wandte sich mit einer weiteren Petition vom 8. April 1872 am 21. April 1872 an den Reichstag, die der Petition aus März 1870 im Wesentlichen entsprach.[496] Zur Vermeidung von „*Demoralisation*" sei ein gesetzlicher Schutz für Fotografien notwendig.[497] Die Aufnahme der Originalfotografie sei weitaus mühevoller als die Kopie und nur mit kostspieligen Apparaturen möglich.[498] Das Fehlen eines

487 Bundesarchiv R 1401/473, Bl. 36r; vgl. *Ricke*, 101.
488 Bundesarchiv R 1401/473, Bl. 36r; vgl. *Ricke*, 101.
489 Bundesarchiv R 1401/473, Bl. 36r; vgl. *Ricke*, 101.
490 *Dellenbaugh*, 58; vgl. *Newhall*, 76.
491 Castendyk/*Hempel*, Rn. 6; *Haberkorn*, 147; *Newhall*, 88 f.; *Ricke*, 14; *Scheid*, 37 ff.
492 *Scheid*, 37 ff.
493 *Scheid*, 37 ff.
494 *Spingler*, 14.
495 *Schiller*, 50.
496 Bundesarchiv R 101/819, Bl. 24–25; Photographische Mitteilungen 1872/73, 49 ff., 58; vgl. *Ricke*, 104 f.
497 Bundesarchiv R 101/819, Bl. 24; Photographische Mitteilungen 1872/73, 49.
498 Bundesarchiv R 101/819, Bl. 24; Photographische Mitteilungen 1872/73, 50.

gesetzlichen Schutzes habe zur Folge gehabt, dass die Fotografien von Kriegsschauplätzen nur im Wege der „*Subscription*“ vertrieben worden und nicht an die Öffentlichkeit gelangt seien.[499] Auch auf den Mangel an „*Illustration[en] naturwissenschaftlicher, archäologischer und artistischer Werke*“ wurde nochmals verwiesen.[500] Erneut wurde auf die Landschaftsfotografie als eine „*mühsame und kostspielige Sache, mit einer grossen Garnitur von Apparaten*“ aufmerksam gemacht, die es erfordere, „*weite reisen zutreten, Berge zu ersteigen, passende Standpunkte zu suchen, günstige Beleuchtung abzuwarten und mit Wind und Wetter zu kämpfen*“.[501] Eine Ermutigung durch die Möglichkeit einer entsprechenden Entlohnung durch den Verkauf der Fotografien sei erforderlich.[502] Die Petition der Fotografen sah also ausdrücklich die Notwendigkeit eines Anreizes vor. Die Wiederholung und Bekräftigung der bekannten Argumente verleihen der damaligen Dringlichkeit des Anliegens Ausdruck.

Auch der Photographische Verein zu Berlin wandte sich ein weiteres Mal mit einer Petition vom 25. April 1872 an den Reichstag.[503] Viele Fotografien entstünden schon vor dem Hintergrund nicht, dass der Fotograf wisse, dass diese sofort dem Nachdruck ausgeliefert wären und dadurch seine Aufwendungen an Geld, Zeit und Mühe vergebens gewesen wären.[504] Der Fotograf müsse einen sehr hohen finanziellen Aufwand betreiben für die Durchführung von Reisen, Beschaffung von Modellen oder „*specielle[n] Apparate[n]*“, während der Kopierer nur die Kosten für die Beschaffung der Originalfotografie tragen müsse.[505] Zudem könne der Fotograf weniger Fotografien an einem Tag anfertigen als der Kopierer Kopien.[506] Infolgedessen könne der Fotograf nicht mit dem Kopierer konkurrieren.[507]

b) Fotografieschutz 1876 bis 1907

Fotografien wurden im Deutschen Reich erstmals einheitlich in ganz Deutschland durch das Gesetz betreffend den Schutz der Photographien gegen unbefugte Nachbildung vom 10. Januar 1876 vor mechanischer Nachbildung geschützt.[508]

---

499 Bundesarchiv R 101/819, Bl. 24r; Photographische Mitteilungen 1872/73, 50.
500 Bundesarchiv R 101/819, Bl. 24r; Photographische Mitteilungen 1872/73, 51.
501 Bundesarchiv R 101/819, Bl. 24r; Photographische Mitteilungen 1872/73, 51.
502 Bundesarchiv R 101/819, Bl. 24r; Photographische Mitteilungen 1872/73, 51.
503 Bundesarchiv R 101/819, Bl. 26–27r; vgl. *Ricke*, 104.
504 Bundesarchiv R 101/819, Bl. 27.
505 Bundesarchiv R 101/819, Bl. 27.
506 Bundesarchiv R 101/819, Bl. 27.
507 Bundesarchiv R 101/819, Bl. 27.
508 RGBl. 1876, S. 8 ff.; *Ricke*, 111 f.

Argumentiert wurde, dass der Schutz vor mechanischer Nachbildung ausreiche, da die Schädigung der Fotografen vorwiegend durch diese entstehe.[509] Daraus lässt sich schließen, dass die Vermeidung wirtschaftlicher Schäden der Fotografen der Grund für die Einführung des gesetzlichen Schutzes war. Geschützt war zudem der „*Verfertiger*",[510] also der Unternehmer, in dessen Gewerbe bzw. Anstalt die Fotografien angefertigt wurden.[511] Den Schutz genoss dadurch derjenige, der die wirtschaftliche Verantwortung für die Anfertigung der Fotografien trug. Ziel des gesetzlichen Schutzes war vorrangig der Schutz eines gewerblichen Unternehmens vor wirtschaftlicher Schädigung durch Nachbildungen.[512]

Um 1878 konnte die Empfindlichkeit der Trockenplatten erheblich gesteigert werden.[513] Dadurch betrug die Belichtungszeit nur noch einen Bruchteil von Sekunden.[514] Das Fotografengewerbe erlebte einen Aufschwung.[515] 1879 drängten industriell gefertigte Trockenplatten auf den Markt.[516] Aufgrund der vergünstigten Preise des Materials (dank der industriellen Fertigung der Trockenplatten und der Massenproduktion von Materialien) und der Vereinfachung der Technik erlebte die Amateurfotografie einen großen Zulauf.[517] Die Zahl der Amateurfotografen nahm zu.[518] Infolge des technischen Fortschritts gewann das Gewerbe an Attraktivität.[519] Gleichermaßen stieg der Konkurrenzdruck, insbesondere von Seiten der Straßen- und Wanderfotografen.[520]

509 Motive zum Entwurf eines Gesetzes betreffend den Schutz der Photographieen gegen unbefugte Nachbildung, Sammlung sämmtlicher Drucksachen des Deutschen Reichstags, 1875/76, Drucks. Nr. 24, S. 35; vgl. *Ricke*, 112.

510 Siehe § 1, RGBl. 1876, S. 8.

511 *Allfeld*, 328; *Ricke*, 111.

512 Motive zum Entwurf eines Gesetzes betreffend den Schutz der Photographien gegen unbefugte Nachbildung, Sammlung sämmtlicher Drucksachen des Deutschen Reichstags, 1875/76, Drucks. Nr. 24, S. 34; vgl. *Ricke*, 114 f.

513 *Newhall*, 88; *Ricke*, 14.

514 *Newhall*, 88; *Ricke*, 14.

515 *Ricke*, 14, 26 f.; *Schiller*, 54.

516 *Cordys*, 11; *Newhall*, 88 f.; *Ricke*, 27.

517 *Cordys*, 12; *Ricke*, 27, 29; *Schiller*, 54, 61.

518 *Jenkins*, 16 Technology and Culture 1975, 1 (18); *Schiller*, 54.

519 *Ricke*, 28; *Schiller*, 54, 61; *Stenger*, Siegeszug, 184.

520 *Cordys*, 12 ff.; *Ricke*, 28.

c) Fotografieschutz 1907 bis 1965

Mit dem Gesetz betreffend das Urheberrecht an Werken der bildenden Künste und der Photographie vom 9. Januar 1907[521] wurden Fotografien erstmals vor nichtmechanischer Vervielfältigung geschützt (§ 17).[522] Als Urheber galt immer noch der Veranlasser der Aufnahmen und nicht der unmittelbare Schöpfer (§ 6).[523] Als Argumentationsgrundlage für die Ausgestaltung der einzelnen Vorschriften diente trotz des vereinfachten Verfahrens noch immer der Umstand, dass fotografische „*Produktionen*" von Kunstwerken mit großem Fleiß, aufwendiger Technik und hohen finanziellen Aufwendungen verbunden seien.[524] Hinsichtlich der Ausgestaltung der Schutzfrist wurden die mit der Reisefotografie verbundenen hohen Kosten als Argument für eine längere Schutzdauer genannt.[525] Daneben diente aber bereits die Annahme der Fotografie als „*Konkurrentin*" und „*Gehilfin*" der Kunst als Rechtfertigungsgrundlage.[526]

Das fotografische Verfahren hat im Verlauf des 20. Jahrhunderts eine stetige Weiterentwicklung erfahren.[527] Diese lief unter anderem auf eine permanente Automatisierung der Kameravorgänge hinaus.[528] Dennoch blieb der Fotoapparat zunächst ein Luxusartikel, da die Anschaffungspreise um 1900 ungefähr einem bis zwei Monatseinkommen eines durchschnittlichen Arbeiters entsprachen.[529]

521 RGBl. 1907, S. 7 ff.

522 *Ricke*, 132; *Schulze*, in: Beier/Kraft/Schricker/Wadle, FS 100 Jahre GRUR, 1303 (1316 f.).

523 *Ricke*, 132.

524 123. Sitzung des Reichstags vom 22.11.1906, Stenographische Berichte über die Verhandlungen des Reichstags, 11. Legislaturperiode, II. Session 1906/06 Bd. 5, S. 3828 f.; *Ricke*, 130, 134.

525 Bericht der X. Kommission, Stenographische Berichte über die Verhandlungen des Reichstags, 11. Legislaturperiode, II. Session 1905/06 Anlageband, Aktenstück Nr. 448, S. 4687; *Ricke*, 131, 134.

526 123. Sitzung des Reichstags vom 22.11.1906, Stenographische Berichte über die Verhandlungen des Reichstags, 11. Legislaturperiode, II. Session 1906/06 Bd. 5, S. 3828 f.

527 *Spingler*, 75 ff.

528 Siehe beispielsweise die Übersicht in *Behrens*, in: „ABGELICHTET" – Faszination Fotografie, Eine Zeitreise in die Region, 12 (13).

529 *Behrens*, in: „ABGELICHTET" – Faszination Fotografie, Eine Zeitreise in die Region, 15 (15 f.).

d) *Fotografieschutz seit 1965*

Was mit riesigen, schweren und unhandlichen Apparaten begonnen hatte, endete im 20. Jahrhundert mit kleineren, leichteren und damit handlicheren Kameras. Kameras sind mittlerweile standardmäßig mit der Möglichkeit einer Automatisierung vieler Vorgänge ausgestattet.[530] Mit dem wirtschaftlichen Aufschwung erfolgte die Verbreitung der Kleinbildkamera in den deutschen Haushalten.[531] Interesse an einem urheberrechtlichen Schutz von Lichtbildern hatten allerdings nach wie vor vorwiegend Berufsfotografen infolge der Verwertungsmöglichkeiten.[532] Mit Ende des 20. Jahrhunderts und Beginn des 21. Jahrhunderts wurden schließlich Digitalkameras in Mobiltelefone integriert,[533] die mittlerweile in der Amateurfotografie üblicherweise als Ersatz für konventionelle Kameras dienen. Fotografieren ist dadurch jederzeit und allerorts möglich und nur mit geringen Kosten verbunden.[534] Ferner konkurrieren heutzutage viele Kamerahersteller. Infolgedessen ist durchschnittliches Equipment schon längere Zeit zu moderaten Preisen erhältlich und grundsätzlich der ganzen Gesellschaft zugänglich. Der Großteil der Bevölkerung ist inzwischen im Besitz einer Kamera.[535] Die Fotografie ist zu einem der bedeutendsten Medien der Gesellschaft geworden.[536]

Mit dem Gesetz über Urheberrecht und verwandte Schutzrechte (Urheberrechtsgesetz) vom 9. September 1965[537] wurde Lichtbildnern in § 82 ein Leistungsschutzrecht gewährt, auf das die für Lichtbildwerke geltenden Vorschriften sinngemäß anzuwenden waren. Die Gleichstellung mit dem Urheberrechtsschutz wurde damit begründet, dass sie aus praktischen Gründen unvermeidbar sei, da anderenfalls unüberwindliche Abgrenzungsschwierigkeiten zwischen Lichtbildwerken und Lichtbildern entstünden.[538] Der Investitionsschutz für die Lichtbildner wird in der Gesetzesbegründung nicht ausdrücklich als Legitimation für den Lichtbildschutz aufgeführt.

530 *Ricke*, 160.
531 *Behrens*, in: „ABGELICHTET" – Faszination Fotografie, Eine Zeitreise in die Region, 15 (18).
532 *Riedel*, GRUR 1951, 378 (379).
533 *Overbeck*, 67; http://go.wwu.de/zxn6m (zuletzt abgerufen am 28.11.2021).
534 *Klimpel/Rack*, RuZ 2020, 243 (248); *Overbeck*, 65, 67.
535 Hoeren/Nielen/*Hempel*, Rn. 10.
536 Hoeren/Nielen/*Hempel*, Rn. 9.
537 BGBl. 1965 I, S. 1273 ff.
538 BT-Drs. IV/270, S. 89.

Mit dem Gesetz zur Änderung von Vorschriften auf dem Gebiet des Urheberrechts vom 24. Juni 1985[539] wurde die Schutzfrist in § 72 Abs. 3 Satz 1 UrhG für Lichtbilder, die „*Dokumente der Zeitgeschichte*“[540] waren, auf fünfzig Jahre verlängert.[541] Dies wurde mit der Wertsteigerung solcher Lichtbilder bei großem Zeitabstand zwischen dokumentiertem Ereignis und Nutzung der Fotografie begründet.[542] Ein ökonomischer Gedanke war also Grundlage dieser Gesetzesänderung. Mit dem Dritten Gesetz zur Änderung des Urheberrechtsgesetzes vom 23. Juni 1995[543] wurde in § 72 Abs. 3 Satz 1 UrhG eine einheitliche Schutzfrist für alle Lichtbilder eingeführt. Dadurch sollte die Schutzdauer des Lichtbildschutzes den Leistungsschutzrechten der ausübenden Künstler, der Hersteller von Tonträgern und Filmen und der Sendeunternehmen angeglichen werden.[544] Dies beruhte auf zwei Erwägungen. Mit der Abgrenzung von lichtbildnerischen Dokumenten der Zeitgeschichte und sonstigen Lichtbildern waren rechtliche Unsicherheiten verbunden.[545] Ferner wurde nun erstmals seit 1965 in einer Bundestagsdrucksache ausdrücklich damit argumentiert, dass Lichtbildern oft ein hoher wirtschaftlicher Wert zukomme, dem mit der einheitlichen Schutzdauer von fünfzig Jahren entsprochen werden müsse.[546] Die am 1. Juli 1995 in Kraft getretenen Bestimmungen zur Schutzfrist gelten bis heute.

e) *Zwischenfazit: Investitionsschutz als Anreiz insbesondere für Berufsfotografen*

Die Anfertigung einer Fotografie war über einen langen Zeitraum hinweg aufwendig und kostspielig. Sie blieb lange Zeit insgesamt so aufwendig und kostenintensiv, dass die Fotografen auf eine Amortisation angewiesen waren. Anfangs bestand allerdings keine technische Möglichkeit der Nachbildung von Fotografien und die Fotografie wurde zumeist nur als Nebengewerbe betrieben.[547] Die Fotografen bestritten dementsprechend ihren Lebensunterhalt noch nicht vollständig durch die Fotografie. Daher bestand noch kein Bedürfnis nach einem

---

539 BGBl. 1985 I, S. 1137.
540 Ausführlich zu Lichtbildern als Dokumente der Zeitgeschichte *Flechsig*, UFITA 1991, 5 (5 ff.).
541 BGBl. 1985 I, S. 1139.
542 BT-Drs. 10/3360, S. 20.
543 BGBl. 1995 I, S. 842 ff.
544 BT-Drs. 13/781, S. 7.
545 BT-Drs. 13/781, S. 15.
546 BT-Drs. 13/781, S. 15.
547 Siehe Teil 3 A. II. 1. a).

gesetzlichen Schutz, um die Amortisation und kommerzielle Verwertung zu sichern. Das änderte sich über die Jahre infolge der Weiterentwicklung der fotografischen Technik, durch die Nachbildungen und Kopien ermöglicht wurden. Diese Kopien konnten die Fotografen entsprechend der zunehmenden Nachfrage vermarkten, sodass die Fotografie zunehmend als Hauptgewerbe betrieben wurde und so der vollständigen Erbringung des Lebensunterhaltes diente.[548] Eine Amateurfotografie gab es noch nicht.

Doch auch die Konkurrenz wuchs. Mit der Weiterentwicklung der Technik bestand für Kopisten die Möglichkeit, die Originalfotografien qualitativ hochwertig zu kopieren und auf den Markt zu bringen.[549] Die Fotografen trugen die Investitionen und kein gesetzliches Schutzrecht bewahrte sie vor der Kopie. Dadurch stieg das wirtschaftliche Risiko, das die Fotografen mit der aufgewandten Zeit, der aufgewandten Mühe und dem investierten Geld in die Herstellung der Fotografien eingingen. Durch diese zunehmende wirtschaftliche Bedrängnis entstand ein subjektives Rechtsschutzbedürfnis nach gesetzlichem Schutz zum Zweck der Amortisation von Investitionen im Wege der kommerziellen Verwertung der Fotografien.[550] Diesem wurde insbesondere in Form von Petitionen nachdrücklich Ausdruck verliehen.[551] In diesen wurde in Aussicht gestellt, dass die Produktion von Fotografien infolge des fehlenden gesetzlichen Schutzes vor Nachbildung angesichts hoher Investitionen und mangels gesetzlichen Schutzes der wirtschaftlichen Verwertung zurückgehen würde.[552] Der Anreiz eines gesetzlichen Schutzes bestand letztlich in der Verbindung von zwei Elementen. Zum einen war der gesetzliche Schutz vor Nachbildungen die Grundlage für die Möglichkeit der Amortisation der hohen Investitionen und der kommerziellen Verwertung der Fotografien. Zum anderen wurde die Fotografie lange Zeit vorwiegend als Gewerbe betrieben und die Berufsfotografen waren auf den Schutz ihrer Vermögensinteressen als Grundlage für ihren Lebensunterhalt angewiesen.

Neben den Investitionen, die die Fotografen tätigten, stützte man das Bedürfnis nach gesetzlichem Schutz auch teilweise auf die Anerkennung der Fotografie als Kunstform und damit als schützenswerte Werkform. Das Argument des Schutzes als Kunstform wurde und wird noch immer durch den Lichtbildwerkschutz umgesetzt. Der Schwerpunkt der Argumentation der Fotografen lag

---

548 Siehe Teil 3 A. II. 1. a).
549 Siehe Teil 3 A. II. 1. a).
550 Siehe Teil 3 A. II. 1. a).
551 Siehe Teil 3 A. II. 1. a).
552 Siehe Teil 3 A. II. 1. a).

aber auf dem Schutz ihrer hohen Investition und ihres Vermögensinteresses vor Nachbildung sowie der geringeren Produktion als Konsequenz eines fehlenden gesetzlichen Schutzes.

Zu Zeiten des Deutschen Bundes gelang es den Bundesländern nicht, sich auf ein gemeinsames deutsches Gesetz zu einigen, das einen urheberrechtlichen Schutz von Fotografien vorsah.[553] Die Photographen-Vereine machten weiter mit Petitionen auf die wirtschaftlichen Schwierigkeiten ihres Gewerbes ohne einen Schutz vor Nachbildung und die sich daraus ergebende Sinnlosigkeit ihrer beruflichen Tätigkeit aufmerksam.[554] Zu Zeiten des Deutschen Reichs im Jahr 1876 wurde dann schließlich ein Gesetz betreffend den Schutz der Photographien gegen unbefugte Nachbildung erlassen. Auch danach dienten die Investitionen (Aufwand in Form von Zeit, Mühe und Kosten) und das legitime Interesse der Berufsfotografen an deren Amortisation durch eine kommerzielle Verwertbarkeit der Berufsfotografien bis Mitte des 20. Jahrhunderts als Argument im Rahmen der Gesetzesarbeit.[555]

Der mit der Anfertigung von Fotografien verbundene Aufwand hat insbesondere seit Mitte des 20. Jahrhunderts durch immer leichtere und einfacher handhabbare Fotoapparate und seit der Einführung von Smartphones und automatisierten Digitalkameras im 21. Jahrhundert stetig abgenommen.[556] Gleichzeitig sind die Preise für durchschnittliches Fotografieequipment deutlich gesunken und für eine breite Gesellschaftsschicht erschwinglich geworden.[557] Unter anderem durch die Amateurfotografie entstehen nunmehr Fotografien, deren Zweck nicht die wissenschaftliche oder ökonomische Verwertung ist.[558] Als Lichtbilder geschützte Fotografien werden nicht mehr nur von Berufsfotografen angefertigt, für die die wirtschaftliche Verwertbarkeit und dementsprechend der Schutz vor Nachbildung wesentlich ist.

In der Begründung des Gesetzes über Urheberrecht und verwandte Schutzrechte von 1965 spielten die Investitionen der Fotografen keine ausdrückliche Rolle in Bezug auf den Schutz von Lichtbildern. Als Schutzzweck seitens des Gesetzgebers wurde der Investitionsschutz nicht mehr ausdrücklich angegeben, sondern von der Vermeidung von Abgrenzungsschwierigkeiten zwischen

---

553 *Ricke*, 73, 75.

554 Siehe Teil 3 A. II. 1. a).

555 Siehe Teil 3 A. II. 1. b), c).

556 Siehe Teil 3 A. II. 1. d).

557 Siehe Teil 3 A. II. 1. d).

558 *Overbeck*, 30.

Lichtbildwerken und Lichtbildern abgelöst.[559] Seit der unterschiedlichen Gestaltung der Schutzfrist durch die Änderungen in 1985 und 1995 wird der Praxis die Abgrenzung allerdings auferlegt.[560] Zudem war hinsichtlich der Gestaltung der Schutzdauer sowohl 1985 als auch 1995 der Wert der Lichtbilder von Bedeutung.[561]

Insbesondere vor dem Hintergrund der technischen Entwicklung hin zu der Möglichkeit einfachen und kostengünstigen Fotografierens und angesichts des Anwendungsbereiches des Lichtbildschutzes, der auch einfachste, nicht von Berufsfotografen angefertigte Fotografien umfasst, ist das Vorliegen einer aktuellen Anreizwirkung des Lichtbildschutzes nach § 72 UrhG im Vergleich zu der historischen Anreizwirkung fraglich und überprüfungsbedürftig. Dafür sind insbesondere die jeweilige Investitionshöhe und das Amortisations- und kommerzielle Verwertungsinteresse von Bedeutung.

2. *Anreizwirkung des aktuellen Lichtbildschutzes durch Investitionsschutz*

Infolge des Schutzes der hohen Investitionen und der kommerziellen Verwertbarkeit durch den Schutz vor Nachbildungen lag in dem gesetzlichen Schutz von Fotografien lange ein Anreiz für deren Anfertigung. Dies führte dazu, dass der Gesetzgeber neben dem Schutz von Fotografien als Kunst auch den Schutz der Investitionen und damit die Aufrechterhaltung der Anreizwirkung bezweckte. Davon ist er mittlerweile teilweise abgerückt.[562]

Zu klären ist, ob von dem Lichtbildschutz dennoch weiterhin eine Anreizwirkung ausgeht, die für die Legitimation des Lichtbildschutzes maßgeblich ist.

a) Bestimmung des Investitionsbegriffes

Für die Erarbeitung der aktuellen Investitionshöhe ist zunächst in Anbetracht historischer und systematischer Erkenntnisse zu bestimmen, was von dem Begriff der Investition umfasst ist.

---

559 BT-Drs. IV/270, S. 37, 89; *Overbeck*, 32, 138.

560 *Apel*, in: FS Vogel, 205 (218).

561 BT-Drs. 13/781, S. 15; BT-Drs. 10/3360, S. 20.

562 *Overbeck*, 32, 138; vgl. BT-Drs. IV/270, S. 88 f.

aa) Historische Perspektive

Die historische Analyse hat ergeben, dass unter dem Begriff Investition bzw. Investitionshöhe der mit der Erstellung einer Fotografie verbundene Aufwand verstanden wurde. Zu diesem Aufwand wurden Mühe, Zeit, Kosten und auch das wirtschaftliche Risiko hinsichtlich Amortisation und kommerzieller Verwertung gezählt. Dies betraf nicht nur den Vorgang der Fotografieaufnahme selbst, sondern auch den mit der Schaffung der Rahmenbedingungen verbundenen Aufwand (zum Beispiel für die Unterhaltung oder Anmietung eines Studios, für eine möglicherweise erforderliche Anreise, für die Bezahlung von Angestellten, für die Anschaffung einer Fotografieausrüstung etc.) sowie die im Nachgang unmittelbar mit den Fotografien im Zusammenhang stehenden Arbeiten (beispielsweise die Entwicklung und die Bearbeitung).

bb) Systematische Perspektive

Bereits erläutert worden ist, dass mit dem Schutz der übrigen Leistungsschutzrechte der Schutz einer Investition als Anreiz bezweckt wird. Für die Bestimmung des Investitionsbegriffes ist daher erheblich, welche Investition durch die übrigen Leistungsschutzrechte geschützt wird.

Die Mühe und die Zeit, die mit der Sichtung, Ordnung und Abwägung des Materials verbunden sind, stellen die schützenswerte Investition im Fall des Schutzes von wissenschaftlichen Ausgaben nach § 70 UrhG dar. Zudem sind die Suche und Zusammenstellung des Quellenmaterials häufig mit hohen Kosten verbunden, die zusätzlich Teil der Investitionen sind.[563]

Durch das Leistungsschutzrecht des § 71 UrhG sollen der mit dem Auffinden, Sammeln und Herausgeben nachgelassener Werke verbundene beträchtliche Arbeits- und Kostenaufwand amortisiert werden können.[564]

Mit einer Aufführung durch ausübende Künstler sind stets Zeit und Mühe für die Vorbereitung und die Aufführung selbst verbunden. Dieser Aufwand wird durch das Leistungsschutzrecht nach § 73 UrhG geschützt.

Als Tonträgerhersteller nach §§ 85, 86 UrhG geschützt ist, wer die für die Herstellung eines Tonträgers erforderliche organisatorische und wirtschaftliche Leistung erbringt,[565] im Ergebnis also die wirtschaftliche Verantwortung

---

563 Wandtke/Bullinger/*Thum*, § 70 UrhG Rn. 1.

564 BT-Drs. IV/270, S. 87 f.; zustimmend Schricker/*Loewenheim*, § 71 UrhG Rn. 1.

565 *BGH*, NJW 2009, 770 (770) – Metall auf Metall; *OLG Hamm*, GRUR 2014, 1203 (1203) – Raubkopien; Dreier/*Schulze*, § 85 UrhG Rn. 4.

übernimmt.[566] Dazu gehört der Abschluss der Verträge mit den ausübenden Künstlern oder anderen an der Herstellung beteiligten Personen sowie die „*organisatorische[...] Vorbereitung und Durchführung der Aufnahme*“[567].[568] Ebenso zählen das Anmieten der benötigten Instrumente und anderen Equipments sowie des entsprechenden Studios und die Übernahme der Materialkosten zu der Leistung.[569] Der Tonträgerhersteller erbringt eine wirtschaftliche, organisatorische und technische Leistung.[570]

Die nach § 87 UrhG geschützte Leistung des Sendeunternehmens liegt in der Durchführung von Funksendungen und der Übernahme der organisatorischen und wirtschaftlichen Verantwortlichkeit für ebendiese.[571] Den mit dem Programm verbundenen finanziellen Kostenaufwand verursachen unter anderem Urhebervergütungen.[572]

Im Detail handelt es sich bei der nach §§ 87a ff. UrhG geschützten Investition um die Beschaffung, Sammlung und Überprüfung der erforderlichen Daten und die Aufbereitung dieser im Wege der methodischen oder systematischen Anordnung sowie die damit verbundenen Kosten.[573] Zu den Kosten zählen die für den Erwerb von Datenbeständen aufgewandten Mittel und die Vergütung für die Einräumung von Nutzungsrechten.[574] Auch die Kosten für die Pflege und Aktualisierung der Datenbestände sowie die Personalkosten sind anzusetzen.[575] Der Einsatz von angestelltem Personal ist als Zeitaufwand zu werten, der Einsatz von beauftragten Dritten als Geldaufwand.[576] Die Investition kann also in finanzieller Hinsicht ebenso wie durch den Einsatz von Zeit und Mühe erfüllt werden.[577]

566 *OLG Frankfurt a. M.*, GRUR-RR 2015, 233 (234) – P & C-Vermerk; BeckOK/*Stang*, § 85 UrhG Rn. 15; Dreier/*Schulze*, § 85 UrhG Rn. 4; Schricker/Loewenheim/*Vogel*, § 85 UrhG Rn. 37.

567 BeckOK/*Stang*, § 85 UrhG Rn. 15.

568 Dreier/*Schulze*, § 85 UrhG Rn. 4; Schricker/Loewenheim/*Vogel*, § 85 UrhG Rn. 37.

569 Dreier/*Schulze*, § 85 UrhG Rn. 4.

570 *BGH*, GRUR 2016, 690 (692) – Metall auf Metall.

571 *Dreier*/Schulze, § 87 UrhG Rn. 5; Fromm/Nordemann/*Boddien*, § 87 UrhG Rn. 12.

572 Wandtke/Bullinger/*Ehrhardt*, § 87 UrhG Rn. 7.

573 BeckOK/*Vohwinkel*, § 87a UrhG Rn. 40.

574 BeckOK/*Vohwinkel*, § 87a UrhG Rn. 42; Schricker/Loewenheim/*Vogel*, § 87a UrhG Rn. 44.

575 BeckOK/*Vohwinkel*, § 87a UrhG Rn. 42; Schricker/Loewenheim/*Vogel*, § 87a UrhG Rn. 46.

576 BeckOK/*Vohwinkel*, § 87a UrhG Rn. 55.

577 *Dreier*/Schulze, § 87a UrhG Rn. 12.

Das Leistungsschutzrecht des Presseverlegers nach § 87f UrhG stellt eine Mischung aus „*Investitionsschutz, Schutz der organisatorischen Leistung (zB Vertrieb, Druck) und Schutz der spezifischen Verlegerleistung (zB Entwicklung eines Titels, Markenführung, Renommee des Titels)*" dar,[578] wenngleich die Leistung in der Realität nicht stets vom Verleger erbracht wird.[579]

Entscheidend ist für die Einordnung als Filmhersteller und den leistungsrechtlichen Schutz nach § 94 UrhG der Rechtsprechung nach die Übernahme der wirtschaftlichen Verantwortung und die Organisation der Herstellung einer ersten Fixierung des Filmträgers.[580] Die wirtschaftliche Verantwortung ergibt sich aus der (teilweisen) Finanzierung der Produktion und der Übernahme der finanziellen Gesamtverantwortung.[581] Die Übernahme der Verbindlichkeiten für vielfältige Sach- und Dienstleistungen sowie die Übernahme des Fertigstellungsrisikos treffen ebenfalls den Filmhersteller.[582]

Die Investition, die durch den Laufbildschutz nach §§ 95, 94 UrhG geschützt werden soll, besteht letztlich auch in der wirtschaftlichen und organisatorischen Leistung des Filmherstellers, dessen Sequenzen möglicherweise nicht die Schöpfungshöhe für den Schutz als Filmwerk erreichen, obwohl sie in der Herstellung einen ähnlichen Aufwand erfordern.[583]

Die systematische Analyse der Investitionshöhe aller verwandten Schutzrechte neben § 72 UrhG ergibt für die Konkretisierung des Investitionsbegriffes, dass darunter die aufgewandte Zeit, die aufgewandte Mühe, das aufgewandte Geld und das übernommene wirtschaftliche Risiko zu fassen sind. Auch aus der systematischen Analyse ergibt sich, dass die erbrachte und durch die jeweiligen Leistungsschutzrechte geschützte Leistung umfassend verstanden wird, also auch vor- und nachbereitende Handlungen umfasst. Auffällig ist, dass das Lichtbildschutzrecht das einzige Leistungsschutzrecht ist, bei dem der Gesetzgeber in der Gesetzesbegründung nicht (mindestens mittelbar) den Schutz einer Leistung

---

578 BeckOK/*Graef*, § 87f UrhG Rn. 14.

579 *De la Durantaye*, ZUM 2020, 161 (162).

580 *BFH*, NJW 1996, 1013 (1014); *BGH*, NJW 1993, 1470 (1471) – Filmhersteller; *OLG Köln*, GRUR-RR 2011, 161 (161) – Der Wackersdorf-Film; BeckOK/*Vohwinkel*, § 94 UrhG Rn. 12.

581 BeckOK/*Vohwinkel*, § 94 UrhG Rn. 14; Dreier/*Schulze*, § 94 UrhG Rn. 8; Wandtke/Bullinger/*Manegold*/*Czernik*, § 94 UrhG Rn. 42.

582 BeckOK/*Vohwinkel*, § 94 UrhG Rn. 14; Wandtke/Bullinger/*Manegold*/*Czernik*, § 94 UrhG Rn. 41; *Pense*, ZUM 1999, 121 (123 f.).

583 Dreier/*Schulze*, § 95 UrhG Rn. 1; Schricker/Loewenheim/*Katzenberger*/*N. Reber*, § 95 UrhG Rn. 3; kritisch *Schack*, in: FS Wandtke, 9 (11).

und der damit verbundenen Kosten zum Schutz der dadurch getätigten Investition beabsichtigte. Er gewährte den Schutz vielmehr aus praktischen Gründen zur Vermeidung von Abgrenzungsschwierigkeiten.[584] Vor diesem Hintergrund erscheint es fraglich, ob mit der Anfertigung von Lichtbildern eine derartige Investition verbunden ist, dass dadurch eine Anreizwirkung vom gesetzlichen Lichtbildschutz ausgeht und das gesetzliche Schutzrecht aufgrund einer Anreizwirkung gerechtfertigt ist.

cc) Zusammenfassung: Investitionsbegriff

Aus der Analyse der historisch und systematisch geschützten Investitionen hat sich für die Bestimmung der aktuellen Investitionshöhe ergeben, dass Zeit, Mühe, sonstiger finanzieller Aufwand sowie die Übernahme eines wirtschaftlichen Risikos entscheidend sind und auch vor- sowie nachbereitende Handlungen zur erbrachten Leistung und damit zur getätigten Investition zählen.

b) Auswirkung der aktuellen Investitionshöhe und des aktuellen Amortisations- und kommerziellen Verwertungsinteresses auf die Anreizwirkung

Im Folgenden ist die Auswirkung der aktuellen Investitionshöhe und des aktuellen Amortisations- und kommerziellen Verwertungsinteresses auf die Anreizwirkung des Lichtbildschutzes für die einzelnen Lichtbildkategorien zu bestimmen.

aa) Schnappschussfotografie im privaten Bereich

(Amateur-)Schnappschüsse im privaten Bereich in Form von Familienfotos, Urlaubsfotos und anderweitigen Erinnerungsfotos werden unentwegt angefertigt.[585]

(1) Investitionshöhe

Anzunehmen ist, dass der überwiegende Teil der Gesellschaft über ein Gerät zur Anfertigung von Fotografien verfügt. Schnappschüsse, die im Urlaub oder in anderweitigem familiärem oder freundschaftlichem Kontext entstehen, werden in der Regel mit in Smartphones integrierten Kameras oder einfachen Kompaktkameras angefertigt. Für nahezu die gesamte Gesellschaft besteht in finanzieller

---

584 BT-Drs. IV/270, S. 37, 89.

585 Vgl. Hoeren/Nielen/*Berndzen*, Rn. 39.

Hinsicht die Möglichkeit, ein Smartphone mit Kamerafunktion anzuschaffen. Dafür ist nicht zwingend eine besonders hohe Investition erforderlich.[586] Auch einfache, für Schnappschüsse geeignete Kompaktkameras sind zu moderaten Preisen im zwei- bis kleinen dreistelligen Eurobereich erhältlich.[587]

Schon der Begriff „*Schnappschuss*" impliziert, dass in die Anfertigung derartiger Fotografien keine außergewöhnliche Mühe investiert wird. Ein mehr oder weniger besonderer Moment soll spontan festgehalten werden. Zur Anfertigung der Schnappschüsse wird in der Regel die vollautomatische Funktionsweise der eingesetzten Kamera genutzt.[588] Für die Erstellung der Schnappschüsse bedarf es dementsprechend keiner besonderen Vorbereitung. In vielen Fällen erfolgt im privaten Bereich auch keine intensive Nachbearbeitung der erstellten Fotografien.

Die für die Schnappschüsse im Privatbereich überwiegend verwendeten Smartphones werden zudem nicht nur aufgrund der integrierten Kamerafunktion angeschafft, sondern auch infolge ihrer anderen Funktionen. Die Investition in einen privaten Schnappschuss ist daher gering.

(2) Amortisations- und kommerzielles Verwertungsinteresse

Die Anfertigung von Schnappschüssen im privaten Bereich erfolgt üblicherweise aus intrinsischen Motiven mit dem Ziel, persönliche Momente festzuhalten. Selbst wenn eine Nachbearbeitung vorgenommen wird, werden Zeit und Mühe nur für den privaten Gebrauch investiert und nicht zum Zwecke der Vermarktung.

(3) Bedeutung des Lichtbildschutzes für die Verwirklichung der mit der Anfertigung verbundenen Interessen

Der gesetzliche Schutz von Schnappschüssen im privaten Bereich ist für die Betroffenen nicht von Bedeutung. Es besteht kein Interesse an einer Amortisation und kommerziellen Verwertung, das durch den Lichtbildschutz gesetzlich gesichert werden muss.

(4) Keine Anreizwirkung des Lichtbildschutzes

In Ergänzung zu dem Umstand, dass für die Verwirklichung der mit privaten Schnappschussaufnahmen verbundenen Interessen der Lichtbildschutz nicht

586 Vgl. *Ohly*, 37.
587 *Wolf*, 23.
588 *Stang*, 177.

von Bedeutung ist, ist zu berücksichtigen, dass ein zusätzlicher Schutz durch das Allgemeine Persönlichkeitsrecht sowie das Kunsturhebergesetz und die Datenschutzgrundverordnung besteht.

Im Ergebnis würde die Produktion von Lichtbildern mangels hoher Investitionen und infolge alternativer, nicht-gesetzlicher Anreize im privaten Schnappschussbereich im Fall einer Abschaffung des Lichtbildschutzes nicht verringert. Daher geht von dem Lichtbildschutz für die Anfertigung von Schnappschüssen im Privatbereich keine Anreizwirkung aus.

bb) Reproduktionsfotografien urheberrechtlich geschützter musealer Vorlagen

Die folgenden Ausführungen beziehen sich im Wesentlichen auf Reproduktionsfotografien von urheberrechtlich geschützten musealen Sammlungsstücken. Die nach § 68 UrhG nicht mehr geschützten Reproduktionsfotografien von gemeinfreien visuellen Werken werden in Teil 5 behandelt.

Im Rahmen der Arbeit von Kultureinrichtungen, insbesondere Museen, werden Fotografien zu diversen Zwecken angefertigt. Erstellt werden diese in der Regel von Berufsfotografen, die entweder bei einer Kultureinrichtung angestellt sind oder als freiberufliche Fotografen im Auftrag einer Kultureinrichtung handeln.[589] Für die Beurteilung der Anreizwirkung kommt es daher auf die Perspektive der Kultureinrichtung an, von deren Anstellung oder Auftrag die Anfertigung der Reproduktionsfotografien abhängig ist. Für den Wert der angefertigten Fotografien aus Sicht der Museen ist entscheidend, wie diese weiterverwertet werden können.[590] Im Vordergrund stehen dabei öffentliche Museen, da die Digitalisierungsaktivität von privaten Museen bislang tendenziell gering ausfällt.

Als Lichtbilder geschützt sind in der Regel Reproduktionsfotografien von zweidimensionalen Vorlagen wie Zeichnungen. Reproduktionsfotografien von dreidimensionalen Vorlagen wie Skulpturen erfüllen üblicherweise schon die Anforderungen an den Lichtbildwerkschutz. Bei Vorlagen wie Gemälden kommt es darauf an, ob beispielsweise durch eine dick aufgetragene Ölfarbenschicht eine dreidimensionale Wirkung entsteht.[591]

---

589 *Lehment*, 159 ff., 176 ff.; *Schiessel*, 262.

590 *Schiessel*, 262.

591 *LG Berlin*, ZUM 2016, 766 (770); BeckOK/*Lauber-Rönsberg*, § 72 UrhG Rn. 19; *Schulze*, in: Weller/Kemle/Dreier/Michl, Tagungsband 11. Heidelberger Kunstrechtstag, 104 (107).

(1) Investitionshöhe

Zur Anfertigung der Reproduktionsfotografien werden in aller Regel Digitalkameras verwendet. Denkbar ist in seltenen Einzelfällen der Einsatz von Hochleistungsscannern, deren Scanergebnisse unter bestimmten Voraussetzungen als Lichtbilder geschützt sein können.[592] Im Regelfall wird es sich dabei jedoch um rein technische Vervielfältigungen handeln, die nicht vom Lichtbildschutz umfasst sind.[593]

Die Anfertigung von Reproduktionsfotografien musealer Bestände ist mit einem nicht unbeträchtlichen Vorbereitungsaufwand verbunden. Zunächst muss das zu reproduzierende Sammlungsstück nach Möglichkeit zu dem Fotografen (in das Studio/Atelier) transportiert werden. Wenn das Volumen anzufertigender Fotografien bereits die Anstellung eines Fotografen rechtfertigt, wird auf diese Möglichkeit zurückgegriffen. Das ist regelmäßig nur bei größeren Museen der Fall. Dann werden die Reproduktionsfotografien in museumsinternen Fotografiewerkstätten angefertigt.[594] Rentiert sich dies nicht, werden die Fotografieaufträge an externe Fotografen vergeben. Je nach Größe und Schwere des Sammlungsstückes gestaltet sich der Transport in die Fotografiewerkstatt/das Atelier mal mehr und mal weniger aufwendig. Wenn Werke fest installiert, so groß oder so schwer sind, dass ein Transport nicht möglich ist, muss die gesamte Ausrüstung zu dem Werk geschafft werden.

Im Vorfeld der Fotografie sind intensive Vorarbeiten notwendig.[595] Über die abzubildenden Sammlungsstücke sind Informationen von den zuständigen Restauratoren einzuholen, insbesondere auch über Besonderheiten der Rahmung von Gemälden. Der Zustand des Werkes wird begutachtet (und gegebenenfalls dokumentiert), bevor es fotografiert wird. Manchmal müssen restauratorische Maßnahmen ergriffen werden.[596] Auch die Installation von Sammlungsstücken wie Gemälden am für die Fotografie vorgesehenen Ort wird in der Regel in Zusammenarbeit mit den Restauratoren erfolgen. Zudem muss vor Anfertigung der Fotografie entschieden werden, ob das Werk im Ganzen oder nur ein Ausschnitt davon fotografiert werden soll und ob bei gerahmten Werken der Rahmen Teil der Fotografie werden soll.[597] Vor der Anfertigung der Fotografie muss

592 *Stang*, 178; *Talke*, ZUM 2010, 846 (851 f.).

593 BeckOK/*Lauber-Rönsberg*, § 72 UrhG Rn. 17; Wandtke/Bullinger/*Thum*, § 72 UrhG Rn. 29; a.A. *Talke*, ZUM 2010, 846 (851 f.).

594 Ein Beispiel stellt die Fotografiewerkstatt des LWL Museums für Kunst und Kultur dar.

595 *Niederalt*, RuZ 2020, 47 (49).

596 *Niederalt*, RuZ 2020, 47 (49).

597 *Garbers-von Boehm*, 154.

eine sorgfältige und gleichmäßige Ausleuchtung des Werkes zur Vermeidung von Schatten und Ungleichmäßigkeiten vorgenommen werden.[598] Brennweite und Blende müssen eingestellt und die Kamera mithilfe eines Stativs ausgerichtet werden.[599] Entscheidend ist dabei, dass keine Verzerrung entsteht.[600] Für all diese Entscheidungen ist in der Regel eine professionelle Ausbildung und Berufserfahrung seitens des Fotografen notwendig.[601]

Klassischerweise kann es bei Gemälden zu vier verschiedenen Aufnahmen kommen: Vorder- und Rückseite jeweils einmal berahmt und einmal unberahmt. Bei Besonderheiten hinsichtlich der geplanten Verwendung der Fotografien können allerdings auch weitere Aufnahmen erforderlich sein. Insbesondere im Rahmen der Provenienzforschung ist jedes Detail am Werk von Bedeutung, sodass für die entsprechend erforderliche Dokumentation viele verschiedene Aufnahmen notwendig sein können. Wenn der Rahmen nicht fotografiert werden soll, muss dieser gelöst werden,[602] was je nach Sammlungsstück einen nicht unwesentlichen Zeitaufwand beanspruchen kann. Das Entrahmen kann aufwendig ausfallen, wenn die Rahmen schon alt und beispielsweise mit alten Nägeln o.Ä. versehen sind. Neben der Rahmung ist im Vorfeld eine etwaige Verglasung zu lösen.[603] Bei zweidimensionalen Vorlagen, die sich wie beispielsweise Skizzen in Büchern befinden, kann sich schon das Öffnen bis zu einem für die Fotografie ausreichenden Grad als umständlich erweisen. Das gilt insbesondere für jahrhundertealte Bücher, die restauratorisch einwandfrei erhalten werden sollen.

Für die detail- und naturgetreue Abbildung von musealen Sammlungsstücken ist eine professionelle Ausrüstung erforderlich.[604] Dazu gehört nicht nur die Kamera selbst, sondern auch Zubehör wie Stative und Leuchtmittel.[605] Die abzubildenden Objekte müssen möglichst gleichmäßig ausgeleuchtet werden.[606] Dafür können Schienen erforderlich sein, auf denen Stative und Leuchtmittel bewegt werden. Eine besondere Rolle spielt zudem das passende Objektiv, das

598 *Garbers-von Boehm*, 68; *Prengel*, 181; http://go.wwu.de/zeo7c (zuletzt abgerufen am 28.11.2021).
599 Bezüglich zweidimensionaler Vorlagen *Zierl*, 95.
600 *Scheibel/Scheibel*, 173 f.
601 *Garbers-von Boehm*, 153; *Gerstenberg*, in: FS Klaka, 120 (126); *Kogan*, 35 COLUM. J.L. & ARTS 2012, 445 (501); *Prengel*, 181 f.
602 *Niederalt*, RuZ 2020, 47 (49).
603 *Niederalt*, RuZ 2020, 47 (49).
604 *Garbers-von Boehm*, 153.
605 *Scheibel/Scheibel*, 173 f.
606 *Scheibel/Scheibel*, 174.

teilweise speziell berechnet und konstruiert wird, um eine gleichmäßige Ausleuchtung und Kontrastübertragung zu gewährleisten.[607] Im Nachgang zur Fotografieaufnahme erfolgt die Nachbearbeitung der Fotografie am Computer. Nicht zu vergessen bei der Beurteilung des Anfertigungsaufwands ist, dass sich dem Fotografievorgang in der Regel ein erneuter restauratorischer Aufwand anschließt, wenn etwa eine Entrahmung rückgängig gemacht werden muss.

Im Ergebnis ist die Anfertigung von Reproduktionsfotografien musealer Vorlagen mit einem nicht unwesentlichen Vor-, Anfertigungs- und Nachbereitungsaufwand sowie mit der Beschäftigung von geschultem Personal und der Anschaffung von professionellem Equipment verbunden.[608] Der beschriebene technische und zeitliche Aufwand wird finanziell von den Kultureinrichtungen getragen, in deren Interesse die Anfertigung der Reproduktionsfotografien liegt.

(2) Amortisations- und kommerzielles Verwertungsinteresse

Museen verbinden mit der Anfertigung der Reproduktionsfotografien von Sammlungsstücken verschiedene Interessen. Dazu gehören auch ein Amortisations- und kommerzielles Verwertungsinteresse. Die nicht unerheblichen Investitionen, die in die Anfertigung der Reproduktionsfotografien getätigt werden, sollen amortisiert werden. Durch Reproduktionsfotografien können die musealen Bestände der Öffentlichkeit ohne die Notwendigkeit eines Museumsbesuches zugänglich gemacht werden.[609] Mit der kommerziellen Verwertung der Reproduktionsfotografien ergibt sich für die Museen trotz oder gerade wegen der zunehmenden Digitalisierung und dem Interesse der Öffentlichkeit an einem digitalen Zugang die Möglichkeit, die eigene finanzielle Situation zu stärken.[610] Viele öffentliche Museen geraten zusehends unter Rentabilitätsdruck.[611] Sie werden an Besucherzahlen und „*Medienwirksamkeit*" gemessen.[612] In Verbindung mit tendenziell abnehmenden Mittelzuweisungen haben die Museen daher nun stets ein Interesse daran, die in ihrem Bestand befindlichen Kunstwerke „*etaterhöhend*" zu vermarkten.[613] Die Digitalisierung im Wege der Digitalfotografie ist

---

607 http://go.wwu.de/m9ewk (zuletzt abgerufen am 28.11.2021).

608 *Niederalt*, RuZ 2020, 47 (49).

609 Vgl. *Garbers-von Boehm*, 41, 62.

610 *Bullinger*, in: FS Raue, 379 (379); *Garbers-von Boehm*, 41; *Wallace/Euler*, IIC 2020, 823 (824).

611 *Garbers-von Boehm*, 37.

612 *Garbers-von Boehm*, 37.

613 *Stieper*, GRUR 2012, 1083 (1083).

kostenintensiv und die Museen versuchen, die dafür getätigte Investition zu refinanzieren.[614] Über die Einräumung von Nutzungsrechten („*Lizenzen*") können Einnahmen generiert werden.[615] Die Vermarktung der Bildrechte an den Reproduktionsfotografien kann dazu beitragen, dass öffentliche Museen ihren Haushalt zumindest zu einem (wenn auch geringen) Teil aus eigener Kraft bestreiten können.[616] Die digitalen Reproduktionsfotografien der Kunstwerke werden in der Regel (aufgrund des geringeren Verwaltungsaufwands) über professionelle Bildagenturen wie die bpk Bildagentur, Scala Archives, Getty Images etc. der Öffentlichkeit angeboten.[617] Teilweise vermarkten die Museen die Fotografien auch über eigene Bildsammlungen.[618] Auch kleine Museen haben teilweise schon vor längerer Zeit Verwertungsstrategien entwickelt und bereits einen wesentlichen Anteil ihrer Einnahmen über die Verwertung von Digitalisaten generiert.[619]

Zudem können die Reproduktionsfotografien als Werbemittel genutzt werden, zum Beispiel für Ausstellungen.[620] Daneben ist eine Verwendung der Reproduktionsfotografien für den Verkauf von Online- oder Printkatalogen und für die Gestaltung von Merchandise-Produkten wie Ausstellungskatalogen, Bildbänden oder Ansichtskarten möglich.[621] Das wirtschaftliche Risiko für die Herstellung solcher Produkte, einschließlich der Anfertigung der Reproduktionsfotografien, übernehmen die Museen.[622]

All diese kommerziellen Verwertungszwecke stellen insgesamt eine nicht unerhebliche Einnahmequelle für die Museen dar.[623] Für private Museen gilt

---

614 *Garbers-von Boehm*, 62 f.

615 *Stang*, ZGE 2009, 167 (174); *Stieper*, GRUR 2012, 1083 (1083).

616 *Garbers-von Boehm*, 41.

617 *Garbers-von Boehm*, 32; *Niederalt*, RuZ 2020, 47 (50); *Stang*, ZGE 2009, 167 (174).

618 Siehe beispielsweise die Digitale Sammlung des LWL Museums für Kunst und Kultur Münster, abrufbar unter http://go.wwu.de/9jo7d (zuletzt abgerufen am 28.11.2021).

619 *Fraunhofer IAIS*, Bestandsaufnahme zur Digitalisierung von Kulturgut und Handlungsfelder 2007, 56.

620 *Schulze*, in: Weller/Kemle/Dreier/Michl, Tagungsband 11. Heidelberger Kunstrechtstag, 104 (104); *Wiese*, in: Walz, Handbuch Museum, 351 (351).

621 *Bullinger*, in: FS Raue, 379 (379); *Lauber-Rönsberg*, Anm. zu BGH – I ZR 104/17, ZUM 2019, 341 (343); *Pfennig*, 14; *Schulze*, in: Weller/Kemle/Dreier/Michl, Tagungsband 11. Heidelberger Kunstrechtstag, 104 (104); *Wiese*, in: Walz, Handbuch Museum, 351 (351).

622 *Pfennig*, 14.

623 *Schulze*, in: Weller/Kemle/Dreier/Michl, Tagungsband 11. Heidelberger Kunstrechtstag, 104 (104).

dies mangels öffentlicher Finanzierung umso mehr, wobei diese inländisch zumeist noch immer auf den Museumsbesuch und weniger auf die Digitalisierung in Form von Reproduktionsfotografien setzen.

Die museale Reproduktionsfotografie dient allerdings nicht nur der Verwirklichung des Amortisations- und kommerziellen Verwertungsinteresses, sondern vor allem auch der Erfüllung des öffentlichen Auftrags, der mit der musealen Arbeit verbunden ist, wenn es sich um öffentliche Institutionen handelt.[624] Die (digitale) Zugänglichmachung von Kulturgut ist eine der originären Aufgaben von Museen in öffentlich-rechtlicher Trägerschaft, sie erfüllen damit einen bildungspolitischen Auftrag.[625] Reproduktionsfotografien ermöglichen eine Digitalisierung der musealen Bestände in Form von Online-Sammlungen zum Erhalt des Kulturgutes als Alternative zu Bestandskatalogen.[626] Sie stellen Surrogate dar, die die langfristige Verfügbarkeit des Kulturgutes sichern,[627] da die Existenz von Bestandskatalogen nicht die Regel ist. Ein Ausstellungskatalog dient dagegen lediglich der Vermittlung von Informationen zu einer konkreten Ausstellung.[628] In den Beständen der Museen befinden sich viele Werke, die nie in eine Ausstellung aufgenommen werden und der Allgemeinheit dadurch nicht durch einen Ausstellungskatalog zugänglich würden. Darüber hinaus tragen Reproduktionsfotografien als eine Form der Digitalisierung von Kulturobjekten zur einfacheren öffentlichen Zugänglichmachung von Kulturgut bei.[629] Dadurch wird ein orts- und zeitunabhängiger Museumsbesuch möglich.[630] Mit hoher Publizität und der digitalen Präsentation des Museums geht ein zunehmendes Renommee der jeweiligen Institution einher.[631] Der digitale Zugang ermöglicht zudem eine über die im Museum mögliche Analyse hinausgehende Erforschung des abgebildeten Werkes durch drehbare und zoomfähige Abbildungen.[632]

Darüber hinaus dienen die Fotografien als Dokumentation des Zustandes der künstlerischen Werke, der hinsichtlich der Provenienz und im Rahmen der

---

624 *Garbers-von Boehm*, 36, 277; *Hoeren*, Anm. zu BGH – I ZR 104/17, MMR 2019, 246 (246).

625 *Dreier*, ZGE 2017, 135 (143); *Niederalt*, RuZ 2020, 47 (47).

626 *Garbers-von Boehm*, 41.

627 *Klass/Rupp*, ZUM 2013, 760 (762).

628 *Waitz*, 25.

629 Vgl. *Klass/Rupp*, ZUM 2013, 760 (761).

630 *Klass/Rupp*, ZUM 2013, 760 (761); *Niederalt*, RuZ 2020, 47 (47).

631 *Fraunhofer IAIS*, Bestandsaufnahme zur Digitalisierung von Kulturgut und Handlungsfelder 2007, 54.

632 *Klass/Rupp*, ZUM 2013, 760 (762).

Restauration von Bedeutung ist.[633] Die Digitalisierung dient der Archivierung der Museumsbestände.[634] Die Reproduktionsfotografien stellen zudem in Versicherungsfällen eine Art Zeugnis über den Zustand zum Zeitpunkt der Anfertigung der Fotografie dar.

(3) Bedeutung des Lichtbildschutzes für die Verwirklichung der mit der Anfertigung verbundenen Interessen

Trotz des oftmals erheblichen Aufwands scheitert ein Werkschutz bei Reproduktionsfotografien zweidimensionaler Vorlagen mangels individueller Schöpfung. Es bleibt nur der Lichtbildschutz.[635] Die Lichtbildrechte liegen nicht automatisch bei den Museen, sondern zunächst bei dem Fotografen als Lichtbildner. Dieser fertigt die Reproduktionsfotografien in seiner Funktion als angestellter oder beauftragter Berufsfotograf an.[636] Die Museen lassen sich die ausschließlichen Verwertungsrechte durch die Fotografen vertraglich als Gegenleistung für eine einmalige finanzielle Abgeltung oder auf Grundlage eines Arbeitsvertrages einräumen.[637] Indem die Museen Nutzungswilligen entsprechende Nutzungsrechte an den Reproduktionsfotografien gegen eine Vergütung einräumen, können sie Einnahmen generieren. Diese Rechteeinräumung erfolgt über eigene Bildarchive oder über Kooperationen mit Bildagenturen.[638] Die Nutzungsrechteeinräumung bezieht sich üblicherweise allein auf die Nutzung der Reproduktionsfotografie, nicht auf die Nutzung des abgebildeten urheberrechtlich geschützten Werkes. In der Regel wird den Museen seitens der Rechteinhaber (Urheber der abgebildeten Werke) nur ein einfaches Nutzungsrecht an den Werken eingeräumt, auf dessen Grundlage die Reproduktionsfotografien erstellt werden können.[639] Als Inhaber der Rechte an den Reproduktionsfotografien dürfen die Museen Dritten Nutzungsrechte allein an diesen einräumen. Da die Nutzung der Reproduktionsfotografie allerdings auch stets mit der Verwertung (Vervielfältigung, Verbreitung etc.) der abgebildeten Vorlage einhergeht, muss der Nutzer sich im Fall des urheberrechtlichen Schutzes der Vorlage von dem Rechteinhaber zusätzliche

633 *Fraunhofer IAIS*, Bestandsaufnahme zur Digitalisierung von Kulturgut und Handlungsfelder 2007, 54 f.; *Garbers-von Boehm*, 41.

634 *Garbers-von Boehm*, 41.

635 Siehe Teil 1 A. II. 2. b).

636 *Schiessel*, 262.

637 *Bullinger*, in: FS Raue, 379 (383); *Garbers-von Boehm*, 194; *Lehment*, 159 ff., 176 ff.; *Stang*, 159.

638 *Stang*, 159; *Stang*, ZGE 2009, 167 (174).

639 *Bullinger*, in: FS Raue, 379 (380 f.); *Garbers-von Boehm*, 186 ff.

Nutzungsrechte bezüglich des abgebildeten Werkes einräumen lassen.[640] Nur in seltenen Fällen haben die Museen auch ausschließliche Nutzungsrechte an den abgebildeten urheberrechtlich geschützten Werken durch die Einräumung von Lizenzen mit Unterlizenzierungsmöglichkeit seitens der Rechteinhaber.[641] Nur dann ist eine Einräumung von Nutzungsrechten an Dritte auch in Bezug auf die Nutzung des abgebildeten Werkes möglich.

Die Möglichkeit der kommerziellen Verwertung von Reproduktionsfotografien ergibt sich aus der Erforderlichkeit von Nutzungsrechteeinräumungen für Sekundärnutzungen und der damit verbundenen Zahlung von Vergütungen.[642] Der Lichtbildschutz stellt als urheberrechtliche Grundlage für die Erforderlichkeit einer Nutzungsrechteeinräumung und einer Zahlung einer angemessenen Vergütung einen Anreiz für die Erstellung der Reproduktionsfotografien dar. Vor allem durch Nutzungsrechteeinräumungen für kommerzielle Nutzer können Museen zusätzliche Einnahmen generieren. Infolge einer Abschaffung des Lichtbildschutzes entfiele eine gesetzliche Möglichkeit, die zustimmungsfreie Nutzung der Fotografien zu untersagen. Nutzungswillige wären in Bezug auf die Nutzung der Fotografien nicht mehr auf eine Nutzungsrechteeinräumung angewiesen.[643] Einnahmen in Form von Vergütungen für Nutzungsrechteeinräumungen entfielen.[644] Zudem entfiele dadurch eine Kontrollmöglichkeit hinsichtlich der Verwendungsform einmal in Umlauf geratener Fotografien. Vertragsrechtliche Regelungen stellen keine attraktive Alternative dar.[645] Im Vergleich zum Lichtbildschutz als absolutes Recht verpflichtet das Vertragsrecht nur inter partes und stellt damit ein schwächeres Recht dar.[646] Zudem sind solche Regelungen stets mit der Unsicherheit einer (Teil-)Unwirksamkeit belastet. Verließe das Lichtbild den Herrschaftsbereich des Fotografen bzw. der Kultureinrichtung, könnte schon eine einzige (wenn auch vertragsbrüchige) Veröffentlichung durch einen Abnehmer zu einer Verbreitung des Lichtbildes führen.[647] Gegen diese

---

640 Siehe beispielsweise den Hinweis der bpk Bildagentur zur erforderlichen Rechteklärung, abrufbar unter http://go.wwu.de/tdm1a (zuletzt abgerufen am 28.11.2021).

641 *Bullinger*, in: FS Raue, 379 (380 f., 398); *Garbers-von Boehm*, 186 ff.

642 Vgl. *Schiessel*, 262.

643 *Schiessel*, 262.

644 *Schiessel*, 262.

645 A.A. *Euler*, RuZ 2020, 56 (71).

646 Vgl. Dauner-Lieb/Langen/*Krebs*, § 241 BGB Rn. 11; Palandt/*Grüneberg*, Einl v § 241 BGB Rn. 5.

647 *Schiessel*, 262.

könnte dann Dritten gegenüber rechtlich nicht mehr vorgegangen werden.[648] Ein Erwerb des Lichtbildes bei dem Lichtbildner bzw. der Kultureinrichtung wäre nicht mehr erforderlich, das Lichtbild wäre „*erschöpft*".[649] Zur Kontrolle der Verbreitung der Fotografien könnten die Urheber und deren Rechtsnachfolger oder die zuständige Verwertungsgesellschaft unabhängig vom Lichtbildschutz der Fotografien zwar weiterhin die Nutzung des abgebildeten Werkes (Fotografie als Vervielfältigung des Werkes) untersagen, die dafür erforderlichen ausschließlichen Nutzungsrechte liegen allerdings in der Regel nicht bei den Museen. Diese würden dementsprechend nicht an etwaigen Einnahmen beteiligt. Es wäre den Museen zwar zumindest weiterhin unbenommen, die Reproduktionsfotografien für Kataloge und andere Merchandising-Produkte zu verwenden. Der Wert eines Lichtbildes wird allerdings im Ergebnis an dem Gesamtumfang möglicher Nutzungs- und Verwertungsrechte bemessen.[650] Die Abschaffung des Lichtbildschutzes würde sich erheblich negativ auf den Marktwert auswirken.[651]

Die Erfüllung des öffentlichen Auftrags wäre auch im Fall der Abschaffung des Lichtbildschutzes möglich. Zwar würde das Geschäftsmodell von externen Bildagenturen beeinträchtigt und diese würden ihre Tätigkeit daher möglicherweise nicht fortführen. Aber eine Zugänglichmachung des Kulturgutes wäre auch über ein internes Bildarchiv möglich.

(4) Anreizwirkung

Die Anfertigung von Reproduktionsfotografien musealer Bestände ist üblicherweise mit nicht unerheblichen Investitionen seitens der Museen verbunden.[652] Die Anfertigung kann nur durch professionelle Berufsfotografen erfolgen, deren Bereitschaft zur Anfertigung von der Entlohnung als Grundlage ihres Lebensunterhaltes im Rahmen eines Arbeitsvertrages oder sonstigen vertraglichen Verhältnisses abhängt. Die Bereitschaft der Kultureinrichtungen zur Tätigung dieser Investitionen, die die Entlohnung der Fotografen umfasst, hängt ganz entscheidend von der Möglichkeit der Verwirklichung der mit der Anfertigung der Reproduktionsfotografien verbundenen Interessen ab. Scheiterte deren Verwirklichung an einer Abschaffung des Lichtbildschutzes, wäre die weitere

---

648 Vgl. *Schiessel*, 262.
649 *Schiessel*, 262.
650 *Schiessel*, 263.
651 *Schiessel*, 262 f.
652 Ähnlich *Hoeren*, Anm. zu BGH – I ZR 104/17, MMR 2019, 246 (246); vgl. *Hofmann*, GRUR 2021, 895 (900).

Anfertigung der Reproduktionsfotografien angesichts der Investitionen höchst unwahrscheinlich. Der wirtschaftliche Wert der Reproduktionsfotografien ist letztlich von den Möglichkeiten der Weiterverwertung abhängig.[653]

Maßgeblich ist in Bezug auf das kommerzielle Interesse der Museen, dass Nutzungswillige ohne entgegenstehende Lichtbildrechte nicht auf eine Nutzungsrechteeinräumung angewiesen wären und die Nutzung dementsprechend ohne Lizenz vorgenommen würde. Den Museen stünde keine Sanktionsmöglichkeit über das Urheberrecht offen. Dadurch würde die Möglichkeit der Einnahmengenerierung beschränkt, da gegen die Nutzung der Fotografie ohne die Zahlung eines Entgeltes nicht auf urheberrechtlicher Grundlage vorgegangen werden könnte. Letztlich würde auch die Möglichkeit einer Kontrolle fehlen, inwiefern sich die Fotografien verbreiten. Für die Verwirklichung des mit der Anfertigung der Reproduktionsfotografien verbundenen kommerziellen Interesses ist der Lichtbildschutz von wesentlicher Bedeutung. Der Lichtbildschutz dient (zu einem gewissen Teil) der Refinanzierung der finanziellen Investitionen in die Fotografien und stellt daher einen Anreiz dar. Die Lizenzeinnahmen und die Erstellung von Publikationen sowie Merchandising-Produkten mithilfe von Reproduktionsfotografien und deren Vertrieb wirken zwar insgesamt nur wirtschaftlich unterstützend.[654] Sie stellen in der Regel keine Haupteinnahmequelle für die Museen dar.[655] Eine (Teil-)Refinanzierung der Kosten für die Reproduktionsfotografien wird jedoch angestrebt werden. Diese Möglichkeit würde ohne den Lichtbildschutz erschwert. Vertragliche Regelungen stellen keine rechtssichere und damit keine attraktive Alternative dar. Wären die Kultureinrichtungen darauf verwiesen, würden diese die Lichtbilder der Allgemeinheit gegebenenfalls vorenthalten, um die Exklusivität des abgebildeten Museumsstückes zu erhalten und dadurch ihre Monopolstellung zu bewahren.[656] In der unkontrollierten Verbreitung von qualitativ hochwertigen Lichtbildern, zu der es ohne die Erforderlichkeit von Nutzungsrechteeinräumungen käme, läge das Risiko, dass ein Museumsbesuch für die Allgemeinheit seinen Anreiz verlöre. Resultat dessen wäre eine in vielen Fällen undifferenzierte und vom Museum nicht beeinflussbare Auseinandersetzung mit dem abgebildeten Werk, die die Museen vermutlich durch eine geringere Produktion oder durch eine Zugangsbeschränkung zu den betroffenen Lichtbildern verhindern wollen würden. Für die Amortisation

653 *Schiessel*, 262 f.

654 *Wiese*, in: Walz, Handbuch Museum, 351 (351).

655 *Wiese*, in: Walz, Handbuch Museum, 351 (351).

656 *Schiessel*, 263.

der Investitionen durch Lizenzvergaben und den Verkauf von Merchandising-Produkten und Katalogen ist der Lichtbildschutz letztlich wesentlich, da die Museen sich ohne die Gefahren und Unsicherheiten im Zusammenhang mit vertraglichen Vereinbarungen auf ihr gesetzliches Schutzrecht berufen können. Es entfiele zudem die Möglichkeit einer Kontrolle über die konkrete Verwendung der Fotografie. Die Museen verlören mit der Abschaffung des Lichtbildschutzes ein Instrument, über das der Veränderung und Manipulation von Fotografien ihrer Sammlungsgegenstände entgegengewirkt werden kann.[657]

Entscheidend ist, ob die Erfüllung des öffentlichen Auftrags als alternativer Anreiz für die Anfertigung von Reproduktionsfotografien musealer Vorlagen ausreichend wäre. Die Mehrzahl der Museen in Deutschland wird aus öffentlichen Mitteln finanziert. Damit einher geht der staatliche Auftrag, der Allgemeinheit Zugang zu Kulturgut zu vermitteln. Dieser Auftrag wäre als alternativer Anreiz in dem Fall unzweifelhaft ausreichend, wenn sich aus der Daseinsvorsorge, der Informationsfreiheit oder dem Kulturstaatsprinzip eine Verpflichtung ergeben würde, das sich im Museum befindliche Kulturgut im Wege der Reproduktionsfotografie zu digitalisieren und der Allgemeinheit zur Verfügung zu stellen.[658] Zu unterscheiden sind in diesem Zusammenhang die Frage nach einem Anspruch auf (entgeltfreie) Benutzung bereits erstellter Reproduktionsfotografien und die Frage nach der Pflicht zur Erstellung der digitalen Reproduktionsfotografien.[659] Entscheidend ist für die Anreizwirkung vor allem Zweiteres. Eine Pflicht de lege lata und gesetzgeberische Bestrebungen in dieser Hinsicht gibt es bislang nicht. Die Museen wären daher weder zur Anfertigung noch zur Zugänglichmachung der Reproduktionsfotografien gesetzlich verpflichtet. Insbesondere gäbe es keine Verpflichtung, Reproduktionsfotografien in einer bestimmten Qualität und dadurch mit Eignung für eine kommerzielle Verwendung anzufertigen. Dennoch nehmen Initiativen und Projekte bezüglich der Digitalisierung und Zugänglichmachung von Kulturgut (im Wege des Open Access) zu.[660] Die Erwartungen an die Museen hinsichtlich der Digitalisierung ihrer Sammlungen steigen.[661] Die Erfüllung des öffentlichen Bildungsauftrags als Teil des musealen Widmungszweckes stellt insofern zumindest in Teilen

657 Vgl. *Appel*, 6 UCLA ELR 1999, 149 (219).

658 Vgl. *Garbers-von Boehm*, 301 ff.

659 Siehe zu ersterem ausführlich *Garbers-von Boehm*, 273 ff.

660 Beispielsweise Europeana: http://go.wwu.de/ek0te (zuletzt abgerufen am 28.11.2021) oder museum4punkt0: http://go.wwu.de/wamnm (zuletzt abgerufen am 28.11.2021).

661 *Appel*, 6 UCLA ELR 1999, 149 (218).

einen alternativen Anreiz dar. Auf private Galerien und Museen ist dies nicht übertragbar. Auf den Zweck der Dokumentation der Bestände, unter anderem für Versicherungsfälle, hätte die Abschaffung des Lichtbildschutzes keine unmittelbare Auswirkung. Darin besteht ein alternativer Anreiz. Ob die Erfüllung des öffentlichen Bildungsauftrags, archivarische Gründe und die Verwendungsmöglichkeit im Versicherungsfall als alternative Anreize in dem Maße ausreichend sind, dass die Produktion der Reproduktionsfotografien in Zeiten ohne Lichtbildschutz der Produktion in Zeiten mit Lichtbildschutz in Quantität und Qualität exakt entsprechen würde, ist allerdings fraglich. Insbesondere bei Museen mit tendenziell angespannter finanzieller Lage ist eine zumindest eingeschränkte Produktion von Reproduktionsfotografien denkbar, da eine kommerzielle Verwertung und dadurch eine Amortisation der Investitionen geschweige denn die Erwirtschaftung eines Gewinns nicht mehr in dem vorherigen Maße möglich wären.[662] Das beträfe vor allem kleine Museen mit wenig Personal, geringer Infrastruktur und kleinem Etat. Diese stellen innerhalb der deutschen Museumskultur die Mehrheit dar.[663] Wenn sie noch nicht mit der Digitalisierung ihrer Museumsbestände begonnen haben, wäre die Abschaffung des Lichtbildschutzes einer entsprechenden Motivation abträglich. Im Fall von privaten Museen ist davon auszugehen, dass diese keine Investitionen in die Anfertigung von Reproduktionsfotografien tätigen würden, die sie danach nicht kommerziell verwerten könnten. Dies würde aufgrund der geringen bis gar nicht vorhandenen Digitalisierungsaktivität seitens der innerdeutschen privaten Museen jedoch nicht viel an der Quantität der erstellten Reproduktionsfotografien ändern.

Eine etwaig geringere Produktion der Reproduktionsfotografien durch die Museen könnte durch eine alternative Anfertigung seitens der Allgemeinheit höchstwahrscheinlich nicht ersetzt werden. Es ist gängige museale Praxis, im Rahmen von allgemeinen Geschäftsbedingungen ein generelles Fotografierverbot für Museumsbesucher auszusprechen, um eine unkontrollierte Verbreitung von Fotografien der Sammlungsstücke zu verhindern und Nutzungswillige auf die Zahlung eines Entgeltes für einen Museumsbesuch oder den Zugang zu Reproduktionsfotografien zu beschränken.[664] Darüber hinaus sollen die ausgestellten Werke vor Beschädigungen durch Lichtblitze oder den Umgang mit Stativen geschützt sowie etwaige Verpflichtungen gegenüber Leihgebern zur

---

662 Vgl. *Schiessel*, 263.

663 Vgl. *Hagedorn-Saupe*, in: Maier/Fricke, Kulturgut aus Archiven, Bibliotheken und Museen im Internet, 37 (38).

664 Vgl. *Tiessen*, DFN-Infobrief Recht 3/2020, 2 (3).

Verhinderung von Vervielfältigungen eingehalten werden.[665] Wenn auch die Beschränkung des Zugangs zu Reproduktionsfotografien auf die Zahlung eines Entgeltes nicht mehr auf Grundlage des Lichtbildschutzes möglich wäre, so wären doch die übrigen Zwecke noch aktuell. Infolgedessen wäre auch ohne Lichtbildschutz weiterhin mit Fotografierverboten seitens der Museen zu rechnen. Die Möglichkeit der wirksamen Einbeziehung eines Fotografierverbotes als allgemeine Geschäftsbedingung in einen Besichtigungsvertrag zwischen Museum und Besucher zu diesen Zwecken hat der Bundesgerichtshof in seinem Urteil vom 20. Dezember 2018 bejaht,[666] wenngleich daran teilweise scharfe Kritik in der Literatur geübt wurde.[667] Der Großteil der Kritik belief sich allerdings auf die Umgehung der Gemeinfreiheit von gemeinfreien Werken. Ob der Bundesgerichtshof an der Wirksamkeit von Fotografierverboten bezüglich gemeinfreier Werke angesichts Art. 14 DSM-RL und § 68 UrhG festhält, ist an dieser Stelle nicht entscheidend und wird erst in Teil 5 erörtert. Hinsichtlich urheberrechtlich geschützter Werke wird der Bundesgerichtshof wohl im Grundsatz an der Möglichkeit eines Fotografierverbotes festhalten. Der Bundesgerichtshof stellte insbesondere fest, dass das Interesse an einer ungehinderten Anfertigung von Fotografien in einem von der öffentlichen Hand unterhaltenen Museum nicht durch die Informationsfreiheit (Art. 5 Abs. 1 Satz 1 GG) geschützt sei.[668] Dementsprechend werden die Museen an der Praxis der Fotografierverbote festhalten, insbesondere weil Leihgeber oftmals eine derartige Regelung verlangen.[669] Ob in dem unbefugten Anfertigen von Fotografien der ausgestellten Kunstwerke zusätzlich eine Verletzung des Sacheigentums liegt, ließ der Bundesgerichtshof offen.[670] Mit einem Ausgleich einer geringeren Produktion der Reproduktionsfotografien urheberrechtlich geschützter Vorlagen durch die Allgemeinheit ist infolge der aktuellen Rechtsprechung des Bundesgerichtshofs daher vorerst nicht zu rechnen. Auch wenn die Kritik nachvollziehbar ist, so ist die Rechtsprechung für die Museen ausschlaggebend, solange der Gesetzgeber keine anderweitige Regelung trifft.

Im Ergebnis ist mit dem Lichtbildschutz hinsichtlich der Verwirklichung ihres Amortisations- und kommerziellen Verwertungsinteresses noch immer

---

665 *BGH*, GRUR 2019, 284 (289) – Museumsfotos.
666 *BGH*, GRUR 2019, 284 (288 ff.) – Museumsfotos.
667 *Hoeren*, Anm. zu BGH – I ZR 104/17, MMR 2019, 246 (246).
668 *BGH*, GRUR 2019, 284 (289 f.) – Museumsfotos.
669 *BGH*, GRUR 2019, 284 (289) – Museumsfotos; *Schulze*, GRUR 2019, 779 (782).
670 *BGH*, GRUR 2019, 284 (287) – Museumsfotos.

eine Anreizwirkung für die Anfertigung von Reproduktionsfotografien musealer Vorlagen verbunden, wenngleich zumindest für öffentliche Museen in gewissem Maße alternative Anreize bestehen. Mit dem Lichtbildschutz und den damit einhergehenden Verwertungsmöglichkeiten würde dennoch ein Anreiz entfallen. Eine Einschränkung der Anfertigung von Reproduktionsfotografien ist im Hinblick auf (kleine) Museen mit tendenziell angespannter finanzieller Lage und potenziell investitionsintensiven Fotografien durchaus denkbar.[671] Eine Beschränkung des Zugangs zu weiterhin produzierten Lichtbildern ist wahrscheinlich – denkbar wäre beispielsweise die Beschränkung der Verwendung auf interne Zwecke.[672]

cc) Produktfotografie

Da gewerbliche Produktfotografien üblicherweise schon dann als Lichtbildwerke geschützt sind, wenn das Produkt auf den Fotografien durch Gestaltungsmittel kreativ in Szene gesetzt wird,[673] verbleibt für den Lichtbildschutz in Bezug auf gewerbliche Produktfotografien nur ein kleiner Anwendungsbereich. Der Anwendungsbereich für private einfache Produktfotografien ist dagegen größer.

(1) Investitionshöhe

In den Anwendungsbereich fallen solche Produktfotografien, die der reinen Information über den Gegenstand dienen,[674] ohne den Gegenstand bewerben zu wollen. Darunter sind vor allem Fotografien in einer Bedienungsanleitung zu verstehen.[675] Dies lässt vermuten, dass mit der Anfertigung dieser Lichtbilder mangels eines in Szene Setzens keine besondere Mühe und kein erheblicher Zeitaufwand verbunden ist. Es ist jedoch zu berücksichtigen, dass es auch bei solchen Fotografien wie denen in einer Bedienungsanleitung auf eine natur- und detailgetreue Abbildung ankommt. Der Nutzer einer Bedienungsanleitung ist auf die detailgetreue Abbildung der jeweiligen Gegenstände angewiesen. So kann beispielsweise die detailgetreue Abbildung einer Farbe von Relevanz sein.[676] Ferner sind die Lichtverhältnisse von Bedeutung für die Möglichkeit

---

671 Vgl. *Schiessel*, 271.

672 Vgl. *Schiessel*, 271.

673 BeckOK/*Lauber-Rönsberg*, § 72 UrhG Rn. 4; *Schiessel*, 247.

674 Dreyer/Kotthoff/*Meckel*/Hentsch, § 72 UrhG Rn. 8.

675 *BGH*, GRUR 1993, 34 (35) – Bedienungsanweisung; Dreyer/Kotthoff/*Meckel*/Hentsch, § 72 UrhG Rn. 8.

676 http://go.wwu.de/b6kre (zuletzt abgerufen am 28.11.2021).

einer naturgetreuen Abbildung. Darüber hinaus muss der Gegenstand zum einen in Gänze und zum anderen in seinen Details abgebildet werden.[677] Ein gewisser Vor- und Nachbereitungsaufwand wird auch einfachen Produktfotografien daher nicht abzusprechen sein. Wenn dieser intensiv ausfällt, steigt allerdings infolge der geringen Schutzhöhe der kleinen Münze die Wahrscheinlichkeit eines Schutzes als Lichtbildwerk. Für qualitativ hochwertige Fotografien im Rahmen der gewerblichen Produktfotografie kann die Anschaffung hochwertigen und dadurch preisintensiveren Equipments (Kamera und Zubehör) erforderlich sein. Von einem wesentlichen Kostenfaktor wird im Verhältnis zu allen anderen mit der Produktvermarktung verbundenen Kosten jedoch nicht auszugehen sein. Wenn auch gegebenenfalls verhältnismäßig teures Equipment in Form einer System- oder Spiegelreflexkamera und in Form von bestimmten Objektiven und Stativen notwendig ist, so kann das Equipment für eine Vielzahl von Produkten eingesetzt werden und muss nur einmal angeschafft werden. Private Produktfotografien werden üblicherweise mit einfachsten Kameras oder mit Smartphones angefertigt.

(2) Amortisations- und kommerzielles Verwertungsinteresse

Der wesentliche Anwendungsbereich der gewerblichen Produktfotografie liegt in der Verwendung der Fotografien für Betriebsanleitungen und einfachsten Produktfotografien sowie Schnappschüssen von Influencern, mit denen sie sich selbst und ihr Profil bewerben. Einen beachtenswerten weiteren Anwendungsbereich im Rahmen der gewerblichen Produktfotografie gibt es nicht. Die Fotografien werden zur Unterstützung der Vermarktung des abgebildeten Produktes angefertigt und nicht zur Vermarktung der Fotografien selbst. Die Fotografie ist demnach bloßes Mittel zum Zweck. Im Speziellen in Bezug auf die Verwendung in Betriebsanleitungen kommt es dem Hersteller auf die Funktionsfähigkeit, Praktikabilität und Sicherheit des Produktes an. Ferner kann der Hersteller schon aus § 3 Abs. 4 ProdSG sowie aus Gründen der Vermeidung der Produkthaftung nach dem ProdHaftG zur Erstellung und Bereitstellung einer Bedienungsanleitung verpflichtet sein. Mit der Ergänzung der Bedienungsanleitung durch Lichtbilder wird er daher insbesondere auch das Ziel der Produktsicherheit verfolgen.

Auch im Hinblick auf die private Produktfotografie dienen die Lichtbilder als Mittel zum Zweck. Nicht die Lichtbilder selbst sollen einer kommerziellen Verwertung zugeführt, sondern das abgebildete Produkt dargestellt und zum

677 http://go.wwu.de/b6kre (zuletzt abgerufen am 28.11.2021).

Verkauf angeboten werden. Für eine erfolgreiche Verkaufsanzeige sind visualisierende Fotografien unerlässlich. Es entstehen insbesondere auch keine hohen Kosten, auf deren Amortisation die Verbraucher angewiesen wären.

(3) Bedeutung des Lichtbildschutzes für die Verwirklichung der mit der Anfertigung verbundenen Interessen

Im Rahmen der gewerblichen Produktfotografie erfolgt die Amortisation getätigter Investitionen über den Verkaufspreis. Darüber hinaus stellen das Ziel der Produktsicherheit und Verpflichtungen aus dem ProdSG und ProdHaftG einen ausreichenden alternativen Anreiz dar. Auf den lichtbildnerischen Schutz der Fotografien kommt es dem die Lichtbilder finanzierenden Produkthersteller und dem ohnehin durch diesen entlohnten Fotografen im Ergebnis daher vermutlich nicht an. Dies gilt umso mehr vor dem Hintergrund, dass die kommerzielle Nutzung der Fotografien durch direkte Konkurrenten unwahrscheinlich ist. Diese können die Fotografien von Konkurrenz-Produkten kaum nutzen. Ferner kann der Produkthersteller in diesem Fall unter bestimmten Voraussetzungen immer noch markenrechtlichen und wettbewerbsrechtlichen Schutz in Anspruch nehmen.[678] Influencer können sich zudem bei Fotografien ihrer Person auf ihre Persönlichkeitsrechte berufen.

Auch im Rahmen der privaten Produktfotografie ist die kommerzielle Verwertung auf Grundlage des Lichtbildschutzes nicht die Motivation für die Anfertigung der Fotografien.

(4) Keine Anreizwirkung des Lichtbildschutzes

Dem Lichtbildschutz kommt daher sowohl in Bezug auf die gewerbliche Produktfotografie als auch in Bezug auf die private Produktfotografie infolge durchschnittlich geringer Investitionen und infolge eines üblicherweise geringen unmittelbaren kommerziellen Verwertungsinteresses keine wesentliche Anreizwirkung zu. Eine erheblich geringere Produktion wäre nicht zu erwarten.

dd) Reproduktionsfotografien wissenschaftlicher und technischer Befunde und Erkenntnisse

Die fotografische Reproduktion von wissenschaftlichen und technischen Befunden und Erkenntnissen kann insbesondere im Bereich der Naturwissenschaften und der Medizin in vielen Fällen mit beträchtlicher Mühe und Zeitaufwand

---

678 Vgl. *OLG Frankfurt*, ZUM 2015, 813 (813 ff.).

verbunden sein.[679] Zu unterscheiden ist zwischen Befundfotografien in der Medizin und Fotografien von wissenschaftlichen Erkenntnissen in der naturwissenschaftlichen (auch medizinischen) Forschung.

(1) Investitionshöhe

In diversen naturwissenschaftlichen Disziplinen sind Fotografien mit großer Mühe und finanziellem Aufwand verbunden. Ein Beispiel dafür sind Fotografien mit dem Mikroskop. Benötigt wird geeignetes technisches Gerät, dessen Anschaffung regelmäßig teurer ist als die eines durchschnittlichen Fotografieequipments. Einfache Mikroskope mit Kamera inklusive Software für den Computer zur Bildschirmübertragung sind zwar bereits im niedrigen dreistelligen Eurobereich erhältlich.[680] Anders sieht es jedoch bei Mikroskopen aus, die in Laboren oder in der Forschung genutzt werden. Für den Bereich der Forschung können die Preise schnell im vier- bis fünfstelligen Bereich liegen,[681] in seltenen Fällen sogar im Millionenbereich.[682] Verschiedene Arten von Mikroskopen können mit auf die jeweiligen Bedürfnisse der Forschung zugeschnittenen speziellen Arten von (integrierten oder anschließbaren) Kameras und Objektiven nach einer Art Baukastensystem ausgestattet werden.[683] Im Rahmen der technischen Zusammenstellung des Mikroskops wirkt sich vor allem die Qualität der Kamera auf den Preis aus.[684] Daneben ist die Qualität der eingebauten Objektive von entscheidender Bedeutung für die Auflösung der Vergrößerung.[685] Sie liegen preislich mit steigender Qualität regelmäßig bereits im vierstelligen[686] und vereinzelt im fünfstelligen[687] Bereich. Regelmäßig ist für den Betrieb des Mikroskops und die Anfertigung der Fotografien die Anschaffung einer speziellen Software erforderlich.[688] Der Mikroskophersteller oder spezialisierte Firmen installieren die Software, nehmen eine Basiseinrichtung vor und bieten Wartungsprogramme

679 Vgl. Schricker/Loewenheim/*Vogel*, § 72 UrhG Rn. 16 f.
680 Siehe beispielsweise http://go.wwu.de/esbk7 (zuletzt abgerufen am 28.11.2021).
681 Siehe für Labormikroskope beispielsweise http://go.wwu.de/tqjo2 (zuletzt abgerufen am 28.11.2021).
682 Siehe beispielsweise http://go.wwu.de/mqqf5 (zuletzt abgerufen am 28.11.2021).
683 *Volgger*, 36, 78 f., 245 ff.
684 Beispielsweise für UV-sensitive Kameras *Volgger*, 226.
685 *Ehrenstein*, 8, 202; *Volgger*, 80.
686 Siehe beispielsweise http://go.wwu.de/ddsbb (zuletzt abgerufen am 28.11.2021).
687 Siehe beispielsweise http://go.wwu.de/t6twj (zuletzt abgerufen am 28.11.2021).
688 Vgl. *Volgger*, 252 f.

und einen Support-Service an.[689] Finanzielle Ausgaben im Zusammenhang mit der Software sind ebenfalls als Investitionen zu betrachten.

Für wissenschaftlich brauchbare natur- und detailgetreue fotografische Abbildungen sind einige Vorbereitungsschritte erforderlich. Dazu gehören neben der Vorbereitung des Präparates insbesondere die Kameraeinstellungen.[690] Diese werden in der Regel nicht aus der automatischen Einstellung übernommen, sondern gezielt angepasst, darunter die Beleuchtung,[691] die Scharfstellung,[692] die Blende,[693] die Brennweite[694] und die Belichtungszeit[695]. Durch Korrekturen, Wiederholungen und Dokumentationsschritte entsteht zusätzlicher Aufwand.[696] Es ist möglich, dass der Forschungsvorgang mehrfach zu Zwecken der Dokumentation unterbrochen und sogar neu begonnen werden muss.[697] Teilweise ist erforderlich, dass einzelne Schritte zu Dokumentationszwecken verlangsamt vorgenommen werden.[698] In der Regel ist der Betrieb der Mikroskope mit einer Software verbunden, mit deren Details die Forscher sich vertraut machen müssen. Die Nutzung von komplexen und teuren Mikroskopen unterliegt oft einer speziellen Nutzerordnung, die die Zahlung einer Nutzungsgebühr vorsieht und die Buchung eines Termins erfordert.[699] Für die wissenschaftliche Verwendbarkeit der Fotografien kann zudem die Bearbeitung der Fotografie im Nachhinein erforderlich sein. Dazu gehört neben der Zuschneidung beispielsweise auch die Entfernung von Lichtreflexen und von Staub oder Kratzern.[700]

Infolge besonderer Anforderungen an die Qualität und Ausgestaltung der Fotografien für die Verwendbarkeit in Wissenschaft und Forschung ist für diesen Bereich das Erfordernis besonders hoher Investitionen in die Technik und

---

689 Siehe beispielsweise http://go.wwu.de/skyq- (zuletzt abgerufen am 28.11.2021) und http://go.wwu.de/40m5c (zuletzt abgerufen am 28.11.2021).

690 Vgl. *Zierl*, 39 f.

691 Vgl. *Zierl*, 126 ff.

692 Vgl. *Zierl*, 41 ff.

693 Vgl. *Zierl*, 44 ff.

694 Vgl. *Zierl*, 50 ff.

695 Vgl. *Zierl*, 54 ff.

696 *Schiessel*, 267.

697 *Schiessel*, 267.

698 *Schiessel*, 267.

699 Siehe beispielsweise die Nutzerordnung des Imaging-Network – Bereich Mikroskopie – der Westfälischen Wilhelms-Universität Münster, abrufbar unter http://go.wwu.de/6qkvl (zuletzt abgerufen am 28.11.2021).

700 Vgl. *Zierl*, 173 f., 179 ff.

geschultes Personal zu bejahen. Die Ausführungen zu den notwendigen Investitionen für die Anfertigung von Fotografien in der naturwissenschaftlichen Forschung schließen die medizinische Forschung ein.

Im Rahmen der Behandlungsmedizin ist die naturgetreue und vergleichbare Abbildung von Fotografien in verschiedenen Behandlungsstadien von Bedeutung.[701] Das kann mit einem gewissen Vorbereitungsaufwand verbunden sein. Dazu gehören die Positionierung vor einem einfarbigen, dunklen Hintergrund sowie die Sicherstellung der gleichen Entfernung und des gleichen Winkels zur Hautoberfläche bei der Anfertigung vergleichender Fotografien.[702] Die Einholung des Einverständnisses des Patienten und die Schulung des Personals hinsichtlich der Aufnahme und korrekten Dokumentation gehören ebenfalls zur Vorbereitung.[703] Damit die Befunde in der Praxis weiterverwendet werden können, ist die Detailtreue der Fotografien von besonderer Bedeutung. Dies kann sich je nach der Ausgestaltung des zu dokumentierenden Befundes als mühevoll darstellen. In Universitätskliniken fertigen sogar partiell speziell geschulte Medizinfotografen die Fotografien zu Forschungszwecken oder zur Publikation an.[704] In kleineren Kliniken oder Pflegeeinrichtungen wird die Anfertigung der Fotografien von Pflegepersonal oder dem ärztlichen Dienst übernommen.[705] Im Nachgang zum Fotografievorgang ist die Kennzeichnung und Archivierung der Fotografien erforderlich.[706]

Insbesondere im Rahmen der Fotografie für die Rechtsmedizin werden an die Qualität der Fotografien hohe Anforderungen gestellt.[707] Die Befunde müssen präzise und nachvollziehbar dokumentiert werden.[708] Die Erfüllung dieser Ansprüche kann mit einem gewissen zeitlichen Aufwand verbunden sein. Von dem Befund einer Verletzung werden in der Regel mindestens zwei fotografische Aufnahmen angefertigt: eine Übersichtsaufnahme mit Informationen zur Lage der Verletzung am Körper und eine Detailaufnahme von dem konkreten Verletzungsbefund.[709] Ideal ist eine Abbildung

---

701 *Daumann*, 132.
702 *Daumann*, 132 f.
703 *Daumann*, 134.
704 *Daumann*, 130.
705 *Daumann*, 130.
706 *Daumann*, 133.
707 *Birngruber/Lasczkowski/Dettmeyer*, 31.
708 http://go.wwu.de/mp7t2 (zuletzt abgerufen am 28.11.2021).
709 *Birngruber/Lasczkowski/Dettmeyer*, 31.

jeweils mit und ohne Maßstab (Winkellineale, Lineale oder Maßbänder o.Ä.).[710]

(2) Amortisations- und kommerzielles Verwertungsinteresse

In der Forschung dienen die Fotos vor allem der Überprüfung von Thesen als visuelle Datengrundlage, als Beweis bzw. Mittel der Überprüfbarkeit in Bezug auf ein Forschungsergebnis sowie als Grundlage für die Erläuterung einzelner Forschungsschritte. Sie dienen nicht unmittelbar der Schaffung und Erhaltung der Lebensgrundlage.[711] Die Reproduktionsfotografien werden in Journals als Beiträge zur Fachliteratur zur Verdeutlichung, Veranschaulichung und zur Überprüfbarkeit von Forschungsergebnissen als visuelle Beweisführung publiziert. Mit der Publikation in Journals ist ein Reputationsinteresse verbunden, das darin besteht, wahrgenommen und zitiert zu werden. Bei der Bewerbung für Forschungsgelder ist von entscheidender Bedeutung, wie viel publiziert worden ist und wie oft man zitiert worden ist (Zitationsanalyse).[712] Die Anschaffung der Mikroskope wird allerdings in der Regel nicht von einzelnen Forschern finanziert, sondern über Forschungsinstitute als Arbeitgeber. Diese weisen wiederum verschiedenen Forschungsgruppen bestimmte Beträge für ihre Forschung zu. Von diesen Beträgen werden dann Anschaffungen wie die eines Mikroskops getätigt. Diese Arbeitgeber legen Wert auf Publikationen ihrer Forscher (mit Fotografien), da dies letztlich die Zuteilung von Fördergeldern beeinflusst. Es ist daher davon auszugehen, dass die jeweiligen Investoren in der Regel ein großes Interesse daran haben, die erzielten Forschungsergebnisse für sich in Form von Prestige und Forschungsgeldern verwerten und dadurch auch die getätigten Investitionen amortisieren zu können. In diesen Fällen ist mit den Reproduktionsfotografien mittelbar ein Amortisations- und kommerzielles Verwertungsinteresse verbunden. In der kommerziellen Forschung, beispielsweise in der Pharmaindustrie, ist mit den fotografischen Ergebnissen ein unmittelbares Amortisations- und kommerzielles Verwertungsinteresse verbunden.

In der naturwissenschaftlichen und der medizinischen Forschung sind Fotografien aber darüber hinaus auch nicht wegzudenken, um Verfahrensschritte oder Experimente zu überprüfen und Thesen zu beweisen. Sie dienen dadurch oft mittelbar der Erreichung der nächsten Forschungsstufe. Zudem ist eine

---

710 *Birngruber/Lasczkowski/Dettmeyer*, 31.
711 *Schiessel*, 282 f.
712 Vgl. http://go.wwu.de/0lero (zuletzt abgerufen am 28.11.2021).

Veranschaulichung der Forschungserkenntnisse in der Regel nur durch das Mittel der Fotografie möglich. Insofern sind die Fotografien unersetzbar.

In der Behandlungsmedizin dient die fotografische Dokumentation der objektiven Darstellung eines medizinischen Zustandes, beispielsweise von Wunden.[713] Sie sind Grundlage der Qualitätssicherung und der „*Kontinuität des Therapiekonzeptes*" sowie einer haftungsrechtlichen Absicherung.[714]

Im Bereich der Forensik handelt es sich bei Fotografien vor allem um ein Mittel der Beweisführung. Eine kommerzielle Verwertung erfolgt nicht.

(3) Bedeutung des Lichtbildschutzes für die Verwirklichung der mit der Anfertigung verbundenen Interessen

Die Fotografien werden von Forschern oder ihren Assistenten angefertigt, da diese die Besonderheiten der zu dokumentierenden Verfahren oder Ergebnisse kennen. Die an den Lichtbildern entstehenden Verwertungsrechte räumen die Fotografen ihrem Arbeitgeber, zum Beispiel Kliniken, Forschungsinstituten oder Unternehmen, vielfach schon im Rahmen ihres Arbeitsvertrages ein.[715] Das kann auch stillschweigend erfolgen.[716]

Für die Verwirklichung des Interesses der Dokumentation von einzelnen Forschungsschritten und Forschungsergebnissen ist der Lichtbildschutz grundsätzlich nicht erforderlich. Für die Verwirklichung des mittelbaren und unmittelbaren Amortisations- und kommerziellen Verwertungsinteresses stellt der Lichtbildschutz nach § 72 UrhG allerdings ein geeignetes gesetzliches Instrument dar, das die Verwertung der Fotografien und den Ausschluss Dritter von der Nutzung ermöglicht. Konkret führt der urheberrechtliche Schutz vor allem dazu, dass die Forscher mit ihren Beiträgen und den dazugehörigen Lichtbildern in Journals zitiert werden müssen. Die Benennung ist für die Forscher und die Forschungsinstitute, denen die Forscher zugehörig sind, von großer Bedeutung.

Eine wesentliche Reputationssteigerung erfolgt allerdings bereits im Rahmen der Erstveröffentlichung, sodass die Bedeutung des Schutzes vor Kopien nach diesem Zeitpunkt abnimmt. Zudem kann der dazugehörige Sprachbeitrag als Sprachwerk geschützt sein und der Gesamtbeitrag muss dann auch ohne

713 *Daumann*, 130.

714 *Daumann*, 130.

715 Vgl. *Lauber-Rönsberg/Krahn/Baumann*, Kurzfassung des Gutachtens zu den rechtlichen Rahmenbedingungen des Forschungsdatenmanagements im Rahmen des DataJus-Projektes vom 12.07.2018, S. 4.

716 Hoeren/Sieber/Holznagel/*Ernst*, Teil 7.1 Grundlagen des Urheberrechts Rn. 32.

urheberrechtlichen Schutz der einzelnen Fotografien zitiert werden. Die Kopie der einzelnen Fotografien unabhängig vom Gesamtbeitrag und die Nutzung dieser in weiteren Beiträgen wäre zwar grundsätzlich möglich, da im Hinblick auf die Open Access Bewegung im Wissenschafts- und Forschungsbereich nicht mit der Beschränkung des Zugangs zu den wissenschaftlichen Aufsätzen zu rechnen ist.[717] Auch eine vertragliche Verpflichtung, die Fotografien im Nachgang nicht weiter zu verbreiten, ist vor diesem Hintergrund nicht zu erwarten.[718] Im Bereich der Wissenschaft gelten unabhängig vom urheberrechtlichen Schutz allerdings auch die *„Regeln guter wissenschaftlicher Praxis"*, die sich Universitäten und Forschungseinrichtungen in der Regel selbst als Ehrenkodex auferlegen.[719] Für den Fall, dass eine Fotografie kopiert und als eigenes Ergebnis ausgegeben würde, käme es zu einer Art Sanktion durch die Wissenschaft selbst. Eine Übernahme ohne Benennung der ursprünglichen Quelle wäre daher auch ohne Lichtbildschutz unwahrscheinlich.

Daneben besteht seit Einführung des Geschäftsgeheimnisschutzes über das Gesetz zum Schutz von Geschäftsgeheimnissen von April 2019 mittelbar ein zusätzlicher Schutz für Fotografien, die ein Geschäftsgeheimnis abbilden.[720] Um ein Geschäftsgeheimnis handelt es sich nach § 2 Nr. 1 GeschGehG bei einer Information,

> *„die weder insgesamt noch in der genauen Anordnung und Zusammensetzung ihrer Bestandteile den Personen in den Kreisen, die üblicherweise mit dieser Art von Informationen umgehen, allgemein bekannt oder ohne Weiteres zugänglich ist und daher von wirtschaftlichem Wert ist und die Gegenstand von den Umständen nach angemessenen Geheimhaltungsmaßnahmen durch ihren rechtmäßigen Inhaber ist und bei der ein berechtigtes Interesse an der Geheimhaltung besteht".*

Das Vorliegen aller Voraussetzungen ist für fotografisch abgebildete Informationen im Bereich der Forschung denkbar, insbesondere in der Pharmaindustrie. Diese Forschungsunternehmen können sich der Nutzung und Offenlegung der fotografischen Information auf Grundlage von § 4 GeschGehG unabhängig vom Lichtbildschutz erwehren. Das ist allerdings auch der Grund dafür, dass der

717 A.A. vgl. *Euler*, RuZ 2020, 56 (71).

718 A.A. vgl. *Euler*, RuZ 2020, 56 (71).

719 Siehe die Empfehlung der Hochschulrektorenkonferenz v. 14.05.2013, abrufbar unter http://go.wwu.de/usqld (zuletzt abgerufen am 28.11.2021); siehe die Westfälische Wilhelms-Universität Münster, abrufbar unter http://go.wwu.de/w-tun (zuletzt abgerufen am 28.11.2021).

720 Vgl. Hoeren/Münker/*Kuta*, § 19 GeschGehG Rn. 39.

Allgemeinheit in diesen Fällen auch ohne den Lichtbildschutz keine erleichterte Nutzung möglich wäre.

Die in der Behandlungsmedizin und Forensik mit der Anfertigung von Fotografien beschriebenen Interessen sind nicht von dem urheberrechtlichen Schutz der Fotografien als Lichtbilder abhängig.

(4) Keine Anreizwirkung

Im Bereich der medizinischen und naturwissenschaftlichen Forschung wären die Möglichkeiten der Forschung ohne die Anfertigung der Fotografien zum einen derart stark eingeschränkt, dass die Anfertigung der Fotografien auch ohne einen Lichtbildschutz weiterhin finanziert würde. Zum anderen kann das beschriebene mittelbare Amortisations- und kommerzielle Verwertungsinteresse bereits größtenteils mit der Erstveröffentlichung erreicht werden und ist auf andere Weise zusätzlich geschützt.

Für die Anfertigung von Fotografien im Bereich der Behandlungsmedizin und Forensik ist der Lichtbildschutz nicht von Belang.

Daher ist im Regelfall nicht damit zu rechnen, dass im Falle fehlenden Lichtbildschutzes die Produktion verringert würde. Der Lichtbildschutz nach § 72 UrhG stellt keinen wesentlichen Anreiz für die Anfertigung von Reproduktionsfotografien wissenschaftlicher und technischer Befunde und Erkenntnisse dar.

ee) Stockfotografie

In den wenigen Fällen, in denen es sich bei Stockfotografien um Lichtbilder handelt, ist zwischen einfachsten Schnappschüssen und Reproduktionsfotografien zu unterscheiden.

(1) Investitionshöhe

Hinsichtlich der einfachen Schnappschüsse ist von einem sehr geringen zeitlichen Aufwand und wenig Mühe auszugehen, da anderenfalls bereits ein Lichtbildwerkschutz bestünde. Dafür ist keine teure Kamera erforderlich. Infolge der hohen Konkurrenz[721] auf dem Stockfotomarkt sind allerdings nur sehr wenige Fälle anzunehmen, in denen einfache Schnappschüsse als Stockfotos vermarktet werden. In Betracht kommen vor allem Reproduktionsfotografien zweidimensionaler Vorlagen. Für deren Anfertigung ist die Notwendigkeit eines gewissen

---

721 Vgl. *Kneschke*, 17 f.

Aufwands an Mühe und Zeit mit dem Ziel der detailgetreuen Abbildung nicht auszuschließen. Für die Durchsetzung auf dem Stockfotomarkt unter vielen Konkurrenten ist eine Nachbearbeitung der Fotografien erforderlich.[722]

(2) Amortisations- und kommerzielles Verwertungsinteresse

Die Stockfotografie stellt eine Einnahmequelle dar. Das bedeutet, dass (fast) alle Lichtbildner, die Stockfotografien anfertigen, mit diesen ein Amortisations- und kommerzielles Verwertungsinteresse verbinden.[723] In den meisten Fällen handelt es sich dabei allerdings nicht um die Haupteinnahmequelle.[724] Zunehmend strömen Hobbyfotografen auf den Markt, die aus ihren Fotografien eine Nebeneinnahmequelle machen.[725]

(3) Bedeutung des Lichtbildschutzes für die Verwirklichung der mit der Anfertigung verbundenen Interessen

Der Lichtbildschutz ist die gesetzliche Grundlage für die Einräumung der Nutzungsrechte an den Fotografien. Dafür erhalten die Fotografen eine Vergütung. Das Amortisations- und kommerzielle Verwertungsinteresse wird dadurch erfüllt.

(4) Anreizwirkung

Als Lichtbilder geschützte Stockfotografien würden ohne den Lichtbildschutz nach § 72 UrhG mangels wirtschaftlicher Verwertungsmöglichkeit und mangels einer Schutzmöglichkeit vor der Anmaßung der Fotografeneigenschaft durch Dritte auch im Fall nur geringer Investitionen nicht mehr oder jedenfalls in stark verringerter Anzahl produziert. Für diesen Bereich kommt dem Lichtbildschutz daher eine Anreizwirkung zu.

ff) Weitere Einzelfälle

Zu den übrigen in den Anwendungsbereich des Lichtbildschutzes fallenden Fotografien gehören Filmeinzelbilder, Satellitenfotografien, Luftbildaufnahmen, einfache Pressefotografien und Automatenpassbilder sowie Karteifotografien.

---

722 Vgl. *Kneschke*, 35.

723 *Kneschke*, 18.

724 *Kneschke*, 18.

725 *Kneschke*, 18.

(1) *Filmeinzelbilder*

Einzelbildern aus Filmwerken und Laufbildern kann ein gewisser Aufwand, der allerdings schon im Zusammenhang mit der Schaffung der Filmwerke und der Herstellung der Laufbilder entsteht, nicht abgesprochen werden. Der Schutz der Einzelbilder kommt dabei den Lichtbildnern zu, die nicht mit den Filmherstellern identisch sind. In der Regel räumen diese allerdings den Filmherstellern im Rahmen eines Arbeitsvertrages bereits die Nutzungsrechte an den Einzelbildern ein, damit dem Filmhersteller die vollständige wirtschaftliche Verwertung möglich ist. Den Filmherstellern, denen der Lichtbildschutz für die Einzelbilder aus Filmwerken oder Laufbildern zugutekäme, verbliebe zudem auch ohne die lichtbildnerischen Nutzungsrechte an den Einzelbildern der Schutz an den Filmwerken und den Laufbildern. Auch wenn die Filmhersteller mit den Filmeinzelbildern ein Amortisationsinteresse verbinden, ist das Interesse an der weiterhin möglichen wirtschaftlichen Verwertung der Filmwerke und der Laufbilder derart hoch, dass die verringerte wirtschaftliche Verwertbarkeit der Einzelbilder in Kauf genommen würde. Darin besteht ein ausreichender alternativer Anreiz. Der Anreiz des Lichtbildschutzes ist dementsprechend gering.

(2) *Satellitenfotografien*

Satellitenfotografien werden durch in Satelliten integrierte Kameras oder an Flugzeugen montierte Kameras aufgenommen. Die Anfertigung der Lichtbilder ist zum einen mit der Anschaffung besonderen Equipments und zum anderen mit dem Transport der entsprechenden Satellitenkamera in das Weltall verbunden. Für diese Aufnahmen ist daher in der Regel ein beträchtlicher finanzieller Aufwand erforderlich.[726] Der Aufnahmeort im Weltall, die Auswahl des Aufnahmegebietes der Erdoberfläche und die technischen Einzelheiten müssen im Vorhinein geklärt werden.[727]

Während Satellitenaufnahmen lange Zeit nur oder fast ausschließlich von staatlichen Stellen angefertigt und genutzt wurden, wird mittlerweile ein Großteil von gewerblichen Anbietern wie *Google Earth* oder diversen Wetterstationen sowie Unternehmen wie *Planet Labs* angefertigt und finanziert. Die gewerblichen Anbieter verbinden mit den Aufnahmen ein kommerzielles Verwertungsinteresse, anderenfalls würden sie die Investitionen in die Aufnahme der Satellitenfotos nicht tätigen. Zum Adressaten- und Kundenkreis gehören *Google* und

---

726 Schricker/Loewenheim/*Vogel*, § 72 UrhG Rn. 17.

727 *Katzenberger*, GRUR Int. 1989, 116 (118).

Microsoft, aber auch gewerbliche Nutzer aus der Energie- und Bergbauindustrie.[728] Wenn diese Fotografien von Dritten verwendet werden könnten, ohne dass ein gesetzlicher Schutz ein rechtliches Vorgehen dagegen möglich machte, wären die kommerziellen Anbieter nicht mehr an der Investition in die Aufnahmen interessiert. Eine verringerte Produktion von Satellitenaufnahmen ist daher nicht auszuschließen. Im Ergebnis geht damit vom Lichtbildschutz infolge der mit der Anfertigung von Satellitenaufnahmen verbundenen Investitionen eine Anreizwirkung für die Anfertigung von Satellitenfotografien aus.

(3) Luftbildaufnahmen

Fotografische Aufnahmen, die aus der Luft auf Bildflügen aufgenommen werden, dienen der Erstellung von Orthofotografien (die selbst keinen Lichtbildschutz genießen)[729] und auf diesem Wege der Erstellung von Karten. Die Anfertigung der Luftbildaufnahmen geht mit einem planerischen Aufwand im Vorhinein einher.[730] Für die Anfertigung ist professionelles Equipment und Knowhow erforderlich, das zumeist von Berufsfotografen gestellt wird. Zudem muss der Flug finanziert werden.

Die Anfertigung erfolgt durch professionelle Fotografen, deren gewerbliche Tätigkeit die Anfertigung von Luftbildaufnahmen umfasst. Die Investition in die Anfertigung der Fotografie erfolgt mit dem Ziel der kommerziellen Verwertung auf Grundlage der daran entstehenden Lichtbildrechte. Die Luftbildaufnahmen werden in der Regel für einen Auftraggeber angefertigt und durch diesen finanziert, der sich daran die Nutzungsrechte einräumen lässt und die Aufnahmen dann gegen ein Entgelt Dritten zur Verfügung stellt.[731] Diese kommerzielle Verwertung der Aufnahmen kann beispielsweise in Form eines Postkartenverkaufs mit der Luftbildaufnahme als Motiv erfolgen. Für den Investor ist in diesem Fall von Bedeutung, dass er durch den Lichtbildschutz eine rechtliche Handhabe gegen Dritte hat, die die Aufnahmen kopieren wollen. Wenn es den Lichtbildschutz und diese rechtliche Handhabe nicht gäbe, wäre insbesondere aufgrund der erforderlichen finanziellen Investition mit einer geringeren Auftragslage

728 Vgl. http://go.wwu.de/n59rn (zuletzt abgerufen am 28.11.2021).

729 Wandtke/Bullinger/*Thum*, § 72 UrhG Rn. 58; a.A. *Katzenberger*, GRUR Int. 1989, 116 (118).

730 *Katzenberger*, GRUR Int. 1989, 116 (118).

731 So beispielsweise die Stadt Münster: http://go.wwu.de/1vo5g (zuletzt abgerufen am 28.11.2021).

zu rechnen. Für diesen Bereich geht daher vom Lichtbildschutz eine gewisse Anreizwirkung aus.

Die Luftbildaufnahmen werden aber beispielsweise auch zu Zwecken der Stadtplanung oder Bauplanung genutzt.[732] In solchen Fällen sind die Luftbildaufnahmen für den Planungsprozess von erheblicher Bedeutung. Die kommerzielle Verwertung ist nicht das entscheidende Motiv für die Finanzierung der Anfertigung solcher Lichtbilder. In den Fällen, in denen nicht-kommerzielle Zwecke verfolgt werden, ist eine wesentlich geringere Produktion ohne Lichtbildschutz unwahrscheinlich. Es bestehen damit für manche Bereiche alternative Anreize in Form von alternativen Interessen, die auch ohne einen Lichtbildschutz verwirklicht werden könnten.

(4) Einfache Pressefotografien

Angesichts des Schutzes der kleinen Münze auf der einen Seite und den Anforderungen an eine professionelle Berichterstattung auf der anderen Seite handelt es sich bei vielen Fotografien zur Verwendung in der Presseberichterstattung bereits um Lichtbildwerke. Ein Lichtbildschutz kommt für einfache Bilder der Tagesberichterstattung und spontan entstandene Fotografien der Kriegsberichterstattung in Betracht.[733] Sofern es sich bei Bildern der Tagesberichterstattung um Lichtbilder handelt, wird diesen ein Schnappschusscharakter zuzuweisen sein. Sind hingegen Bilder der Kriegsberichterstattung nur als Lichtbilder und nicht als Lichtbildwerke geschützt, ist dies den Umständen ihrer Anfertigung geschuldet.[734] Ein Lichtbildschutz ist dann anzunehmen, wenn die Fotografien spontan und mit fehlendem Einfluss auf das Motiv und die Umstände entstehen.[735]

Für die Anfertigung von einfachen Bildern der Tagesberichterstattung ist zunächst weder ein besonderes fotografisches Equipment noch besondere Mühe erforderlich. Es entstehen hauptsächlich Kosten für den Zeitaufwand des Fotografen. Der Berufsfotograf fertigt diese Fotografien an, um damit Einkünfte zu erzielen.[736] Ist dieser bei einer Zeitung/Zeitschrift angestellt, trägt der Verleger die Kosten und investiert dadurch in die Anfertigung der Fotografien.

---

732 Siehe beispielsweise http://go.wwu.de/00b4y (zuletzt abgerufen am 28.11.2021).

733 Bezüglich Bildern der Kriegsberichterstattung *Apel*, in: FS Vogel, 205 (221); bezüglich Bildern der Tagesberichterstattung Schricker/*Loewenheim*/*Leistner*, § 2 UrhG Rn. 213.

734 *Apel*, in: FS Vogel, 205 (221).

735 *Apel*, in: FS Vogel, 205 (221).

736 *Schiessel*, 264, 271.

Im Fall eines angestellten Fotografen wird die Investition von Personalkosten und Equipment dementsprechend von dem jeweiligen Verleger des Mediums der Tagesberichterstattung getätigt. Ist der Fotograf bei einer Bildagentur angestellt, wird deren Investition in seine Bezahlung über die von nutzungswilligen Pressemedien gezahlten Entgelte amortisiert, die so im Ergebnis die finanzielle Investition in die Anfertigung der betroffenen Fotografie tätigen. Bei freiberuflich tätigen Fotografen liegt ihre mit der Anfertigung verbundene Investition in der aufgewandten Zeit, der Anschaffung des Equipments und der Übernahme des wirtschaftlichen Risikos hinsichtlich der Abnahme durch Medien der Tagesberichterstattung. Die Erzielung der Einkünfte des Fotografen ist bisher auf der Grundlage des Lichtbildschutzes nach § 72 UrhG mit der Einräumung von Nutzungsrechten zugunsten von Medien der Tagesberichterstattung erfolgt. Der Wert der Lichtbilder ist ohne die Möglichkeit, daran ausschließliche Rechte einzuräumen, zwar gemindert.[737] Maßgeblich für die Anfertigung der Lichtbilder ist aber im Ergebnis, ob die Verleger der Tagespressemedien auch ohne lichtbildnerische Rechte an den Aufnahmen Interesse an diesen hätten und den Fotografen für die Anfertigung und Überlassung dieser entlohnen würden. Diese Bereitschaft hängt von der Möglichkeit der gewinnbringenden Vermarktung ab.[738]

Die Anfertigung von Fotografien der Kriegsberichterstattung findet regelmäßig unter Einsatz des Lebens und Wohlergehens des Fotografen und unter Aufwendung von beträchtlichen Kosten statt.[739] Mit der Anfertigung wird allerdings angesichts der gefährlichen Umstände der Herstellung nicht nur die Amortisation der Investitionen und kommerzielle Verwertung angestrebt. Auch eine intrinsische Motivation führt dazu, dass der Fotograf seine Gesundheit und sein Leben für die Berichterstattung aus dem Kriegsgebiet einsetzt. Die Kosten für die Berichterstattung werden allerdings meist von Presseverlegern getragen, sodass die Möglichkeit der Anfertigung der Fotografien letztlich dennoch von der Befriedigung ihrer Interessen abhängig ist.

Ein Verleger eines Pressemediums hat an den Aufnahmen ein Interesse, um aktuell und zeitnah auch visuell über ein Thema zu berichten und dadurch Nutzer des Pressemediums zu generieren. Er würde möglicherweise gründlicher erwägen, ob für die Möglichkeit der Erstveröffentlichung eines Lichtbildes noch ein Entgelt gezahlt werden soll, wenn eine Zweitverwertung durch

---

737 *Schiessel*, 264.
738 *Schiessel*, 264.
739 *Apel*, in: FS Vogel, 205 (221).

alle Konkurrenten im Anschluss sicher wäre.[740] Die Möglichkeit der Kopie von Fotografien im Wege der tagesaktuellen Berichterstattung und in bestimmten Fällen auch im Wege der Kriegsberichterstattung besteht allerdings auch aktuell schon unter bestimmten Voraussetzungen mittels der Schrankenregelung nach § 50 UrhG. Es würde sich demnach im Vergleich zur aktuellen urheberrechtlich zulässigen Kopiermöglichkeit nicht viel ändern. Die undenkbare Alternative wäre eine Berichterstattung ohne Lichtbilder. Im Rahmen der Tagesberichterstattung ist eine zeitnahe visuelle Bildberichterstattung wesentlich für das Interesse der Allgemeinheit. Um wettbewerbsfähig zu bleiben, würden die Medien die dafür erforderlichen Fotografien weiterhin erwerben. Eine Verzögerung der Online-Berichterstattung bis zum Redaktionsschluss der Konkurrenten für deren Print-Auflagen ist angesichts der Gefahr, dass man in der Veröffentlichung überholt wird, unwahrscheinlich.[741] Eine Amortisation erfolgt über die Erhöhung der Attraktivität der medialen Berichterstattung für potenzielle Nutzer, durch die Einnahmen für die Nutzung des gesamten Artikels und mittelbar auch Werbeeinahmen generiert werden können. Dafür ist der Lichtbildschutz nicht zwingend notwendig. Zweitverwertungsmöglichkeiten sind im Hinblick auf die Vergänglichkeit des Interesses an tagesaktuellen Fotografien auch bei Bestehen des Lichtbildschutzes nicht groß. Es ist daher unwahrscheinlich, dass im Fall der Abschaffung des Lichtbildschutzes weniger Lichtbilder für die Tagesberichterstattung angefertigt würden.[742] Mit dem Lichtbildschutz ist für die Anfertigung von einfachen Lichtbildern der Tagesberichterstattung keine wesentliche Anreizwirkung verbunden.

(5) Automatenpassbilder und Karteifotografien

Hinsichtlich der Anfertigung von Automatenpassbildern und Karteifotografien der Kriminalpolizei ist unerheblich, ob ein Lichtbildschutz besteht. Diese Lichtbilder werden zu anderen Zwecken als denen einer kommerziellen Verwertung angefertigt.

Die Automatenpassbilder dienen entweder als Schnappschusserinnerung oder werden für Ausweisdokumente verwendet. In beiden Fällen ist für den Fotografen, der sich selbst fotografiert, nicht von Bedeutung, ob ein urheberrechtlicher Schutz an den Fotografien besteht. Die Karteifotografien sind Teil der

740 So *Schiessel*, 264.
741 A.A. *Schiessel*, 264.
742 A.A. *Schiessel*, 271.

polizeilichen Arbeit und es ist kein Fall denkbar, in dem ein urheberrechtlicher Schutz an der Fotografie geltend gemacht wird.

Eine Kopie der genannten Fotografien könnte zudem aufgrund anderer rechtlicher Bestimmungen (Persönlichkeitsrecht, Datenschutzrecht) untersagt werden.

gg) Zusammenfassung

Die Produktion von Lichtbildern im privaten Schnappschussbereich würde infolge eines fehlenden Lichtbildschutzes nicht zurückgehen. Mangels hoher Investitionen und infolge alternativer nicht-gesetzlicher Anreize geht von dem Lichtbildschutz keine Anreizwirkung aus.

Im Hinblick auf die Produktfotografie käme es mangels der Erforderlichkeit hoher Investitionen, der Amortisierung dieser Investitionen über den Verkaufspreis und infolge ausreichender alternativer (gesetzlicher) Anreize nicht zu einer nennenswerten geringeren Produktion von Lichtbildern.

Im Fall der Reproduktionsfotografien wissenschaftlicher und technischer Befunde und Erkenntnisse sind zwar häufig hohe Investitionen erforderlich und die Anfertigung ist mit einem gewissen Amortisations- und Verwertungsinteresse verbunden. Für dessen Verwirklichung ist der Lichtbildschutz nach § 72 UrhG allerdings nicht zwingend erforderlich, sodass von diesem im Regelfall keine Anreizwirkung ausgeht.

Auch in Bezug auf die Anfertigung von Filmeinzelbildern geht vom Lichtbildschutz nur noch eine geringe Anreizwirkung aus, da der Schutz von Filmwerken und Laufbildern in der Regel ausreicht. Daneben würden zu Zwecken der Stadt- und Bauplanung angefertigte Luftbildaufnahmen, Bilder der Tagesberichterstattung und Kriegsberichterstattung sowie Automatenpassbilder und Karteifotografien der Kriminalpolizei höchstwahrscheinlich unabhängig vom urheberrechtlichen Lichtbildschutz weiterhin angefertigt.

Hinsichtlich der Anfertigung von Reproduktionsfotografien musealer Vorlagen ist der Lichtbildschutz nach § 72 UrhG infolge der damit verbundenen, vergleichsweise hohen Investitionen und infolge eines nicht für alle Fotografien auszuschließenden Amortisations- und kommerziellen Verwertungsinteresses jedenfalls für einen Teil der Fotografien noch mit einer Anreizwirkung verbunden.

Hinsichtlich der Stockfotografie besteht unabhängig von der Investitionshöhe in der Regel ein reines Verwertungsinteresse. Dementsprechend ist eine Anreizwirkung auch hier zu bejahen.

Für die Anfertigung von Satellitenfotografien ist infolge der hohen Investitionen noch von einer Anreizwirkung des Lichtbildschutzes auszugehen. Angesichts des nicht unerheblichen Investitionsaufwands und infolge des Bestehens eines Verwertungsinteresses in gewissen Bereichen ist auch für einen Teilbereich von Luftbildaufnahmen eine Anreizwirkung des Lichtbildschutzes anzunehmen.

Es gibt also durchaus noch Bereiche der Fotografie, für die vom Lichtbildschutz nach § 72 UrhG noch eine Anreizwirkung ausgeht. Diese Anreizwirkung steht oftmals maßgeblich mit den mit der Anfertigung der Fotografien verbundenen hohen Investitionen und der Erforderlichkeit einer professionellen Anfertigung durch Berufsfotografen im Zusammenhang.

3. Alternativer gesetzlicher Schutz über das Lauterkeitsrecht

Hinsichtlich der Fotografien, für die nach der vorangegangenen Prüfung noch eine Anreizwirkung des Lichtbildschutzes nach § 72 UrhG besteht, ist zu prüfen, ob die dazu führenden Interessen nicht auch durch einen alternativen gesetzlichen Schutz über das Lauterkeitsrecht erreicht werden können. Das betrifft Reproduktionsfotografien von Museumsbeständen, Satellitenfotografien, zu kommerziellen Zwecken angefertigte Luftbildaufnahmen und Stockfotografien. Können die mit der Anfertigung der Fotografien verbundenen Interessen auch über das Lauterkeitsrecht verwirklicht werden, ist im Fall der Abschaffung des Lichtbildschutzes nach § 72 UrhG nicht unbedingt mit einer geringeren Produktion zu rechnen. In diesem Fall wäre das unter 2. erarbeitete Ergebnis dahingehend zu korrigieren, dass vom Lichtbildschutz nach § 72 UrhG keine Anreizwirkung mehr ausgeht. In der Literatur wird teilweise von der Möglichkeit eines ausreichenden alternativen Schutzes über das Lauterkeitsrecht ausgegangen.[743]

a) *Schutz vor der Kopie und kommerziellen Nutzung durch Wettbewerber*

Zu prüfen ist zunächst ein Schutz für den Fall, dass Wettbewerber die Fotografien kopieren und für ihre eigenen Zwecke kommerziell nutzen.

Dabei darf der wettbewerbsrechtliche Leistungsschutz nicht über eine bewusste Begrenzung der urheberrechtlichen Rechte hinausgehen, also im

---

743 BeckOK/*Lauber-Rönsberg*, § 72 UrhG Rn. 6; Dreier/*Schulze*, § 72 UrhG Rn. 30; Schricker/Loewenheim/*Vogel*, § 72 UrhG Rn. 69; Wandtke/Bullinger/*Thum*, § 72 UrhG Rn. 207; *Bullinger*/*Garbers-von Boehm*, GRUR 2008, 24 (30); *Schack*, Rn. 297; *Schack*, in: FS Wandtke, 9 (20); *Stang*, ZGE 2009, 167 (179).

Widerspruch zu Grenzen des urheberrechtlichen Schutzes stehen.[744] Das Wettbewerbsrecht darf keine Leistung schützen, die das Urheberrechtsgesetz nicht schützen soll.[745] Das betrifft insbesondere den reinen Nachahmungsschutz, den das Gesetz gegen den unlauteren Wettbewerb nicht leisten darf, wenn das Urheberrechtsgesetz diesen bewusst nicht gewährt.[746]

aa) Kein Schutz vor unmittelbarer Leistungsübernahme

Wenn die Fotografien unverändert kopiert und in dieser Form kommerziell genutzt werden, liegt darin ein Fall der unmittelbaren Leistungsübernahme. So wird der Fall bezeichnet, dass ein Arbeitsergebnis, dessen Anfertigung mit viel Mühe, Zeit und Kosten verbunden war, unmittelbar übernommen (ausgenutzt) und nicht mit einer eigenen, zusätzlichen Leistung des Übernehmers versehen wird.[747] Der Bundesgerichtshof hat dies früher auch als sogenanntes „*Schmarotzen[...] an fremder Leistung*" bezeichnet.[748] Nach der damaligen Rechtsprechung des Bundesgerichtshofs war dieses Verhalten als unmittelbare Ausnutzung der fremden Leistung (und nicht nur als Nachahmung) auch ohne das Hinzutreten weiterer unlauterer Merkmale nach dem damaligen § 1 UWG wettbewerbswidrig.[749] Noch nicht abschließend geklärt ist, ob noch immer ein Schutz des unmittelbaren Leistungsergebnisses über die heutige Generalklausel in § 3 UWG möglich ist.[750] Der Schutz des unmittelbaren Leistungsergebnisses wird mittlerweile von vielen Stimmen aus der Literatur abgelehnt,[751] ist allerdings nicht unumstritten.[752] Teilweise wird dahingehend argumentiert, dass ein solcher Schutz gegeben sein soll, wenn die Herstellung des Originalproduktes mit wesentlichen Investitionen verbunden ist, durch technische Mittel zu sehr geringen Kosten vervielfältigt werden kann, dies durch den Hersteller

---

744 *BGH*, GRUR 1987, 814 (816) – Die Zauberflöte; Fezer/Büscher/Obergfell/*Götting/Hetmank*, § 4 Nr. 3 UWG Rn. 42; Götting/*Nordemann*, § 4 UWG Rn. 3.23.

745 Fezer/Büscher/Obergfell/*Götting/Hetmank*, § 4 Nr. 3 UWG Rn. 42.

746 *Ohly*, in: FS Schricker 2005, 105 (112, 119).

747 *BGH*, GRUR 1963, 575 (576) – Vortragsabend; *BGH*, GRUR 1962, 470 (475) – AKI.

748 *BGH*, GRUR 1963, 575 (576) – Vortragsabend; *BGH*, GRUR 1962, 470 (475) – AKI.

749 *BGH*, GRUR 1963, 575 (576) – Vortragsabend.

750 *Köhler*/Bornkamm/Feddersen, § 3 UWG Rn. 2.28.

751 Gegen den Schutz des unmittelbaren Leistungsergebnisses beispielsweise: *Köhler*/Bornkamm/Feddersen, § 3 UWG Rn. 2.28 m.w.N.; *Nemeczek*, GRUR 2011, 292 (292 ff.); *Nemeczek*, WRP 2010, 1204 (1210, 1214).

752 Für den Schutz des unmittelbaren Leistungsergebnisses beispielsweise: *Ohly*, GRUR 2010, 487 (492 f., 494); *Sack*, GRUR 2016, 782 (783 ff.).

weder faktisch noch rechtlich verhindert werden kann und dadurch die ernsthafte Gefahr besteht, dass keine Investitionen mehr in diesen Markt getätigt werden.[753] Insofern wäre ein Schutz gegen die Nachbildung jedenfalls für einen Teil der Lichtbildkategorien denkbar.

Die Kategorie des sittenwidrigen Schmarotzens an fremder Leistung wurde vom Bundesgerichtshof allerdings in einer Zeit entwickelt, in der es noch keinen umfassenden urheberrechtlichen Leistungsschutz gab.[754] Es liegt die Vermutung nahe, dass er dadurch Schutzlücken schließen wollte.[755] Durch die Beispieltatbestände in den §§ 4 ff. UWG hat der Gesetzgeber nun eine zwar nicht abschließende Konkretisierung vorgenommen, doch in Kenntnis der Fallgruppe des Schmarotzens an fremder Leistung lässt die Ausklammerung aus den Beispieltatbeständen auf einen bewussten Ausschluss durch den Gesetzgeber schließen.[756] Durch den subsidiären Rückgriff auf die Generalklausel in jedem Fall der unmittelbaren Leistungsübernahme könnten die Wertungen der Regelbeispiele unterlaufen werden.[757] Nur bei Hinzutreten weiterer unlauterer Merkmale kann das Wettbewerbsrecht Anwendung finden, ohne das Urheberrecht zu unterlaufen.[758] In der Literatur wird das Vorliegen zusätzlicher unlauterer Merkmale auch bei einer unmittelbaren Leistungsübernahme von vielen für notwendig erachtet.[759] Der Grad der Nachahmung könne im Rahmen der Anforderungen an die wettbewerbliche Eigenart und die besonderen wettbewerblichen Umstände berücksichtigt werden.[760] Die damalige Rechtsprechung zu der alten Fassung des UWG ist daher inzwischen überholt,[761] wenngleich der Bundesgerichtshof bisher offengelassen hat, ob und wenn ja, unter welchen Voraussetzungen das unmittelbare Leistungsergebnis weiterhin auch ohne Hinzutreten weiterer unlauterer Merkmale über die Generalklausel des § 3 UWG geschützt ist.[762]

---

753 *Peukert*, WRP 2010, 316 (320).

754 *Rehbinder/Peukert*, Rn. 646.

755 *Rehbinder/Peukert*, Rn. 646.

756 So auch *Nemeczek*, WRP 2010, 1204 (1210).

757 *Nemeczek*, WRP 2010, 1204 (1210).

758 Hoeren/Nielen/*Dierking*, Rn. 529.

759 Fezer/Büscher/Obergfell/*Götting/Hetmank*, § 4 Nr. 3 UWG Rn. 67 f.; Götting/*Nordemann*, § 4 UWG Rn. 3.45; *Köhler*/Bornkamm/Feddersen, § 3 UWG Rn. 2.28; MüKo/*Wiebe*, § 4 Nr. 3 UWG Rn. 74; Wandtke/Ohst/*Maaßen*, Rn. 179; *Schiessel*, 261.

760 Fezer/Büscher/Obergfell/*Götting/Hetmank*, § 4 Nr. 3 UWG Rn. 67 f.; MüKo/*Wiebe*, § 4 Nr. 3 UWG Rn. 75.

761 MüKo/*Wiebe*, § 4 Nr. 3 UWG Rn. 74.

762 *BGH*, GRUR 2017, 79 (89) – Segmentstruktur; *BGH*, GRUR 2016, 725 (728) – Pippi-Langstrumpf-Kostüm II; *BGH*, GRUR 2011, 436 (437) – Hartplatzhelden.de.

Fest steht, dass in der Praxis extreme rechtliche Unsicherheit bestünde, wenn man allein auf den Schutz des unmittelbaren Leistungsergebnisses angewiesen wäre. Vom Urheberrecht nicht mehr geschützte Lichtbilder wären nicht einfach auf Grundlage von § 3 UWG geschützt. Eine sichere Rechtsposition besteht nur, wenn zusätzliche unlautere Merkmale im Hinblick auf die Nachahmung vorliegen. Zu diesen besonderen Begleitumständen zählen die in §§ 4 Nr. 3 lit. a und b UWG sowie in § 4 Nr. 4 UWG genannten Verhaltensweisen.[763]

bb) Schutz vor vermeidbarer Herkunftstäuschung

Nach § 4 Nr. 3 lit. a UWG handelt unlauter,

> *„wer Waren oder Dienstleistungen anbietet, die eine Nachahmung der Waren oder Dienstleistungen eines Mitbewerbers sind, wenn er eine vermeidbare Täuschung der Abnehmer über die betriebliche Herkunft herbeiführt".*

Für die Erfüllung des Tatbestandes ist zunächst Voraussetzung, dass das geschützte Erzeugnis sogenannte wettbewerbliche Eigenart besitzt.[764] Ein Erzeugnis besitzt dann wettbewerbliche Eigenart,

> *„wenn dessen konkrete Ausgestaltung oder bestimmte Merkmale geeignet sind, die interessierten Verkehrskreise auf seine betriebliche Herkunft oder seine Besonderheiten hinzuweisen".*[765]

Dafür muss sich das Erzeugnis im Marktumfeld derart abheben, dass die Verkehrskreise dieses einem bestimmten Hersteller zuordnen können.[766] Der wettbewerbsrechtliche Schutz ist im Regelfall auf dreidimensionale, haptische Produkte zugeschnitten. Das bedeutet jedoch nicht, dass er auf diesen Anwendungsbereich beschränkt ist.

Im Hinblick auf Fotografien besteht die Besonderheit, dass nicht das abgebildete Produkt oder der abgebildete Gegenstand wettbewerbliche Eigenart vorweisen müssten, sondern vielmehr die Fotografie an sich. Reproduktionsfotografien musealer Vorlagen enthalten grundsätzlich keinen Hinweis darauf, welchem Museum diese zuzuordnen sind. Die detail- und originalgetreue Abbildung der Vorlage steht im Vordergrund. Konstruierbar ist, dass den

---

763 *Köhler*/Bornkamm/Feddersen, § 3 UWG Rn. 2.28.

764 Götting/*Nordemann*, § 4 UWG Rn. 3.29; *Köhler*/Bornkamm/Feddersen, § 4 UWG Rn. 3.24; MüKo/*Wiebe*, § 4 Nr. 3 UWG Rn. 83.

765 *BGH*, GRUR 2010, 80 (82) – LIKEaBIKE; vgl. Fezer/Büscher/Obergfell/*Götting*/*Hetmank*, § 4 Nr. 3 UWG Rn. 53.

766 MüKo/*Wiebe*, § 4 Nr. 3 UWG Rn. 85.

einschlägigen Verkehrskreisen im Fall von prominenten Werken bekannt ist, in welchem Museum sich dieses Werk befindet und sich daraus ein Herkunftshinweis in Bezug auf die Fotografie ergibt. Die Annahme einer wettbewerblichen Eigenart ist daher nur in äußerst seltenen Fällen denkbar. Auch im Hinblick auf Satellitenfotografien wird selbst interessierten Verkehrskreisen keine Zuordnung zu einem bestimmten Unternehmen durch die Fotografie an sich gelingen. Eine Ausnahme kann für den Fall bestehen, dass es sich bei der Fotografie um eine neue, spektakuläre und daher bekannte Aufnahme handelt, die einem Unternehmen zugeordnet werden kann. Bei den meisten Aufnahmen ist dies allerdings nicht der Fall, zumal dann bereits die für den Werkschutz erforderliche Schöpfungshöhe erreicht sein könnte.

cc) Schutz vor gezielter Behinderung

Neben dem Schutz aus §§ 3, 4 Nr. 3 lit. a und b UWG ist ein Schutz aus §§ 3, 4 Nr. 4 UWG zu prüfen. Nach § 4 Nr. 4 UWG handelt unlauter, wer

> *„Mitbewerber gezielt behindert“.*

In der unveränderten Übernahme und Nutzung der Fotografien durch den Wettbewerber müsste also eine gezielte Behinderung des Originalherstellers liegen. Eine gezielte Behinderung kann sich unter bestimmten Voraussetzungen aus der zweckfremden Sperrwirkung infolge des Erwerbs einer Marke *„als Mittel des Wettbewerbskampfes“* ergeben.[767] Nahe liegt der Gedanke, dass dies auf die Verwendung von Fotografien als fremde Betriebsmittel übertragen werden kann. Dagegen spricht allerdings, dass im Fall des zweckfremden Erwerbs einer Marke die Behinderung des Mitbewerbers stets darin liegt, dass er das Kennzeichen in dem Moment selbst nicht nutzen kann (und gegebenenfalls erwerben muss). Im Fall der Verwendung fremder Fotografien wird der Mitbewerber (als Ersteller der Originalfotografie) jedoch nicht daran gehindert, die Fotografie ebenfalls zu nutzen. Aufgrund dessen ist eine Vergleichbarkeit abzulehnen und eine gezielte Behinderung im lauterkeitsrechtlichen Sinne scheidet im Regelfall bei der Verwendung fremder Fotografien aus.

b) Schutz vor der Kopie und anschließenden Entfernung eines Herkunftszeichens zur kommerziellen Nutzung durch Wettbewerber

Zu prüfen ist ein lauterkeitsrechtlicher Schutz auch für den Fall, dass die Originalfotografien mit einem Kennzeichen wie einem Logo o.Ä. versehen sind,

---

767 Fezer/Büscher/Obergfell/*Götting*/*Hetmank*, § 4 Nr. 4 UWG Rn. 150.

dieses Kennzeichen bei der Übernahme der Fotografie durch den Wettbewerber entfernt und die Fotografie entweder ohne Kennzeichen oder mit Zusatz des eigenen Kennzeichens genutzt wird. Wenn die Originalhersteller der Fotografien sich in diesem Fall über das Lauterkeitsrecht gegen die Verwendung ihrer Fotografien wehren könnten, dann würden möglicherweise einige von ihnen in Betracht ziehen, die Originalfotografien mit einem entsprechenden Kennzeichen zu versehen.

Man könnte zwar annehmen, dass im Fall des Schutzes eines markenrechtlich geschützten Herkunftszeichens der wettbewerbliche subsidiär gegenüber dem markenrechtlichen Schutz ist. In der Entfernung eines Kennzeichens liegt allerdings keine Benutzung desselben, sodass eine Subsidiarität abzulehnen ist.[768] Nur wenn ein eigenes Kennzeichen statt der Marke oder zusätzlich zu dieser angebracht würde, hätte das Markenrecht Anwendungsvorrang.[769] Für den Weitervertrieb ohne Herstellerkennzeichen kommt ein wettbewerbsrechtlicher Schutz in Betracht.[770]

aa) (Kein) Schutz vor unmittelbarer Leistungsübernahme

Die Konstellation der Kennzeichenentfernung von der Originalfotografie stellt den Fall einer fast identischen Leistungsübernahme dar. Ein Urteil des Oberlandesgerichts Stuttgart aus dem Jahr 1995 betraf genau diesen Fall. Das Oberlandesgericht Stuttgart nahm darin einen Wettbewerbsverstoß an, dass ein Fotohändler den Aufkleber des Fotografen von einer Portraitfotografie entfernt und durch seinen eigenen Aufkleber ersetzt hatte.[771] Theoretisch könnte ein solcher analoger Aufkleber durch einen digitalen Hinweis, der einem Aufkleber gleichkäme, ersetzt werden. Inzwischen ist für das Bestehen einer sicheren Rechtsposition jedoch erforderlich, dass zu der (fast) identischen Übernahme unlautere Merkmale hinzutreten.[772]

bb) Schutz vor vermeidbarer Herkunftstäuschung

Für einen Schutz aus §§ 3, 4 Nr. 3 lit. a UWG müssten die Originalfotografien über wettbewerbliche Eigenart verfügen.

---

768 Fezer/Büscher/Obergfell/*Götting/Hetmank*, § 4 Nr. 4 UWG Rn. 120.

769 Fezer/Büscher/Obergfell/*Götting/Hetmank*, § 4 Nr. 4 UWG Rn. 122 f.

770 Fezer/Büscher/Obergfell/*Götting/Hetmank*, § 4 Nr. 4 UWG Rn. 121.

771 *OLG Stuttgart*, NJW-RR 1995, 935 (935 f.); vgl. Wandtke/Bullinger/*Thum*, § 72 UrhG Rn. 208.

772 Siehe das Ergebnis aus Teil 3 A. II. 3. a) aa).

Wie bereits erläutert ist das Vorliegen wettbewerblicher Eigenart für Fotografien ohne Kennzeichen nur schwer konstruierbar. Entscheidend ist dementsprechend, ob sich daran durch ein Kennzeichen wie ein Logo des Originalherstellers etwas ändern würde. Ein Erzeugnis besitzt wie bereits beschrieben dann wettbewerbliche Eigenart, wenn die konkrete Ausgestaltung oder bestimmte einzelne Merkmale des Produktes geeignet sind, die angesprochenen und interessierten Verkehrskreise auf seine betriebliche Herkunft oder auf seine Besonderheiten hinzuweisen.[773] Möglich erscheint, dass ein dem Originalhersteller eindeutig zuzuordnendes Kennzeichen geeignet und ausreichend ist, den Verkehr auf die betriebliche Herkunft hinzuweisen.[774] Die wettbewerbliche Eigenart muss sich *„gerade aus den übernommenen Gestaltungsmerkmalen"* des Produktes ergeben,[775] anderenfalls ist das Vorliegen einer vermeidbaren Herkunftstäuschung nicht denkbar. Der Konkurrenz ginge es allerdings um eine Kopie der Fotografie ohne Kennzeichen. Eine Übernahme bzw. Nachahmung der Fotografien würde sich nach Entfernen des Kennzeichens nur auf den Teil beschränken, von dem keine wettbewerbliche Eigenart ausgeht. Der Verkehr könnte daher anhand der übernommenen Fotografie ohne Kennzeichen mangels wettbewerblicher Eigenart von Fotografien die betriebliche Herkunft nicht zuweisen. Aus diesem Grund gestaltet sich die Annahme wettbewerblicher Eigenart auch im Fall von Fotografien, die mit einem auf die betriebliche Herkunft hinweisenden Kennzeichen versehen sind, als schwierig.

Nähme man an, dass Fotografien durch ein Kennzeichen wettbewerbliche Eigenart besäßen, müsste für den Schutz nach §§ 3, 4 Nr. 3 lit. a UWG immer noch eine vermeidbare Herkunftstäuschung vorliegen. Durch den Schutz vor einer vermeidbaren Herkunftstäuschung soll verhindert werden, dass das übernommene bzw. nachgeahmte Erzeugnis des Wettbewerbers von den angesprochenen Verkehrskreisen in irgendeiner Art und Weise dem Ersteller des Originalerzeugnisses zugeordnet wird und der Verkehr so über die wahre Herkunft getäuscht wird.[776] Im Fall der Übernahme einer Fotografie ohne das Kennzeichen des Originalherstellers und der Nutzung dieser ohne das Kennzeichen/mit dem eigenen Kennzeichen würde diese nicht dem Originalhersteller zugeordnet,

---

773 *BGH*, GRUR 2010, 80 (82) – LIKEaBIKE; Fezer/Büscher/Obergfell/*Götting*/*Hetmank*, § 4 Nr. 3 UWG Rn. 53.

774 *Köhler*/Bornkamm/Feddersen, § 4 UWG Rn. 3.24a, Rn. 3.30.

775 *Köhler*/Bornkamm/Feddersen, § 4 UWG Rn. 3.24.

776 Fezer/Büscher/Obergfell/*Götting*/*Hetmank*, § 4 Nr. 3 UWG Rn. 94b; *Köhler*/Bornkamm/Feddersen, § 4 UWG Rn. 3.42; MüKo/*Wiebe*, § 4 Nr. 3 UWG Rn. 131 ff.

sondern dem Wettbewerber. Dies stellt nicht den Fall der vermeidbaren Herkunftstäuschung dar, gegen den ein Schutz nach §§ 3, 4 Nr. 3 lit. a UWG zur Verfügung steht.

Im Ergebnis ist der Schutz nach §§ 3, 4 Nr. 3 lit. a UWG vor dem Entfernen eines Kennzeichens von Fotografien und der Übernahme und Nutzung der Fotografien ohne das Kennzeichen nicht realisierbar. Präzedenzfälle gibt es nicht. Auch wenn der Schutz in Einzelfällen nicht ausgeschlossen werden kann, stünde er in jedem Fall als „*Fremdkörper*“ im Wettbewerbsrecht auf unsicheren Beinen.

cc) Schutz vor gezielter Behinderung

Neben dem Schutz vor einer vermeidbaren Herkunftstäuschung kann ein Schutz aus §§ 3, 4 Nr. 4 UWG vor einer gezielten Behinderung durch die Entfernung des Kennzeichens angedacht werden. Eine wettbewerbswidrige Behinderung nahm auch das Oberlandesgericht Stuttgart über § 1 UWG für den Fall des Entfernens des Fotografenaufklebers von der Rückseite der Fotografie und Hinzufügens des eigenen Aufklebers an.[777] Über §§ 3, 4 Nr. 4 UWG wären nicht die Fotografien an sich geschützt, sondern nur der Originalhersteller vor einer Behinderung seiner Markttätigkeit.

In dem Entfernen der Kennzeichen von den Fotografien liegt eine produktbezogene Beeinträchtigung bzw. Behinderung, wenn dadurch die Werbewirkung des Originalherstellers beeinträchtigt wird.[778] In der zusätzlichen Anbringung des eigenen Kennzeichens durch den Wettbewerber könnte ein unlauteres Hervorrufen von Verwechslungsgefahr bzw. ein Irreführen über die Herkunft der Fotografien liegen.[779] Dies gilt auch für den Fall, dass die Fotografien als „*no-name*“-Produkte ohne Kennzeichen vertrieben würden.[780]

Eine Behinderung liegt dann vor, wenn die wettbewerbliche Entfaltungsmöglichkeit des Mitbewerbers beeinträchtigt wird.[781] Für die Unlauterkeit einer Behinderung, die für sich genommen Folge eines jeden Marktes ist, müssen

777 *OLG Stuttgart*, NJW-RR 1995, 935 (936).

778 Vgl. Götting/Nordemann/*Wirtz*, § 4 UWG Rn. 4.67; vgl. *Köhler*/Bornkamm/Feddersen, § 4 UWG Rn. 4.72.

779 Vgl. Götting/Nordemann/*Wirtz*, § 4 UWG Rn. 4.67; vgl. *Köhler*/Bornkamm/Feddersen, § 4 UWG Rn. 4.72.

780 Vgl. *Köhler*/Bornkamm/Feddersen, § 4 UWG Rn. 4.72.

781 *BGH*, GRUR 2002, 902 (905) – Vanity-Nummer; *BGH*, NJW 2001, 3262 (3263) – Mitwohnzentrale.de; *OLG Köln*, MMR 2021, 569 (570); Fezer/Büscher/Obergfell/*Götting*/*Hetmank*, § 4 Nr. 4 UWG Rn. 19; *Köhler*/Bornkamm/Feddersen, § 4 UWG Rn. 4.6.

weitere Unlauterkeitsmerkmale zu der Behinderung hinzutreten.[782] Eine unlautere Behinderung liegt vor, wenn sie die Beeinträchtigung der Entfaltung und die Verdrängung des Mitbewerbers zum Ziel hat.[783] Die Behinderung hat die Beeinträchtigung zum Ziel, wenn das behindernde Verhalten nicht mehr in erster Linie „*auf die Förderung des eigenen Wettbewerbs*", sondern nur „*auf die Beeinträchtigung der wettbewerblichen Entfaltung*" des Mitbewerbers gerichtet ist.[784] Bei der Kopie der Fotografien der Originalhersteller käme es Wettbewerbern allerdings in der Regel eher auf die einfache und kostengünstige Übernahme des fremden Produkts und die Nutzung zu eigenen kommerziellen Zwecken als Förderung des eigenen Wettbewerbs an. Es ginge dabei nicht um die gezielte Behinderung des Originalherstellers (Mitbewerbers). Sonst würden die Wettbewerber die Quelle der Fotografien, die sie nutzen wollen, gefährden. Es ist allerdings für eine gezielte Behinderung auch ausreichend, dass der Originalhersteller seine Leistung am Markt aufgrund der unangemessenen Beeinträchtigung der wettbewerblichen Entfaltungsmöglichkeit durch eigenes Engagement nicht mehr angemessen zur Geltung bringen kann.[785] In der Literatur wird vertreten, dass eine gezielte Behinderung auch dann angenommen werden kann, wenn die Handlung unmittelbar der Förderung des eigenen Wettbewerbs dient und dies mittelbar durch eine „*unangemessene Beeinträchtigung der wettbewerblichen Entfaltung des Mitbewerbers*" erreicht werden soll.[786] Nach dem Bundesgerichtshof ist zwingend erforderlich, dass die Verhaltensweise nicht in erster Linie auf die Förderung des eigenen Wettbewerbs gerichtet ist.[787]

---

782 BT-Drs. 15/1487, S. 19; *BGH*, GRUR 2007, 800 (802) – Außendienstmitarbeiter; *OLG Köln*, MMR 2021, 569 (570); Fezer/Büscher/Obergfell/*Götting*/*Hetmank*, § 4 Nr. 4 UWG Rn. 19; *Köhler*/Bornkamm/Feddersen, § 4 UWG Rn. 4.7; MüKo/*Jänich*, § 4 Nr. 4 UWG Rn. 11.

783 *OLG München*, GRUR-RR 2020, 158 (160) – Grenzbeschlagnahmte Modellautos; *Köhler*/Bornkamm/Feddersen, § 4 UWG Rn. 4.9.

784 *BGH*, GRUR 2008, 917 (918) – EROS; vgl. *OLG Köln*, GRUR-RS 2021, 7679 (Rn. 37).

785 *BGH*, NJW 2018, 3640 (3642) – Werbeblocker II; *BGH*, NJW-RR 2010, 851 (854) – WM-Marken; *BGH*, GRUR 2001, 1061 (1062) – Mitwohnzentrale.de; *OLG Köln*, MMR 2021, 569 (570); *OLG München*, GRUR-RR 2020, 158 (160) – Grenzbeschlagnahmte Modellautos; Fezer/Büscher/Obergfell/*Götting*/*Hetmank*, § 4 Nr. 4 UWG Rn. 19a; *Köhler*/Bornkamm/Feddersen, § 4 UWG Rn. 4.10.

786 *Köhler*/Bornkamm/Feddersen, § 4 UWG Rn. 4.10.

787 *BGH*, GRUR 2008, 917 (918) – EROS; so auch Fezer/Büscher/Obergfell/*Götting*/*Hetmank*, § 4 Nr. 4 UWG Rn. 19a.

Entscheidend ist eine Gesamtabwägung aller Umstände des Einzelfalls.[788] Im Ergebnis ist mehr als zweifelhaft, ob die Originalhersteller ihre Fotografien am Markt durch eigene Anstrengung nicht mehr angemessen zur Geltung bringen könnten, wenn ihre Fotografien ohne Kennzeichen übernommen würden.

Ein Schutz aus §§ 3, 4 Nr. 4 UWG ist daher im Regelfall abzulehnen. Er kann nur in bestimmten Fällen angenommen werden, in denen die Originalhersteller nicht mehr aus eigener Anstrengung angemessen am Markt teilnehmen könnten. Dafür wären diese zunächst beweispflichtig, sodass die Inanspruchnahme mit Aufwand verbunden und unklar wäre, ob dies vor den Gerichten tatsächlich zum Erfolg führen würde.

c) *Ergebnis: Kein alternativer gesetzlicher Schutz über das Lauterkeitsrecht*

Ein alternativer gesetzlicher Schutz über das Lauterkeitsrecht kommt für den Fall der unveränderten Übernahme und Nutzung der Fotografien durch Wettbewerber nicht in Betracht.

Ob ein Schutz anzunehmen wäre, wenn die Rechteinhaber dazu übergingen, die Lichtbilder mit einem Kennzeichen zu versehen, das auf die betriebliche Herkunft der Fotografien hinweist, ist unsicher. Zudem ist eine dahingehende Bereitschaft fraglich. Insbesondere bei Reproduktionsfotografien musealer Vorlagen kommt es auf die originalgetreue Abbildung an. Aber auch für den Fall, dass die Fotografien mit Kennzeichen versehen würden, könnten sich die Rechteinhaber auf den lauterkeitsrechtlichen Schutz nicht verlassen. Ein Schutz über §§ 3, 4 Nr. 3 lit. a UWG ist nur in wenigen Einzelfällen denkbar. Ein Schutz über §§ 3, 4 Nr. 4 UWG ist von den Gesamtumständen des Einzelfalls abhängig, für den Fall der Übernahme der Fotos und Nutzung zur Förderung des eigenen Wettbewerbs jedoch eher abzulehnen. Es existiert wenig bis keine Rechtsprechung zum konkreten Fall der Übernahme und Nutzung von Lichtbildern, sodass ein Rückgriff auf „*Präzedenzfälle*“ nicht möglich ist. Wenn die Praxis von der Möglichkeit eines zusätzlichen Schutzes über das Wettbewerbsrecht ausgegangen wäre, hätte man sich auch zusätzlich zum Lichtbildschutz bereits darauf berufen. Infolgedessen müssten die Rechteinhaber zunächst die Gerichte anrufen. Damit wäre ein finanzieller und zeitlicher Aufwand verbunden. Erschwerend hinzu kommen die Rechtsunsicherheit und die fraglichen Aussichten auf Erfolg.

---

788 *BGH*, NJW 2018, 3640 (3642) – Werbeblocker II; *BGH*, NJW-RR 2010, 851 (854) – WM-Marken.

Rechteinhaber an Reproduktionsfotografien von Museumsbeständen, Satellitenfotografien, zu kommerziellen Zwecken angefertigten Luftbildaufnahmen und Stockfotografien können sich im Regelfall nicht auf sicherer Rechtsgrundlage auf einen lauterkeitsrechtlichen Schutz berufen. Die Geltendmachung desselben ist nur in wenigen Einzelfällen sicher möglich.[789] Der lauterkeitsrechtliche Schutz wäre infolge der Rechtsunsicherheit eine unattraktive Alternative zum Lichtbildschutz. Daher ist weiterhin davon auszugehen, dass ohne urheberrechtlichen Lichtbildschutz weniger Lichtbilder produziert würden. Der urheberrechtliche Lichtbildschutz stellt im Vergleich zum lauterkeitsrechtlichen Schutz, der möglicherweise in Einzelfällen greift, ein sicheres und erprobtes Schutzrecht dar. Ein alternativer gesetzlicher Schutz über das Lauterkeitsrecht kommt nicht in Betracht.

4. *Kein alternativer Schutz über das Vertragsrecht*

Ein vertraglicher Schutz stellt ebenfalls keine attraktive Alternative dar.[790] Das Vertragsrecht wirkt nicht absolut, sondern nur inter partes.[791] Ferner besteht stets die Gefahr, dass einzelne Regelungen oder der ganze Vertrag den gesetzlichen Vorgaben für allgemeine Geschäftsbedingungen nicht standhalten. Darüber hinaus kann es zu Auseinandersetzungen hinsichtlich der Auslegung einzelner Bestimmungen kommen. Ein gesetzliches Schutzrecht bietet deutlich mehr Rechtssicherheit.

5. *Ergebnis: Teilweise Anreizwirkung des Lichtbildschutzes für die Schaffung von Lichtbildern*

Eine Anreizwirkung des Lichtbildschutzes nach § 72 UrhG scheidet für die Anfertigung von Schnappschüssen, Produktfotografien, Automatenpassbildern und Karteifotografien im Regelfall mangels hoher Investitionen und infolge ausreichender alternativer Anreize aus. Gleiches gilt für solche Reproduktionsfotografien musealer Vorlagen, die ausnahmsweise nicht mit hohen Investitionen verbunden sind, sowie für Reproduktionsfotografien wissenschaftlicher und technischer Befunde und Erkenntnisse und Luftbildaufnahmen zu Zwecken der Stadt- und Bauplanung infolge alternativer Anreize. Die Investitionsintensivität

789 So auch BeckOK/*Lauber-Rönsberg*, § 72 UrhG Rn. 6.
790 A.A. *Euler*, RuZ 2020, 56 (71).
791 Dauner-Lieb/Langen/*Krebs*, § 241 BGB Rn. 11; Palandt/*Grüneberg*, Einl v § 241 BGB Rn. 5.

der Anfertigung von einfachen Pressefotografien ist einzelfallabhängig, aber immer mit einem Verwertungsinteresse seitens des anfertigenden Berufsfotografen und mittelbar des abnehmenden Herausgebers des jeweiligen Mediums verbunden. Die Möglichkeit der Verwertung bestünde allerdings auch ohne Lichtbildschutz weiterhin, sodass keine wesentlich geringere Nachfrage und damit keine wesentlich geringere Produktion zu erwarten wäre. Filmeinzelbilder können zwar mit hohen Investitionen und einem Verwertungsinteresse verbunden sein, würden allerdings aufgrund des Schutzes von Filmwerken und Laufbildern weiterhin produziert. Für sie geht daher vom Lichtbildschutz nach § 72 UrhG auch keine wesentliche Anreizwirkung mehr aus.

Es gibt jedoch auch Lichtbildkategorien, für die aufgrund der mit ihrer Anfertigung verbundenen hohen Investitionen und des damit einhergehenden Verwertungsinteresses von dem Lichtbildschutz nach § 72 UrhG mangels hinreichender alternativer Anreize und mangels attraktiven alternativen gesetzlichen Schutzes weiterhin eine Anreizwirkung ausgeht.[792] Dazu gehören investitionsintensive Reproduktionsfotografien musealer Vorlagen, Satellitenfotografien und zu kommerziellen Zwecken erstellte Luftbildaufnahmen. Für die Anfertigung von Stockfotografien geht vom Lichtbildschutz nach § 72 UrhG ebenfalls eine Anreizwirkung aus, da ihre Anfertigung zwar in der Regel nicht mit hohen Investitionen verbunden ist, aber dennoch überwiegend zu dem Zweck der wirtschaftlichen Verwertung erfolgt. Diese wäre ohne das verwandte Schutzrecht aus § 72 UrhG nicht so rechtssicher möglich wie bisher.

Der Lichtbildschutz nach § 72 UrhG entfaltet in Bezug auf einen Teil der Lichtbilder noch immer eine Anreizwirkung. Ein Wohlfahrtsgewinn durch den Lichtbildschutz nach § 72 UrhG ist bezüglich dieser Lichtbilder noch immer zu bejahen. Dieser ist geeignet, den gesetzlichen Schutz dieser Lichtbilder über § 72 UrhG zu legitimieren. Daneben steht allerdings auch fest, dass für einen nicht unbeachtlichen Teil von Lichtbildern keine Anreizwirkung mehr besteht und dementsprechend deren urheberrechtlicher Schutz über § 72 UrhG keinen Wohlfahrtsgewinn mehr bewirkt. Für diese Lichtbilder ist daher der gesetzliche Schutz über § 72 UrhG nicht mehr legitimiert.

---

792 *Overbeck*, 158 nimmt hingegen an, dass die Regelungen für Datenbanken und Datenbankwerke für die Verwirklichung des Amortisationsinteresses im Hinblick auf viele Lichtbilder ausreichend seien.

B. Wohlfahrtsverlust in Form einer Unternutzung

Die fehlende Legitimation des urheberrechtlichen Schutzes nach § 72 UrhG von Schnappschüssen, investitionsgeringen Reproduktionsfotografien musealer Vorlagen, Produktfotografien, Reproduktionsfotografien wissenschaftlicher und technischer Befunde und Erkenntnisse, Filmeinzelbildern, zu Zwecken der Stadt- und Bauplanung angefertigten Luftbildaufnahmen, einfachen Pressefotografien, Automatenpassbildern und Karteifotografien ist problematisch im Hinblick darauf, dass für deren Schutz infolge des damit verbundenen Wohlfahrtsverlusts eine Legitimation unbedingt erforderlich ist. Das Urheberrecht ist *„nicht der Grundsatz, sondern die rechtfertigungsbedürftige Ausnahme“* vom Grundsatz der Informationsfreiheit.[793]

Der Wohlfahrtsverlust durch das Schutzrecht nach § 72 UrhG liegt darin, dass die Allgemeinheit die Fotografien ohne das Monopolrecht des Lichtbildschutzes im Grundsatz in größerem Maße nutzen könnte. Bei § 72 UrhG handelt es sich um ein Schutzrecht, das den Herstellern von Lichtbildern und ähnlichen Erzeugnissen ein Ausschließlichkeitsrecht an ihren Erzeugnissen einräumt und dadurch die Allgemeinheit von der Nutzung dieser Fotografien ohne entsprechendes Nutzungsrecht ausschließt und für die Nutzung die Inkaufnahme von Kosten in Form einer zu entrichtenden Lizenzgebühr erforderlich macht. Wer den (finanziellen) Aufwand nicht in Kauf nehmen möchte oder kann, wird durch den Rechteinhaber vom *„allgemeinen Kommunikations- und Informationsprozess“* ausgeschlossen.[794] Infolge einer solchen rechtlichen Regelung kommt es zu einer *„Verknappung der Zugänglichkeit von Information“*,[795] während sich die Allgemeinheit zunehmend auf eine digitale Zugänglichkeit von Kulturgütern einrichtet.[796] Die Kommunikationsfreiheit wird beschränkt.[797]

Das Internet bietet für sich genommen den tatsächlichen Rahmen dafür, dass jeder Nutzer ein unbegrenztes Publikum und damit die Allgemeinheit erreichen kann.[798] Gleichzeitig ist der Zugang zu Lichtbildern im Internet für interessierte Nutzer stark vereinfacht worden.[799] Er ist jederzeit möglich und erfordert keinen

---

793 *Hoeren*, MMR 2000, 3; ähnlich *Hoeren*, GRUR 1997, 866 (869 f.); vgl. *Euler*, in: Drossou/Krempl/Poltermann, Die wunderbare Wissensvermehrung, 147 (149).

794 *Garbers-von Boehm*, 29.

795 *Garbers-von Boehm*, 56.

796 *Lauber-Rönsberg*, Anm. zu BGH – I ZR 104/17, ZUM 2019, 341 (343).

797 *Dreier*, ZGE 2017, 135 (138 f.); *Schack*, in: FS Wandtke, 9 (11).

798 *Schack*, in: FS Wandtke, 9 (9).

799 *Apel*, in: FS Vogel, 205 (216); *Lerach*, in: DSRI-Tagungsband 2012, 175 (175).

aufwendigen Einsatz technischer Hilfsmittel.[800] Dieser Nutzen für die Allgemeinheit wird durch den Schutz nach § 72 UrhG beschränkt. Wenn die Allgemeinheit eine im Internet aufgefundene Fotografie verwenden will, ist zunächst eine aufwendige Klärung der Rechte erforderlich, wenn der Rechteinhaber nicht gerade auf der Fotografie oder im unmittelbaren Zusammenhang mit der Fotografie bezeichnet wird.[801] Rechtsunsicherheit seitens der Nutzer führt im Ergebnis entweder zu weniger Nutzung und somit zu Unternutzung oder zur Ignoranz der Urheberrechte und dadurch zu einem Akzeptanzverlust des Urheberrechts.[802] Diese Rechtsunsicherheit beruht insbesondere auch darauf, dass der Nutzer nicht unterscheiden kann, ob die Fotografie noch als Lichtbild geschützt ist oder ob die Schutzfrist bereits abgelaufen und dementsprechend keine Rechteeinräumung mehr erforderlich ist.[803]

I. Besonderer Wohlfahrtsverlust durch den Lichtbildschutz von Schnappschüssen und einfachen Produktfotografien

Der Lichtbildschutz kommt aktuell insbesondere auch Schnappschüssen und einfachsten Produktfotografien zu, die im Internet verwendet werden und dadurch faktisch der Vervielfältigung durch unberechtigte Nutzer zugänglich sind. Unzählige Rechtverletzungen im Internet ergeben sich aus der unberechtigten Nutzung fremder Lichtbilder.[804] Dritte übernehmen bereits verfügbare Produktbilder für eigene Zwecke, da die Übernahme leichter als die eigenständige Anfertigung erscheint.[805] Das betrifft vermehrt Lichtbilder auf digitalen Verkaufsplattformen, auf denen Nutzer fremde Produktfotografien in eigene Anzeigen integrieren.[806] Über digitale Suchfunktionen der Plattformen kann in kürzester Zeit ein passendes Lichtbild recherchiert und kopiert werden.[807]

Diese Entwicklung hat massenhaft kostenpflichtige Abmahnungen zufolge, die sich insbesondere auf fremde lichtbildnerische Produktabbildungen auf Internet-Verkaufsplattformen[808], Internet-Auktionsplattformen[809] oder Abbildungen von

800 *Apel*, in: FS Vogel, 205 (216); *Overbeck*, 1.
801 Vgl. *Raue*, GRUR 2017, 11 (12).
802 *Raue*, GRUR 2017, 11 (12).
803 Wandtke/Bullinger/*Thum*, § 72 UrhG Rn. 39.
804 *Ohly*, 36 f.
805 *Fortmeyer*, Anm. zu OLG Braunschweig – 2 U 7/11, MMR 2012, 332 (332); *Schiessel*, 248.
806 *Schiessel*, 248 m.w.N.
807 *Schiessel*, 248.
808 Beispielsweise *OLG Braunschweig*, GRUR 2012, 920 – MFM-Honorarempfehlungen.
809 Beispielsweise *BGH*, MMR 2015, 262 – CT-Paradies; *Apel*, in: FS Vogel, 205 (205 f.).

Speisen, etwa auf Rezeptplattformen,[810] beziehen.[811] Das kann zur Folge haben, dass die Verfolgung von Verletzungen lichtbildnerischer Rechte für die Rechteinhaber finanziell attraktiver erscheint als die reguläre Einräumung von Nutzungsrechten im Rahmen eines Vertrages.[812] Eine zusätzliche Einnahmequelle entsteht daraus insbesondere, wenn nach erstmaliger Abmahnung und Abgabe einer Unterlassungserklärung ein Folgeverstoß begangen wird und eine Vertragsstrafe fällig wird.[813] Einige Berufs- sowie Hobbyfotografen setzen bewusst auf diese Einnahmequelle neben der üblichen Vergütung für die Nutzung der Fotografien.[814] Die Recherche nach Rechtsverletzungen gestaltet sich angesichts der technischen Möglichkeiten wie der Google Bildersuche oder der Suche mit der Bild-URL simpel und kostengünstig.[815] Wenn auch die Suche nach Rechtsverletzungen infolgedessen durch den Rechteinhaber selbst oder eine dahingehend beauftrage Kanzlei durchgeführt werden kann,[816] hat sich für die Suche und die Dokumentation der Rechtsverletzungen ein eigener Geschäftszweig gebildet.[817] Firmen haben sich auf die Recherche und Beweisführung spezialisiert.[818] Die Verfolgung der Verletzung von Urheber- und Leistungsschutzrechten ist zum Geschäftsmodell geworden.[819] Auch mögliche Folgeverstöße werden systematisch abgeprüft.[820] Der schnellen und unkomplizierten Erstellung von Angeboten steht der Lichtbildschutz insofern im Weg.[821]

Auf die Entwicklung des Abmahn-Geschäftsmodells hat der Gesetzgeber mit dem Gesetz gegen unseriöse Geschäftspraktiken vom 1. Oktober 2013 reagiert.[822] Nach dem dahingehend geänderten § 97a Abs. 3 Satz 2 UrhG beschränkt sich der Ersatz der erforderlichen Aufwendungen nun für die

> *„Inanspruchnahme anwaltlicher Dienstleistungen [...] hinsichtlich der gesetzlichen Gebühren auf Gebühren nach einem Gegenstandswert für den Unterlassungs- und Beseitigungsanspruch von 1 000 Euro, wenn der Abgemahnte eine natürliche Person ist“,*

---

810 Beispielsweise *BGH*, GRUR 2010, 616 – marions-kochbuch.de.
811 *Bildhäuser*, GRUR-Prax 2013, 30 (30 ff.); *Ohly*, 36 f.
812 *Bleich*, c't 1/2010, 154 (154).
813 *Schneider*, CR 2016, 37 (37); *Schneider*, in: DSRI-Tagungsband 2015, 581 (581).
814 *Schneider*, CR 2016, 37 (37); *Schneider*, in: DSRI-Tagungsband 2015, 581 (581).
815 *Schiessel*, 251.
816 *Schiessel*, 251.
817 *Bleich*, c't 1/2010, 154 (154).
818 *Bleich*, c't 1/2010, 154 (154).
819 *Bleich*, c't 1/2010, 154 (154); *Schiessel*, 249.
820 *Schneider*, in: DSRI-Tagungsband 2015, 581 (581).
821 *Schiessel*, 248.
822 *Overbeck*, 2; *Schiessel*, 249.

die die Lichtbilder

> *„nicht für ihre gewerbliche oder selbstständige berufliche Tätigkeit verwendet".*

Doch trotz dieser Beschränkung kann sich der Anspruch auf Erstattung der Abmahnkosten immerhin noch auf 147,56 Euro belaufen.[823] Dazu kommen Schadensersatzansprüche, die sich aus der Ermittlung der üblichen Lizenzgebühr und einem Verletzeraufschlag für die Verletzung des Namensnennungsrechts zusammensetzen.[824]

Der weitreichende Schutz durch § 72 UrhG führt zu einer erheblichen Verfolgung von Rechtsverletzungen durch Privatpersonen.[825] Wenn es in der Praxis zu Streitigkeiten hinsichtlich der Nutzung von Lichtbildern kommt, beziehen sich diese vielfach auf einfachste (Produkt-)Fotografien.[826]. Der Lichtbildschutz wird zweckentfremdet, indem er als Grundlage für die gezielte Generierung von Umsätzen durch Abmahnungen instrumentalisiert wird.

II. Besonderer Wohlfahrtsverlust durch den Lichtbildschutz von Reproduktionsfotografien urheberrechtlich geschützter musealer Vorlagen

Kunst und Kultur sind meritorische Güter, hinsichtlich derer eine tendenziell zu geringe Nachfrage besteht.[827] Dieser geringen Nachfrage soll durch die Subventionierung von Museen und Kultureinrichtungen in öffentlich-rechtlicher Trägerschaft entgegengewirkt werden.[828] Wer Zugang zu dem Kulturgut in Form von Reproduktionsfotografien erhalten möchte, muss trotzdem einen finanziellen Aufwand betreiben.[829] Nutzer müssen eine Lizenzgebühr je nach vereinbartem Verwendungszweck zahlen. Eine uneingeschränkte Nutzung ist für die Allgemeinheit nicht möglich. Dies führt insgesamt zu einer geringeren Nutzung. Ob Nutzer, die die Fotografien zu privaten oder wissenschaftlichen Zwecken nutzen wollen, Lizenzgebühren zahlen müssen, hängt von dem Museum oder der Bildagentur ab. Teilweise wird solchen Nutzern eine entgeltlose Nutzung gewährt.[830] Es gibt aber auch Bildagenturen, die ihre Fotografien privaten und wissenschaftlichen Nutzern nicht zur Verfügung stellen – ihr Angebot richtet

---

823 *Schiessel*, 249 mit konkreter Zusammensetzung des Betrages.
824 *Schiessel*, 249 f.
825 *Fortmeyer*, Anm. zu OLG Braunschweig – 2 U 7/11, MMR 2012, 332 (332); *Ohly*, 37.
826 Beispielsweise in *OLG Braunschweig*, GRUR 2012, 920 – MFM-Honorarempfehlungen.
827 *Hoeren*, Anm. zu BGH – I ZR 104/17, MMR 2019, 246 (246).
828 *Hoeren*, Anm. zu BGH – I ZR 104/17, MMR 2019, 246 (246).
829 *Garbers-von Boehm*, 29.
830 Vgl. *Garbers-von Boehm*, 50 ff.

sich ausschließlich an kommerzielle Nutzer, die eine Nutzungsgebühr zahlen.[831] Der Lichtbildschutz steht in jedem Fall der „*freien Kommunizierbarkeit*" der abgebildeten Vorlagen entgegen, da es dafür stets einer Zustimmung des Rechteinhabers bedarf – ob gebührenfrei oder nicht.[832]

Ohne ein urheberrechtliches Leistungsschutzrecht an den Reproduktionsfotografien von Museumsexponaten wäre bei Auffinden der Fotografien im Internet keine aufwendige Rechteklärung mehr erforderlich und es bestünde nicht die Notwendigkeit einer Namensnennung nach § 13 UrhG. Es ist zudem zu berücksichtigen, dass die Allgemeinheit durch die Zahlung ihrer Steuergelder die Anfertigung der Reproduktionsfotografien durch Museen in öffentlich-rechtlicher Trägerschaft mitfinanziert und die potenziellen Nutzer, die der Allgemeinheit angehören, durch den Lichtbildschutz trotzdem von der freien Partizipation ausgeschlossen werden und je nach Lizenzbedingungen und geplanter Nutzungsform (privat, wissenschaftlich oder kommerziell) noch einmal zusätzlich für die Nutzung zahlen müssen.[833]

Das zuletzt gestärkte Zitatrecht nach § 51 Satz 3 UrhG kann nicht als hinreichender Ausgleich der genannten Probleme betrachtet werden. Nach § 51 Satz 3 UrhG ist

> *„von der Zitierbefugnis gemäß den Sätzen 1 und 2 […] [auch] die Nutzung einer Abbildung oder sonstigen Vervielfältigung des zitierten Werkes [umfasst], auch wenn diese selbst durch ein Urheberrecht oder ein verwandtes Schutzrecht geschützt ist".*

Dadurch kann ein Nutzer sich mit einem Kunstwerk inhaltlich auseinandersetzen und eine eigene Aussage dazu treffen und sich als Beleg einer fotografischen Abbildung des Kunstwerkes bedienen.[834] So wird zwar keine kommerzielle Nutzung, beispielsweise für Merchandising-Produkte, aber ein kultureller Diskurs ermöglicht.[835] Dennoch ist das Zitatrecht begrenzt.[836] Beispielsweise die

---

831 *Garbers-von Boehm*, 50. Siehe beispielsweise die allgemeinen Geschäftsbedingungen der bpk Bildagentur, abrufbar unter http://go.wwu.de/2v6xl (zuletzt abgerufen am 28.11.2021).

832 *Schiessel*, 246.

833 *Wallace/Euler*, IIC 2020, 823 (848 f.); vgl. *Hoeren*, Anm. zu BGH – I ZR 104/17, MMR 2019, 246 (246); vgl. *Seiler*, K&R 2019, 245 (248).

834 *Schulze*, GRUR 2019, 779 (779); *Seiler*, K&R 2019, 245 (247).

835 *Seiler*, K&R 2019, 245 (247).

836 *Lauber-Rönsberg*, Anm. zu BGH – I ZR 104/17, ZUM 2019, 341 (343); *Schulze*, GRUR 2019, 779 (779); *Seiler*, K&R 2019, 245 (247); *Stang*, ZUM 2019, 668 (670).

Einstellung in eine allgemeine Bilderdatenbank wie *Wikimedia Commons* wird mangels Zitatzwecks weiterhin nicht ohne Nutzungsrechteeinräumung möglich sein.[837]

C. Abwägung von Wohlfahrtsgewinn und Wohlfahrtsverlust

Durch die Abwägung von Wohlfahrtsgewinn und Wohlfahrtsverlust soll die Nutzung von Leistungen und Erzeugnissen so optimal wie möglich gewährleistet werden.[838] Ein Wohlfahrtsgewinn muss stets mit dem Wohlfahrtsverlust eines urheberrechtlichen Schutzrechtes abgewogen und bestmöglich in Einklang gebracht werden. Die Vorteile des Lichtbildschutzes müssen die damit verbundenen Nutzungsnachteile überwiegen.[839]

Zudem ist zwischen den verschiedenen Arten von Lichtbildern im Hinblick auf Wohlfahrtsgewinn und Wohlfahrtsverlust zu differenzieren. Eine Abwägung ist nur hinsichtlich der Lichtbildkategorien erforderlich, für deren Anfertigung vom Lichtbildschutz noch eine Anreizwirkung ausgeht.

I. Investitionsintensive Reproduktionsfotografien urheberrechtlich geschützter musealer Vorlagen

Hinsichtlich investitionsintensiver Reproduktionsfotografien musealer Vorlagen sind Wohlfahrtsgewinn und Wohlfahrtsverlust abzuwägen.

Auf der einen Seite ist zu berücksichtigen, dass die Fotografien in der Regel oder jedenfalls oft von Angehörigen oder im Auftrag öffentlicher Institutionen angefertigt werden. Diese sind mit einem öffentlichen (Bildungs-) Auftrag dem Gemeinwohl verpflichtet.[840] Die Allgemeinheit hat ein Interesse an der Einsichtnahme und dem Genuss von Kulturgütern sowie von Informationsgütern.[841] Auch ohne einen Lichtbildschutz würde ein Großteil der

837 *Lauber-Rönsberg*, Anm. zu BGH – I ZR 104/17, ZUM 2019, 341 (343); *Stang*, ZUM 2019, 668 (670).

838 *Hansen*, 133 f.; *Koboldt*, in: Ott/Schäfer, Ökonomische Analyse der rechtlichen Organisation von Innovationen, 69 (76); vgl. *Watt*, 13.

839 Vgl. *Bechtold*, 328 f.; vgl. *Gordon*, in: Ott/Schäfer, Ökonomische Analyse der rechtlichen Organisation von Innovationen, 328 (332); vgl. *Hansen*, 133; vgl. *Peukert*, in: Hilty/Peukert, Interessenausgleich im Urheberrecht, 11 (20).

840 *Garbers-von Boehm*, 36, 277; *Hoeren*, Anm. zu BGH – I ZR 104/17, MMR 2019, 246 (246); vgl. *Wallace/Euler*, IIC 2020, 823 (824).

841 *Garbers-von Boehm*, 241.

Reproduktionsfotografien aufgrund des öffentlichen Bildungsauftrags vermutlich weiterhin angefertigt bei gleichzeitig besserer Nutzbarkeit durch die Allgemeinheit. Eine digitale Verbreitung wäre ohne aufwendige Rechteklärung und ohne die Nennung des Lichtbildrechteinhabers möglich. Da private und wissenschaftliche Nutzer oftmals auch bei bestehendem Lichtbildschutz keine Gebühr für die Nutzung zahlen müssen, würde die Abschaffung des Lichtbildschutzes in dieser Hinsicht keine Verbesserung schaffen. Eine Verbesserung in Form einer kostenlosen Nutzung käme vor allem kommerziellen Nutzern zugute.

Auf der anderen Seite ist zu beachten, dass infolge des Refinanzierungsinteresses nicht ausgeschlossen ist, dass im Fall einer Abschaffung des Lichtbildschutzes insgesamt weniger dieser Lichtbilder produziert würden.[842] Dies betrifft insbesondere Fotografien, die von Museen finanziert werden, deren finanzielle Lage die für die Anfertigung erforderlichen Investitionen nicht ohne Amortisationsmöglichkeit zulässt. Daneben ist eine Beschränkung des Zugangs zu den Lichtbildern infolge fehlender anderweitiger Kontrollmöglichkeiten wahrscheinlich.[843] Dass die Finanzierung vielmehr eine „*Frage der öffentlichen Förderung*" und nicht des Urheberrechts sei,[844] ist abzulehnen. Die Legitimation des gesamten Leistungsschutzrechtes beruht im Wesentlichen auf dem Schutz von Investitionen als Anreiz. Das Interesse der Museen, die Kosten für die Reproduktionsfotografien auf die Allgemeinheit und damit vor allem auf kommerzielle Nutzer umzulegen, die aus der Verwertung der Fotografien wiederum Gewinn generieren, ist nachvollziehbar.[845] Das gilt trotz des Umstands, dass die Nutzer als Teil der steuerzahlenden Allgemeinheit indirekt doppelt zahlen (ein erstes Mal anteilig durch die Steuergelder für die Anfertigung der Reproduktionsfotografien und ein zweites Mal für die Nutzung derselben).[846]

Die Möglichkeit einer einfacheren Nutzung ist in dem Moment gegenstandslos, in dem weniger Lichtbilder zur Verfügung stehen, weil der Anreiz zur Anfertigung verringert oder der Zugang zu diesen beschränkt wurde. Der beschriebene Effekt der einfacheren Nutzbarkeit für private und auch wissenschaftliche Nutzer ließe sich auch im Wege einer Reform durch eine über § 53 UrhG hinausgehende Privatnutzerschranke, die Einschränkung des Namensnennungsrechts und eine Verkürzung der Schutzdauer erzeugen. Eine Schrankenregelung dient

---

842 So auch *Schiessel*, 271.

843 So auch *Schiessel*, 271.

844 So *Zech*, Anm. zu BGH – I ZR 104/17, GRUR 2019, 291 (291 f.).

845 *Seiler*, K&R 2019, 245 (248).

846 Vgl. *Seiler*, K&R 2019, 245 (248); vgl. *Wallace/Euler*, IIC 2020, 823 (848 f.).

im Urheberrecht stets dem Ausgleich des Schutzinteresses des Urhebers und des Nutzungsinteresses der Allgemeinheit.[847] Es bliebe bei der beschränkten Nutzbarkeit für kommerzielle Nutzer. Ob zum einen die Gefahr einer verringerten Produktion und zum anderen die ohne Lizenzgebühren ansteigenden Kosten für die öffentlichen Museen und damit für die Allgemeinheit als Steuerzahler in Kauf genommen werden sollten, um kommerziellen Nutzern einen höheren Gewinn zu ermöglichen, ist mehr als fraglich. Es widerspräche doch vielmehr dem Interesse der Allgemeinheit, dass kommerzielle Nutzer wie private Verlage die Reproduktionsfotografien, deren Anfertigung auch jedenfalls teilweise durch die Steuergelder der Allgemeinheit ermöglicht wurde, wirtschaftlich verwerten könnten.[848]

Der Produktionsrückgang sollte daher durch den fortgeltenden urheberrechtlichen Lichtbildschutz nach § 72 UrhG für investitionsintensive Reproduktionsfotografien musealer Vorlagen umgangen werden und eine verbesserte Nutzbarkeit für private und wissenschaftliche Nutzer über eine Schrankenregelung und eine Reform des Namensnennungsrechts erreicht werden.

Zudem kann der Gesetzgeber durch einen fortgeltenden Schutz etwaigen Versuchen, die lichtbildnerischen Rechte durch vertragliche Regelungen (allgemeine Geschäftsbedingungen) mit kommerziellen Nutzern zu ersetzen, selbst entgegensteuern und überlässt die rechtliche Klärung nicht der Rechtsprechung.

II. Stockfotografien, Satellitenfotografien und zu kommerziellen Zwecken erstellte Luftbildaufnahmen

Auch bezüglich Stockfotografien, Satellitenfotografien und zu kommerziellen Zwecken erstellten Luftbildaufnahmen ist eine Abwägung von Wohlfahrtsgewinn und Wohlfahrtsverlust vorzunehmen.

Entscheidend ist bei Satellitenfotografien und zu kommerziellen Zwecken erstellten Luftbildaufnahmen, dass sie in der Regel von privaten Unternehmen und/oder Berufsfotografen angefertigt werden, für die ohne den Lichtbildschutz nach § 72 UrhG eine wesentliche Amortisationsgrundlage entfiele.[849]

---

847 Schricker/*Loewenheim*, Einleitung zum UrhG Rn. 16; vgl. *Hoeren*, GRUR 1997, 866 (871).

848 So auch *Seiler*, K&R 2019, 245 (248); vgl. Wandtke/Bullinger/*Thum*, § 72 UrhG Rn. 9.

849 Siehe Teil 3 A. II. 2. b) ff).

Dies wäre ebenso bei Stockfotografien der Fall, weil der Hauptzweck der Anfertigung auch in der wirtschaftlichen Verwertung liegt, obwohl deren Anfertigung in der Regel nicht mit hohen Investitionen verbunden ist.[850]

Ohne Lichtbildschutz wäre eine (stark) eingeschränkte Produktion zu erwarten, sodass die Nutzungsmöglichkeit für die Allgemeinheit im Ergebnis nicht optimiert, sondern eingeschränkt würde. Auch durch den fortgeltenden Lichtbildschutz dieser Lichtbildkategorien kann der Gesetzgeber zudem eine Umgehung über vertragliche Regelungen (allgemeine Geschäftsbedingungen) als Versuch einer kommerziellen Verwertungsmöglichkeit verhindern.

Die Einführung einer Schrankenregelung, die die umfassende Nutzung durch private und wissenschaftliche Nutzer ermöglicht, würde die Anreizwirkung des Lichtbildschutzes für die Anfertigung von Satellitenfotografien, zu kommerziellen Zwecken erstellten Luftbildaufnahmen und Stockfotografien nicht begrenzen. Das damit verbundene Amortisations- und kommerzielle Verwertungsinteresse wird nicht durch die private Nutzung verwirklicht und kann dementsprechend auch nicht durch diese geschmälert werden. Es kommt den Investoren vielmehr auf die kommerzielle Nutzung an, durch die Gewinne erwirtschaftet werden können.

III. Weitere Lichtbildkategorien

Für Schnappschüsse, investitionsgeringe Reproduktionsfotografien musealer Vorlagen, Produktfotografien, Reproduktionsfotografien wissenschaftlicher und technischer Befunde und Erkenntnisse, Filmeinzelbilder, zu Zwecken der Stadt- und Bauplanung erstellte Luftbildaufnahmen, einfache Pressefotografien, Automatenpassbilder sowie Karteifotografien ist ein urheberrechtlicher Schutz nach § 72 UrhG nicht erforderlich, da ohne den Schutz keine wesentlich geringere Produktion dieser Lichtbilder zu erwarten wäre. Aus dem Schutz ergibt sich kein Wohlfahrtsgewinn. Es verbleibt ein reiner Wohlfahrtsverlust. Eine Abwägung ist weder möglich noch notwendig.

D. Ergebnis zur rechtsökonomischen Legitimation des Lichtbildschutzes nach § 72 UrhG: Legitimationsmangel

Im Ergebnis besteht für den Schutz von investitionsintensiven Reproduktionsfotografien musealer Vorlagen, Stockfotografien, Satellitenfotografien und zu kommerziellen Zwecken angefertigten Luftbildaufnahmen weiterhin eine

850 Siehe Teil 3 A. II. 2. b) ee).

Legitimation aus rechtsökonomischer Perspektive. Es besteht allerdings Anlass zur Prüfung eines Reformbedarfs im Hinblick auf eine Schrankenregelung, bezüglich des Namensnennungsrechts nach § 13 UrhG und hinsichtlich der Schutzdauer.

Dahingegen ist der Schutz von Schnappschüssen, investitionsgeringen Reproduktionsfotografien musealer Vorlagen, Produktfotografien, Reproduktionsfotografien wissenschaftlicher und technischer Befunde und Erkenntnisse, Filmeinzelbildern, zu Zwecken der Stadt- und Bauplanung angefertigten Luftbildaufnahmen, einfachen Pressefotografien, Automatenpassbildern sowie Karteifotografien aus rechtsökonomischer Perspektive nicht legitimiert. Infolgedessen besteht im Hinblick auf diese noch nach § 72 UrhG geschützten Lichtbildkategorien aus rechtsökonomischer Perspektive Reformbedarf.

Teil 4: Die Reform des Lichtbildschutzes nach § 72 UrhG

Die Prüfung der rechtsökonomischen Legitimation des Lichtbildschutzes nach § 72 UrhG hat ergeben, dass eine Reform notwendig ist. Zu berücksichtigen ist im Rahmen von Reformüberlegungen allerdings, dass es nur für einen Teil des Anwendungsbereiches des Lichtbildschutzes an einer Legitimation aus rechtsökonomischer Perspektive mangelt und nur dahingehend ein Reformbedarf besteht.

A. Reformansätze

Angesichts der gesellschaftlichen und technischen Veränderungen der letzten Jahrzehnte ist in der jüngeren Vergangenheit wiederholt Kritik an der aktuellen Fassung des Lichtbildschutzes nach § 72 UrhG geäußert und teilweise mit Reformvorschlägen verbunden worden.[851] Im Folgenden werden unter A. die verschiedenen Reformansätze dargestellt. Im Anschluss erfolgt unter B. eine Abwägung der Vor- und Nachteile der jeweiligen Ansätze.

I. Abschaffung von § 72 UrhG

Von einem Teil der Literatur wird schon seit längerer Zeit eine Abschaffung des Lichtbildschutzes für sinnvoll und notwendig erachtet.[852] Von der Mehrheit wird darauf verwiesen, dass der Investitionsschutz angesichts der technischen Entwicklung hin zu einer leichten und günstigen Anfertigung von Lichtbildern („*Knipsbilder*“[853]) insbesondere im Zeitalter der Digital- und Handyfotografie nicht mehr als Rechtfertigung herangezogen werden könne.[854] Nahezu

---

851 *Schiessel*, 221.

852 *Flechsig*, in: VFF Verwertungsgesellschaft der Film- und Fernsehproduzenten mbH, Urheberrecht im Wandel der Zeit, 91 (108); *Hoeren*, EuZ 2012, 2 (9); *Klimpel/Rack*, RuZ 2020, 243 (257); *Lerach*, in: DSRI-Tagungsband 2012, 175 (190); *Ohly*, 126; *Overbeck*, 161, 195 f.; *Schack*, GRUR 2021, 904 (906 f.); *Schack*, in: FS Wandtke, 9 (19); *Ziegler*, 250 f.

853 *Klimpel/Rack*, RuZ 2020, 243 (257); *Lauber-Rönsberg*, Anm. zu BGH – I ZR 104/17, ZUM 2019, 341 (342); *Zech*, 371.

854 *Ohly*, 37; *Zech*, 363, 371; *Ziegler*, 250 f.; vgl. *Klimpel/Rack*, RuZ 2020, 243 (257); vgl. *Lerach*, in: DSRI-Tagungsband 2012, 175 (190); vgl. *Schack*, in: FS Wandtke, 9 (11).

jeder Privathaushalt verfüge über ein Smartphone mit integrierter Kamera oder über eine andere Digitalkamera, mit der ohne besondere Fähigkeiten und ohne besonderen finanziellen Aufwand Lichtbilder angefertigt werden könnten.[855] Ein Anreiz als Ausgleich wirtschaftlichen Aufwands sei nicht erforderlich.[856] Es bestehe auch kein Schutzbedürfnis aufgrund eines wirtschaftlichen und organisatorischen Aufwands, da ein solcher Aufwand nur in Fällen erforderlich sei, in denen die Fotografien ohnehin bereits die Anforderungen an ein Lichtbildwerk erfüllten.[857]

Gleichzeitig sei mit dem Lichtbildschutz ein enormes Haftungspotenzial für die Allgemeinheit verbunden.[858] Dadurch werde die Kommunikationsfreiheit behindert.[859] In der Praxis bezögen sich die Abmahnungen oftmals auf einfache, ohne besonderen Aufwand angefertigte Fotografien.[860] Schon aufgrund der rigorosen Verfolgung von Rechtsverletzungen durch Privatpersonen im Internet auf der Grundlage des Lichtbildschutzes bestehe der Anlass, die Rechtfertigung des unionsrechtlich nicht vorgegebenen Lichtbildschutzes zu überprüfen.[861] „*Wirtschaftlich relevante Erzeugnisse*“ seien ohnehin lauterkeitsrechtlich über §§ 3, 4 Nr. 9 UWG [mittlerweile §§ 3, 4 Nr. 3 UWG] geschützt, sodass legitime besondere Amortisationsinteressen weiterhin geschützt seien und der Investor sich gegen eine schmarotzende Nachahmung durch Konkurrenten zur Wehr setzen könne.[862]

Von einer Stimme aus der Literatur wird der Lichtbildschutz nach § 72 UrhG sogar als verfassungswidrig eingestuft, da die mit dem Leistungsschutzrecht vom Gesetzgeber verfolgten Interessen entfallen seien und daher nicht mehr als Rechtfertigung für den durch § 72 UrhG erfolgenden Eingriff in Grundrechte Dritter herangezogen werden könnten.[863]

---

855 *Ziegler*, 251.
856 *Zech*, 371, erachtet aber eine Anreizsetzung aus anderen Gründen als sinnvoll, 423.
857 *Ziegler*, 251.
858 *Schack*, in: FS Wandtke, 9 (19).
859 *Schack*, in: FS Wandtke, 9 (11, 19).
860 *Lerach*, in: DSRI-Tagungsband 2012, 175 (190).
861 *Ohly*, 36 f.
862 *Schack*, in: FS Wandtke, 9 (20).
863 *Overbeck*, 158 ff.

II. Einschränkung von § 72 UrhG durch das Erfordernis einer wesentlichen Investition

Von einem anderen Teil der Literatur wird ebenfalls die Erforderlichkeit des Ausschlusses einfacher „*Knipsbilder*“ vom Anwendungsbereich des Lichtbildschutzes anerkannt.[864] Es wird allerdings noch immer eine Rechtfertigung für den Schutz solcher Lichtbilder angenommen, deren Anfertigung mit einem gewissen wirtschaftlichen und organisatorischen Aufwand verbunden ist.[865] Eine vollständige Abschaffung führte zu Schutzlücken.[866]

Vor diesem Hintergrund wird angeregt, den Lichtbildschutz nach § 72 UrhG durch das Erfordernis einer wesentlichen Investition einzuschränken und so den mit der Anfertigung verbundenen Investitionsaufwand leistungsrechtlich zu schützen.[867] Eine solche Einschränkung des Lichtbildschutzes sei ökonomisch sinnvoll.[868] Sofern mit Lichtbildern ein „*neues, selbstständig verwertbares Wirtschaftsgut*“ entstehe, seien diese schutzbedürftig.[869] Erstaunlich sei, dass der Gesetzgeber nicht ausdrücklich den wirtschaftlichen bzw. organisatorischen Aufwand als Rechtfertigungsgrund herangezogen habe, obwohl er andere technische Leistungen nur bei einem gewissen wirtschaftlichen bzw. organisatorischen Aufwand mit einem Leistungsschutzrecht versehen habe.[870] Zur Bekräftigung wird zum einen das Beispiel eines Kriegsberichterstatters angeführt, der unter Einsatz seines Lebens und beträchtlicher Mittel ein Lichtbild anfertige, das gesellschaftlich gewünscht sei.[871] Ihm sei ein immaterialgüterrechtlicher Schutz nicht zu versagen, da ein lauterkeitsrechtlicher Schutz in Inhalt und Reichweite unsicher und damit keine Alternative sei.[872] Zum anderen wird auf Fotografien von Gemälden verwiesen, die mangels eines schöpferischen Gestaltungsspielraumes nicht als Lichtbildwerke geschützt seien, deren Anfertigung allerdings eine „*aufwendige handwerklich-technische Leistung*“ erfordere.[873]

---

864 BeckOK/*Lauber-Rönsberg*, § 72 UrhG Rn. 4; *Apel*, in: FS Vogel, 205 (220 ff.).
865 *Apel*, in: FS Vogel, 205 (219 ff.); vgl. BeckOK/*Lauber-Rönsberg*, § 72 UrhG Rn. 4.
866 *Apel*, in: FS Vogel, 205 (221); vgl. BeckOK/*Lauber-Rönsberg*, § 72 UrhG Rn. 4.
867 *Apel*, in: FS Vogel, 205 (222 f.); *Zech*, Anm. zu BGH – I ZR 104/17, GRUR 2019, 291 (291); kritisch *Stang*, 180 f.
868 *Zech*, Anm. zu BGH – I ZR 104/17, GRUR 2019, 291 (291).
869 *Katzenberger*, GRUR Int. 1989, 116 (117).
870 *Apel*, in: FS Vogel, 205 (218 f.).
871 *Apel*, in: FS Vogel, 205 (221).
872 *Apel*, in: FS Vogel, 205 (221).
873 BeckOK/*Lauber-Rönsberg*, § 72 UrhG Rn. 4.

Einfache „*Knipsbilder*" sollten dagegen zur Stärkung der Akzeptanz des Urheberrechts und aus Gründen der Rechtssicherheit aus dem Anwendungsbereich des Lichtbildschutzes ausgenommen werden.[874] Um einfache „*Knipsbilder*" vom Schutz auszuschließen, aufwendige Lichtbilder aber weiterhin zu schützen, sei die Begrenzung des Schutzbereiches des § 72 UrhG auf den Schutz von wirtschaftlich aufwendigen Lichtbildern erforderlich.[875] Dafür komme das Erfordernis einer wesentlichen Investition in Betracht, das bereits aus dem Leistungsschutzrecht des Datenbankherstellers nach § 87a Abs. 1 UrhG bekannt ist.[876] Diese „*wesentliche Investition*" könne wie bei § 87a Abs. 1 UrhG in der Aufwendung von Geld, Zeit und Mühe liegen.[877]

III. Bereichsspezifische Abschaffung für Lichtbilder, die nicht berufsmäßig oder im Rahmen wissenschaftlicher oder technischer Tätigkeit hergestellt werden

Jüngst vorgeschlagen wurde eine bereichsspezifische Abschaffung für Lichtbilder, die nicht berufsmäßig oder im Rahmen wissenschaftlicher/technischer Tätigkeit hergestellt werden.[878]

Mit dem Schutz von Lichtbildern, die von Berufsfotografen angefertigt werden, sei der Lichtbildschutz auf Fälle mit nicht nur unerheblicher wirtschaftlicher Bedeutung beschränkt und schütze gleichzeitig deren besonderes Interesse an der Sicherung ihrer Erwerbsgrundlage.[879] Der Schutz solle nicht nur Lichtbilder umfassen, die von den Berufsfotografen in Ausübung ihrer beruflichen Tätigkeit erstellt werden, sondern auch solche, die sie in ihrer Freizeit anfertigen.[880] Dadurch sollen Abgrenzungsschwierigkeiten vermieden werden.[881] Einzuführen sei in der Umsetzung einer solchen Regelung eine Kennzeichnungspflicht.[882] Mit der Kennzeichnung verdeutliche der Berufsfotograf, dass er von seinem Leistungsschutzrecht Gebrauch machen wolle.[883] Das trage zur Rechtssicherheit

874 *Apel*, in: FS Vogel, 205 (221).
875 *Apel*, in: FS Vogel, 205 (221 f.).
876 *Apel*, in: FS Vogel, 205 (222).
877 *Apel*, in: FS Vogel, 205 (222).
878 *Schiessel*, 255, 281, 300.
879 *Schiessel*, 279.
880 *Schiessel*, 279 f.
881 *Schiessel*, 280.
882 *Schiessel*, 280, 301.
883 *Schiessel*, 280.

bei.[884] Das missbräuchliche Anbringen, die missbräuchliche Nutzung und das missbräuchliche Entfernen seien als Ordnungswidrigkeit und bei gewerblicher Nutzung als Straftat zu sanktionieren.[885]

Daneben sei die Erstellung von Lichtbildern aus Wissenschaft und Technik zwar nicht „*primärer Inhalt der beruflichen Tätigkeit und der Schaffung der Lebensgrundlage*", aber oftmals mit erheblichem finanziellem Aufwand verbunden.[886] Dieser Aufwand sei gegen die Übernahme durch Mitbewerber zu schützen.[887] Daher müsse der Lichtbildschutz auch diese Lichtbilder weiterhin erfassen.[888]

Die vorgeschlagene Formulierung einer entsprechenden Regelung lautet:

> „*Lichtbilder und Erzeugnisse, die ähnlich wie Lichtbilder hergestellt werden, werden in entsprechender Anwendung der für Lichtbildwerke geltenden Vorschriften des Teils 1 geschützt, soweit diese von einem Berufslichtbildner hergestellt werden und dieser die Lichtbilder vor der erstmaligen Veröffentlichung, Verwertung und/oder öffentlichen Wiedergabe mit einer sichtbaren Kennzeichnung versieht, die zum Ausdruck bringt, dass das Lichtbild dem Schutz dieser Vorschrift unterliegen soll. Berufslichtbildner ist, wer seinen Lebensunterhalt dauerhaft ganz oder teilweise aus der Herstellung von Lichtbildern im Rahmen seiner abhängigen oder selbstständigen Tätigkeit bezieht. Eine Kennzeichnung gem. Satz 1 erfolgt durch die Kennzeichnung mit (B). Gleichermaßen geschützt werden außerdem solche Lichtbilder, und Erzeugnisse, die ähnlich wie Lichtbilder hergestellt werden, die im Rahmen einer wissenschaftlichen Tätigkeit hergestellt werden sowie solche, die im Rahmen einer technischen Tätigkeit zur Dokumentation oder Darstellung technischer Details und/oder Abläufe hergestellt werden; auch für diese Lichtbilder und Erzeugnisse, die ähnlich wie Lichtbilder hergestellt werden, ist eine Kennzeichnung gem. Satz 1 und 3 erforderlich.*"[889]

In der Schweiz wurde die Einführung eines Lichtbildschutzes insbesondere von Berufsfotografen mit dem Argument „*What is worth copying, is worth protecting*"[890] gefordert.[891]

---

884 *Schiessel*, 280.
885 *Schiessel*, 280 f., 301.
886 *Schiessel*, 282 f.
887 *Schiessel*, 283.
888 *Schiessel*, 283 f.
889 *Schiessel*, 283 f. Unterstrichen ist die vorgeschlagene Änderung von § 72 Abs. 1 UrhG.
890 *Schütz*, sic! 2/2016, 53 (53).
891 *Schütz*, sic! 2/2016, 53 (53 f.); *Sykora*, KUR 2018, 45 (46); *Walter*, sic! 7+8/2021, 377 (378).

IV. Schranke für die Verwendung in sozialen Medien durch private Nutzer

Ein weiterer Vorschlag besteht in der Einführung einer Schrankenregelung für die Verwendung von Lichtbildern in sozialen Medien.[892] Eine solche Schranke wird teilweise sogar für den gesamten Urheberrechtsschutz angedacht, da alle urheberrechtlich geschützten Werke und Erzeugnisse als „*Medium der Kommunikation*“ einzuordnen seien.[893] Wer etwas in sozialen Medien platziere, der gebe es für die Verwendung durch jedermann frei.[894] Die Kommunikation in sozialen Medien lebe von der schnellen Aktion und Reaktion, dem stünde der Urheberrechtsschutz entgegen.[895]

Die Einführung einer Schranke für die Verwendung von Lichtbildern in den sozialen Medien entspreche der Entwicklung von Lichtbildern hin zu einem sozialüblichen Kommunikationsmedium.[896]

Vorgeschlagen wird eine Regelung dahingehend, dass

> *„die Vervielfältigung, öffentliche Zugänglichmachung und sonstige öffentliche Wiedergabe eines einfachen Lichtbildes wie auch die Bearbeitung von Lichtbildern innerhalb sozialer Netzwerke zulässig sei“.*[897]

Davon sollen auch

> *„jegliche Handlungen der Vervielfältigung, öffentlichen Zugänglichmachung und Wiedergabe sowie der Bearbeitung erfasst werden, inklusive solcher Handlungen, die der Vorbereitung des Einstellens in ein soziales Netzwerk dienen, z.B. das Kopieren eines Lichtbildes in den Zwischenspeicher, die Herstellung von Screenshots wie auch die Übernahme des Lichtbildes in eine andere App“.*[898]

Ein Ausschluss der die öffentliche Wiedergabe in einem sozialen Netzwerk vorbereitenden Vervielfältigungshandlung widerspräche dem telos der

---

892 *Schiessel*, 287 ff., 300.

893 *Ullrich* (Interview), abrufbar unter http://go.wwu.de/nfd21 (zuletzt abgerufen am 28.11.2021).

894 *Ullrich* (Interview), abrufbar unter http://go.wwu.de/nfd21 (zuletzt abgerufen am 28.11.2021).

895 *Ullrich* (Interview), abrufbar unter http://go.wwu.de/nfd21 (zuletzt abgerufen am 28.11.2021).

896 *Schiessel*, 288.

897 *Schiessel*, 289.

898 *Schiessel*, 290.

Privilegierung.[899] Die Nutzung zu gewerblichen Zwecken sei allerdings von der Schrankenregelung auszunehmen.[900]

In Betracht gezogen wird auch die Kombination einer bereichsspezifischen Abschaffung des Lichtbildschutzes für Lichtbilder, die nicht berufsmäßig oder im Rahmen einer wissenschaftlichen oder technischen Tätigkeit hergestellt werden, und der Einführung einer „*Social-Media-Schranke*" für die private Nutzung von Lichtbildern.[901]

Einer ähnlichen Argumentation folgend wird eine Schranke für Nutzungshandlungen vorgeschlagen, die „*Gesten des Zeigens*" aus dem analogen Bereich gleichkommen.[902] Die Ausschließlichkeitsrechte an fotografisch erzeugten Abbildungen würden den mittlerweile millionenfach erstellten Bildern und „*ihrer gewandelten, vielfältig ausdifferenzierten kommunikativen Verwendung*" nicht mehr gerecht.[903] Infolge der „*Zirkulationsfähigkeit von Bildern in sozialen Medien*" würden mittlerweile Gedanken und Stimmungen insbesondere in den sozialen Medien durch Bilder zum Ausdruck gebracht.[904] Im analogen Bereich seien solche vom Fingerzeig begleitete, auf das Abgebildete verweisende „*Gesten des Zeigens*" auch urheberrechtsfrei.[905]

B. Folgenabwägung

Eine Folgenabwägung soll Aufschluss darüber geben, welcher der Reformvorschläge am ehesten zur Umsetzung des zur Legitimation des aktuellen Lichtbildschutzes erarbeiteten Ergebnisses geeignet ist.

I. Folgen einer Abschaffung des Lichtbildschutzes nach § 72 UrhG

Eine Abschaffung des Lichtbildschutzes nach § 72 UrhG hätte zur Folge, dass Fotografien, die die Schutzhöhe einer persönlichen geistigen Schöpfung nicht erreichen, urheberrechtlich nicht mehr geschützt wären.

899 *Schiessel*, 290.
900 *Schiessel*, 291 f.
901 *Schiessel*, 300.
902 *Dreier*, ZGE 2017, 135 (147).
903 *Dreier*, ZGE 2017, 135 (140).
904 *Dreier*, ZGE 2017, 135 (145).
905 *Dreier*, ZGE 2017, 135 (146).

1. Vorteile einer Abschaffung des Lichtbildschutzes nach § 72 UrhG

Durch die Abschaffung des Lichtbildschutzes nach § 72 UrhG entstünde im Hinblick auf den dann entfallenden Schutz von Schnappschüssen, investitionsgeringen Reproduktionsfotografien musealer Vorlagen, Produktfotografien, Reproduktionsfotografien wissenschaftlicher und technischer Befunde und Erkenntnisse, Filmeinzelbildern, zu Zwecken der Stadt- und Bauplanung angefertigten Luftbildaufnahmen, Automatenpassbildern sowie Karteifotografien eine urheberrechtlich uneingeschränkte Nutzungsmöglichkeit für die Allgemeinheit, ohne dass ein Wohlfahrtsverlust zu befürchten stünde. Dadurch entfiele die Belastung in Form von Abmahnkosten und Risiken eines Prozesses.[906] Zuvor hatte man für die Rechtsverfolgung einfach kurzerhand festgestellt, dass jedenfalls ein Lichtbild vorliege und keine Differenzierung zwischen Lichtbild und Lichtbildwerk vorgenommen.[907] Das Risiko einer Inanspruchnahme aufgrund einer Lichtbildrechtverletzung würde sich dann auf Fälle beschränken, in denen ein Lichtbildwerk irrtümlich für ein Lichtbild gehalten und unzulässigerweise genutzt wird und auf Fälle, in denen ein Lichtbildner die Nutzung seines Lichtbildes irrtümlich für unzulässig hält oder bewusst falsch als Lichtbildwerk ausgibt.[908] Eine Rechtsverfolgung würde aber auch dann in Anbetracht des Kostenrisikos und mangels eines Lichtbildschutzes als Auffangschutzrecht in den meisten Fällen nur noch angestrebt, wenn hinsichtlich der Lichtbildwerkeigenschaft Sicherheit bestünde.[909] Denkbar ist auch, dass vor allem Privatpersonen sich zunächst zur Vermeidung von Gebühren ohne Einschaltung eines Rechtsanwaltes an den Nutzer wenden und ihn zur Unterlassung auffordern würden.[910] Lichtbilder würden als Kommunikationsmittel gefördert und die Verbreitung *„verbildlichter Informationen"* vereinfacht.[911]

Die Annahme der Verfassungswidrigkeit[912] des Lichtbildschutzes ist nicht nachvollziehbar.[913] Im Rahmen der dahinführenden Prüfung ist nicht ausreichend zwischen den verschiedenen Kategorien von Lichtbildern differenziert worden. Infolgedessen fand keine hinreichende Abwägung der spezifischen

906 *Schiessel*, 269.
907 *Schiessel*, 257.
908 *Schiessel*, 257.
909 *Schiessel*, 275.
910 *Schiessel*, 275.
911 *Schiessel*, 269 f.
912 *Overbeck*, 161 f.
913 *Schiessel*, 271 f.

Interessen der Fotografen und Investoren mit den Interessen der Allgemeinheit statt.[914]

2. Nachteile einer Abschaffung des Lichtbildschutzes nach § 72 UrhG

Ein Nachteil der Abschaffung könnte in der Notwendigkeit einer stetigen Abgrenzung zwischen Lichtbild und Lichtbildwerk und der damit einhergehenden Rechtsunsicherheit liegen.[915] Die Gleichstellung des urheberrechtlichen Schutzes von Lichtbildwerken und Lichtbildern wurde schon 1962 in dem Entwurf eines Gesetzes über Urheberrecht und verwandte Schutzrechte vom Gesetzgeber mit einer praktischen Unvermeidbarkeit begründet.[916] Werde der Schutz unterschiedlich ausgestaltet, führe dies zu *„unüberwindliche[n] Schwierigkeiten"* bei der Abgrenzung.[917] Dies sei von Sachverständigen bestätigt worden.[918]

Die bei Abschaffung des Lichtbildschutzes erforderliche Abgrenzung zu Lichtbildwerken könnte sich infolge der niedrigen Schutzschwelle von § 2 Abs. 2 UrhG insbesondere für Laien, denen selten alle dafür wesentlichen Informationen zur Verfügung stehen, als schwierig bis unmöglich darstellen.[919] Es bestünde das bereits erläuterte Risiko, dass geschützte Lichtbildwerke für nicht geschützte Lichtbilder gehalten und unrechtmäßig genutzt würden.[920] Ein Versuch einfacher Lichtbildner, ihre Lichtbilder als Lichtbildwerke zu vermarkten und auf die Unwissenheit der Nutzer zu setzen, ist ebenfalls nicht auszuschließen.[921]

Die Abgrenzung von Lichtbildwerk und Lichtbild ist allerdings auch zum jetzigen Zeitpunkt bereits in vielen Fällen erforderlich.[922]

Die Schutzfrist beträgt für Lichtbildwerke nach § 64 UrhG siebzig Jahre post mortem auctoris, während die Rechte an einem Lichtbild nach § 72 Abs. 3 Satz 1 UrhG bereits

> *„fünfzig Jahre nach dem Erscheinen des Lichtbildes [erlöschen] oder, wenn seine erste erlaubte öffentliche Wiedergabe früher erfolgt ist, nach dieser, jedoch bereits fünfzig Jahre*

914 Ähnlich *Schiessel*, 271 f.
915 *Schiessel*, 256, 271.
916 BT-Drs. IV/270, S. 37, 89.
917 BT-Drs. IV/270, S. 89.
918 BT-Drs. IV/270, S. 89.
919 *Schiessel*, 274 f.
920 *Schiessel*, 257.
921 *Schiessel*, 257.
922 So auch *Schiessel*, 257.

nach der Herstellung, wenn das Lichtbild innerhalb dieser Frist nicht erschienen oder erlaubterweise öffentlich wiedergegeben worden ist".

Dementsprechend ist eine Abgrenzung zwangsläufig erforderlich, wenn die Schutzfrist für Lichtbilder bereits abgelaufen ist, die Schutzfrist für Lichtbildwerke allerdings noch nicht.[923] Dann kann der Fotograf nur noch Rechte geltend machen, wenn es sich bei seiner Fotografie um ein Lichtbildwerk handelt.

Unterschiede zwischen Lichtbildern und Lichtbildwerken ergeben sich darüber hinaus beim Schutzumfang hinsichtlich der Urheberpersönlichkeitsrechte.[924] Dies ist darauf zurückzuführen, dass im Rahmen der Prüfung der Urheberpersönlichkeitsrechte stets eine Interessenabwägung durchzuführen ist, bei der das Maß an persönlicher geistiger Schöpfung entscheidend ist.[925] Die geistige und persönliche Prägung fehlt Lichtbildern im Regelfall.[926] Dem Lichtbildner steht daher das Entstellungsverbot aus § 14 UrhG nur eingeschränkt zu.[927] Auch der urheberpersönlichkeitsrechtliche Schutz nach § 23 UrhG hängt maßgeblich von dem Grad der Individualität des Werkes ab, an der es einem einfachen Lichtbild gerade mangelt.[928] Eine Differenzierung von Lichtbildern und Lichtbildwerken ist insofern maßgeblich.

Auch mangels eines internationalen Schutzes von Lichtbildern kann eine Abgrenzung notwendig werden.[929] Das betrifft insbesondere Fotografien ausländischer Staatsangehöriger, die keine Staatsangehörige anderer EU-Staaten (und EWR-Staaten) sind.[930] Wenn ein Staatsangehöriger eines EU-Staates oder eines

---

923 BeckOK/*Lauber-Rönsberg*, § 72 UrhG Rn. 3; *Overbeck*, 160; *Schack*, Rn. 720; vgl. Dreyer/Kotthoff/*Meckel*/Hentsch, § 72 UrhG Rn. 1; vgl. *Erdmann*, in: FS Bornkamm, 761 (762); vgl. *Schack*, in: FS Wandtke, 9 (10).

924 Fromm/Nordemann/*A. Nordemann*, § 72 UrhG Rn. 17; *Erdmann*, in: FS Bornkamm, 761 (762); vgl. Dreyer/Kotthoff/*Meckel*/Hentsch, § 72 UrhG Rn. 15; vgl. Schricker/Loewenheim/*Vogel*, § 72 UrhG Rn. 63.

925 *Erdmann*, in: FS Bornkamm, 761 (762); vgl. Dreyer/Kotthoff/*Meckel*/Hentsch, § 72 UrhG Rn. 15.

926 Dreyer/Kotthoff/*Meckel*/Hentsch, § 72 UrhG Rn. 15; Fromm/Nordemann/*A. Nordemann*, § 72 UrhG Rn. 17; Schricker/Loewenheim/*Vogel*, § 72 UrhG Rn. 50, 63.

927 Dreyer/Kotthoff/*Meckel*/Hentsch, § 72 UrhG Rn. 15; Fromm/Nordemann/*A. Nordemann*, § 72 UrhG Rn. 17; gänzlich ablehnend Schricker/Loewenheim/*Vogel*, § 72 UrhG Rn. 50.

928 Fromm/Nordemann/*A. Nordemann*, § 72 UrhG Rn. 20; *Overbeck*, 34 f.

929 *Schack*, Rn. 720; *Schack*, in: FS Wandtke, 9 (10); vgl. *Dreyer*/Kotthoff/Meckel/Hentsch, § 2 UrhG Rn. 143.

930 *Dreyer*/Kotthoff/Meckel/Hentsch, § 2 UrhG Rn. 143.

EWR-Staates ein Lichtbildwerk schafft, genießt er urheberrechtlichen Schutz über § 120 Abs. 1 Satz 1, Abs. 2 Nr. 2 UrhG ebenso wie ein Urheber deutscher Staatsangehörigkeit. Fertigt er ein Lichtbild an, wird ihm über §§ 124, 120 Abs. 1 Satz 1, Abs. 2 Nr. 2 UrhG der gleiche leistungsrechtliche Schutz gewährt, den ein Lichtbildner deutscher Staatsangehörigkeit genießen würde. Insofern ist die Differenzierung von Lichtbildwerk und Lichtbild nicht von Relevanz. Schafft aber ein Fotograf anderweitiger ausländischer Staatsangehörigkeit nur ein Lichtbild, so kommt er nach § 121 Abs. 6 UrhG erst einmal nur in den Genuss des Schutzes nach den §§ 12–14 UrhG, da der Schutz von Lichtbildern in internationalen Konventionen nicht geregelt ist.[931] Da keine anderweitigen Bekanntmachungen im Sinne von § 121 Abs. 4 Satz 1 UrhG erfolgt sind,[932] genießen sie diesen Schutz nach § 124 Abs. 1 Satz 1 UrhG auch nur für Lichtbilder, die erstmals oder spätestens 30 Tage nach Erscheinen im Ausland in Deutschland erschienen sind. Stellt der Fotograf aber ein Lichtbildwerk her, so ist dieses von der Berner Übereinkunft zum Schutz von Werken der Literatur und Kunst (RBÜ) in Art. 2 Abs. 1 RBÜ als *„photographische[s]"* Werk erfasst, und dem Fotografen werden über § 121 Abs. 4 Satz 1 UrhG weiterreichende Rechte gewährt.

Auf das Argument der Gleichstellung und der Vermeidung von Abgrenzungsschwierigkeiten kann es daher im Ergebnis nicht mehr schwerpunktmäßig ankommen.[933] Der Gesetzgeber hat das bereits 1983 in einem Gesetzentwurf erkannt, der vorsah, die Schutzfristen unterschiedlich auszugestalten und so die Gleichstellung von Lichtbildwerken und Lichtbildern aufzuheben.[934] Abgrenzungsschwierigkeiten bestünden in einem Grenzbereich zwar nach wie vor, diese würden die generelle Gleichstellung von Lichtbildwerken mit Lichtbildern jedoch nicht rechtfertigen.[935] Auch in Bezug auf andere Werkarten könne teilweise unklar sein, ob eine persönliche geistige Schöpfung vorliege.[936] Der Gesetzgeber hatte seine Auffassung zu der Vermeidung von Abgrenzungsschwierigkeiten als Schutzzweck deshalb schon damals aufgegeben.[937] Abgrenzungsschwierigkeiten sind dem Urheberrecht tatsächlich immanent und ergeben sich

931 *Dreier*/Schulze, § 124 UrhG Rn. 2.
932 *Dreier*/Schulze, § 124 UrhG Rn. 2.
933 So auch *Apel*, in: FS Vogel, 205 (218); *Schiessel*, 258 f., 260; a.A. *Overbeck*, 139.
934 BT-Drs. 10/837, S. 11.
935 BT-Drs. 10/837, S. 11.
936 BT-Drs. 10/837, S. 11.
937 *Schiessel*, 260.

im Hinblick auf alle Werkarten.[938] Deren Vermeidung schlösse jede Untergrenze des Urheberrechts aus.[939]

Mit Abgrenzungsschwierigkeiten wurde auch in der Schweiz für die Einführung eines umfassenden Lichtbildschutzes argumentiert – mit dem Unterschied, dass dort nun nach Art. 2 Abs. 3bis URG fotografische Wiedergaben sogar (systemwidrig)[940] als Werke gelten, auch wenn sie keinen individuellen Charakter haben. Angeführt wurde für die Gleichstellung unter anderem die dadurch geschaffene Rechtssicherheit aufgrund der Vermeidung von vorherigen Abgrenzungsschwierigkeiten zwischen individuellen, geschützten fotografischen Werken und nicht-individuellen, ungeschützten fotografischen Wiedergaben.[941] Übersehen wurde allerdings, dass auch nach Einführung des Lichtbildschutzes aufgrund der unterschiedlichen Schutzfristen für fotografische Werke (siebzig Jahre gemäß Art. 29 Abs. 2 lit. b URG) und für nicht-individuelle fotografische Wiedergaben (fünfzig Jahre gemäß Art. 29 Abs. 2 lit. a^bis URG) weiterhin eine Abgrenzung erforderlich ist.[942] Zudem wird der Schutz nur fotografischen Wiedergaben dreidimensionaler Werke gewährt, sodass fotografischen Wiedergaben von Gemälden, Zeichnungen und anderen zweidimensionalen Werken der bildenden Kunst kein Schutz zukommt.[943] Die Unterscheidung kann sich im Einzelfall, insbesondere bei Gemälden, sehr schwierig gestalten.[944] Abgrenzungsschwierigkeiten und Rechtsunsicherheit sind insbesondere im Hinblick auf die Differenzierung von zweidimensionalen und dreidimensionalen Objekten geblieben.[945] Darüber hinaus wird die dadurch notwendig gewordene Abgrenzung zwischen fotografischen Wiedergaben im Sinne von Art. 2 Abs. 3bis URG und traditionellen fotografischen Werken im Sinne von Art. 2 Abs. 2 lit. g URG zu Rechtsunsicherheit führen.[946] Das verdeutlicht, dass Abgrenzungsschwierigkeiten auch im Fall eines Lichtbildschutzes bestehen.

---

938 *Ohly*, 37; *Overbeck*, 160; *Schiessel*, 259.

939 *Ohly*, 37.

940 *Oertli*, sic! 11/2020, 599 (599, 605); *Mosimann*, Rn. 39 f.

941 Botschaft des Schweizerischen Bundesrates zur Änderung des Urheberrechtsgesetzes sowie zur Genehmigung zweier Abkommen der Weltorganisation für geistiges Eigentum und zu deren Umsetzung, BBl 2018 591, S. 621, 676.

942 *Walter*, sic! 7+8/2021, 377 (379).

943 Barrelet/*Egloff*, Art. 2 URG Rn. 36; vgl. *Oertli*, sic! 11/2020, 599 (601).

944 Vgl. *Oertli*, sic! 11/2020, 599 (601).

945 *Walter*, sic! 7+8/2021, 377 (379).

946 Mosimann/Renold/Raschèr/*Benhamou*, Kap. 1 § 5 Rn. 175.

Auch infolge der aktuellen Fassung des deutschen Lichtbildschutzes nach § 72 UrhG ist im Ergebnis eine Differenzierung zwischen Lichtbildern und Lichtbildwerken im Hinblick auf die unterschiedliche Schutzfrist und den fehlenden internationalen Schutz von Lichtbildern sowie durch die Besonderheiten des Lichtbildschutzes auf urheberpersönlicher Ebene erforderlich.[947] Im Fall einer Abschaffung des Lichtbildschutzes nach § 72 UrhG fielen die Abgrenzungsschwierigkeiten nicht geringer aus als bei der Beibehaltung.[948] Die Abschaffung des Schutzes wäre daher insofern nicht mit viel größerer Rechtsunsicherheit als die Beibehaltung verbunden.

Im Fall der Abschaffung würden zudem Abgrenzungsschwierigkeiten zwischen geschützten und infolge von § 68 UrhG nicht geschützten Lichtbildern weitestgehend beseitigt. Die Allgemeinheit könnte sich darauf verlassen, dass das vorgefundene Lichtbild frei von urheberrechtlichen Leistungsschutzrechten ist, wenngleich ein Schutz als Werk weiterhin nicht ausgeschlossen wäre. Je nach Umsetzungsregelung könnte es zwar sein, dass die vor Inkrafttreten der Abschaffung angefertigten Fotografien weiterhin geschützt wären. Dann wäre zwischen vor und nach Inkrafttreten der Abschaffung angefertigten Lichtbildern weiterhin eine Abgrenzung erforderlich. Denkbar wäre aber auch eine Umsetzung wie im Fall von § 68 UrhG, bezüglich derer der Gesetzgeber ausdrücklich erklärt hat,[949] dass auch solche Vervielfältigungen von der Bereichsausnahme erfasst sind, die vor Inkrafttreten der Regelung angefertigt wurden. In diesem Fall würde die Abschaffung des Lichtbildschutzes sogar die Abgrenzungsschwierigkeiten zwischen geschützten und nicht geschützten Lichtbildern verhindern und damit die Rechtssicherheit erhöhen. Darin läge kein Nachteil.

Nachteilig zu bewerten ist hingegen, dass im Wege einer Abschaffung auch der Schutz von investitionsintensiven Reproduktionsfotografien musealer Vorlagen, Stockfotografien, Satellitenfotografien und zu kommerziellen Zwecken

---

947 Bezüglich der Schutzfrist BeckOK/*Lauber-Rönsberg*, § 72 UrhG Rn. 3; *Overbeck*, 160; *Schack*, Rn. 720; vgl. Dreyer/Kotthoff/*Meckel*/Hentsch, § 72 UrhG Rn. 1; vgl. *Erdmann*, in: FS Bornkamm, 761 (762); vgl. *Schack*, in: FS Wandtke, 9 (10). Bezüglich des internationalen Schutzes *Schack*, Rn. 720; *Schack*, in: FS Wandtke, 9 (10); vgl. *Dreyer*/Kotthoff/Meckel/Hentsch, § 2 UrhG Rn. 143. Bezüglich des urheberpersönlichen Schutzes Fromm/Nordemann/*A. Nordemann*, § 72 UrhG 17; *Erdmann*, in: FS Bornkamm, 761 (762); vgl. Dreyer/Kotthoff/*Meckel*/Hentsch, § 72 UrhG Rn. 15; vgl. Schricker/Loewenheim/*Vogel*, § 72 UrhG Rn. 50, 63.

948 *Apel*, in: FS Vogel, 205 (218); vgl. Wandtke/Bullinger/*Thum*, § 72 UrhG Rn. 9.

949 BT-Drs. 19/27426, S. 53.

angefertigten Luftbildaufnahmen entfiele, obwohl für ihn weiterhin eine Rechtfertigung besteht. Es wäre insofern mit einem Produktionsrückgang zu rechnen.

II. Folgen einer Einschränkung des Lichtbildschutzes nach § 72 UrhG durch das Erfordernis einer wesentlichen Investition

Im Fall des Erfordernisses einer wesentlichen Investition für den Schutz als Lichtbild nach § 72 UrhG wären mangels hoher Investitionen Schnappschüsse, einfache Produktfotografien, einfache Reproduktionsfotografien wissenschaftlicher und technischer Befunde und Erkenntnisse, einfache Stockfotografien, Automatenbilder und Karteifotografien sowie investitionsgeringe Bilder der Tagesberichterstattung und Kriegsberichterstattung nicht geschützt.

Gleichzeitig wären investitionsintensive Reproduktionsfotografien musealer Vorlagen sowie wissenschaftlicher und technischer Befunde und Erkenntnisse, Filmeinzelbilder, Satellitenfotografien, zu kommerziellen Zwecken und zu Zwecken der Stadt- und Bauplanung angefertigte Luftbildaufnahmen sowie investitionsintensive Bilder der Tagesberichterstattung und Bilder der Kriegsberichterstattung aufgrund der für ihre Anfertigung erforderlichen hohen Investitionen geschützt.

1. Vorteile einer Einschränkung des Lichtbildschutzes nach § 72 UrhG durch das Erfordernis einer wesentlichen Investition

Die Abschaffung des Schutzes für Schnappschüsse, einfache Produktfotografien, einfache Reproduktionsfotografien wissenschaftlicher und technischer Befunde und Erkenntnisse, Automatenbilder und Karteifotografien sowie investitionsgeringe Bilder der Tagesberichterstattung und Kriegsberichterstattung entspräche dem Ergebnis, dass es für ihren leistungsrechtlichen Schutz nach § 72 UrhG aus rechtsökonomischer Perspektive an einer Legitimation mangelt.

Der weiterhin geltende Lichtbildschutz für investitionsintensive Reproduktionsfotografien musealer Vorlagen, Satellitenfotografien und zu kommerziellen Zwecken angefertigte Luftbildaufnahmen entspräche dem Ergebnis, dass ihr leistungsrechtlicher Schutz nach § 72 UrhG aus rechtsökonomischer Perspektive weiterhin legitimiert ist.

2. *Nachteile einer Einschränkung des Lichtbildschutzes nach § 72 UrhG durch das Erfordernis einer wesentlichen Investition*

Problematisch ist allerdings, dass Filmeinzelbilder, zu Zwecken der Stadt- und Bauplanung angefertigte Luftbildaufnahmen und investitionsintensive Bilder der Tagesberichterstattung und Bilder der Kriegsberichterstattung aufgrund der mit ihrer Anfertigung verbundenen hohen Investitionen geschützt wären, obwohl für ihren Schutz insbesondere infolge alternativer Anreize keine Legitimation mehr existiert. Die Allgemeinheit würde in ihrer Nutzung beschränkt, obwohl dies nicht nur durch einen Wohlfahrtsgewinn gerechtfertigt wäre.

Der fortlaufende Schutz trotz mangelnder Legitimation beträfe ebenso investitionsintensive Reproduktionsfotografien wissenschaftlicher und technischer Befunde und Erkenntnisse. Dadurch wäre für die inhaltliche Auseinandersetzung mit diesen Fotografien weiterhin ein Zitieren der Fotografien notwendig. In Bezug auf die Gesamtbeiträge, in denen die Fotografien erscheinen, ist dies aber ohnehin erforderlich. Die Gesamtbeiträge müssen zitiert werden. Zudem ergibt sich aus den Regeln guter wissenschaftlicher Praxis die Erforderlichkeit der Angabe der Quelle auch in Bezug auf die Fotografien.[950] Nutzungsinteressierte außerhalb der Wissenschaft wären allerdings trotz mangelnder rechtsökonomischer Legitimation in ihrer Nutzung beschränkt.

Für den Schutz einfacher Stockfotografien existiert weiterhin eine Legitimation. Dieser würde den Fotografen einfacher Stockfotografien jedoch regelmäßig in Ermangelung wesentlicher Investitionen nicht gewährt. Dadurch bestünde die Gefahr einer geringeren Produktion und jedenfalls die Gefahr, dass die Fotografien zwar weiterhin als Teil der Hobbyfotografie angefertigt, der Allgemeinheit aber nicht mehr zur Verfügung gestellt würden.

Im Hinblick auf die konkrete Ausgestaltung der Einschränkung durch das Erfordernis einer wesentlichen Investition bestünde zudem Streitpotenzial hinsichtlich des Anknüpfungspunktes für eine Investition zum einen und hinsichtlich des erforderlichen Maßes für die Wesentlichkeit zum anderen.[951] Die Herausforderung läge in der Bestimmung von Abgrenzungskriterien, durch die es weder zu einer Ausuferung des Lichtbildschutzes noch zu Schutzlücken käme.[952] Bis zur näheren Ausgestaltung und Definition, die im Detail durch

---

950 Siehe beispielsweise die Regeln guter wissenschaftlicher Praxis der Westfälischen Wilhelms-Universität vom 5. Mai 2020, abrufbar unter http://go.wwu.de/-fhjb (zuletzt abgerufen am 28.11.2021).

951 *Schiessel*, 284.

952 *Schiessel*, 285.

die Rechtsprechung erfolgen müsste, käme es zu Abgrenzungsschwierigkeiten. Das Resultat wäre Rechtsunsicherheit auf Seiten der Nutzer.[953] Eine Orientierung an Fallgruppen wäre allerdings möglich. Der Rechteinhaber könnte nicht mehr unter einfachem Verweis auf den Lichtbildschutz abmahnen, sondern wäre beweispflichtig hinsichtlich seiner Rechtsposition.[954] Zudem geht mit der Einführung jedes auslegungsbedürftigen Kriteriums eine Rechtsunsicherheit auf Nutzerseite einher. Es bestehen auch auf der Grundlage der aktuellen Fassung des Lichtbildschutzes Abgrenzungsschwierigkeiten und Rechtsunsicherheit für die Nutzer.[955]

III. Folgen einer bereichsspezifischen Abschaffung für Lichtbilder, die nicht berufsmäßig oder im Rahmen wissenschaftlicher oder technischer Tätigkeit hergestellt werden

Die Vor- und Nachteile einer bereichsspezifischen Abschaffung für Lichtbilder, die nicht berufsmäßig oder im Rahmen wissenschaftlicher oder technischer Tätigkeit hergestellt werden, ergeben sich auch an dieser Stelle vor allem daraus, ob die verschiedenen Lichtbildkategorien entsprechend ihrer Legitimation weiterhin geschützt oder entsprechend der fehlenden Legitimation nicht mehr geschützt wären.

1. Vorteile einer bereichsspezifischen Abschaffung für Lichtbilder, die nicht berufsmäßig oder im Rahmen wissenschaftlicher oder technischer Tätigkeit hergestellt werden

Infolge der Erhaltung des Lichtbildschutzes für Lichtbilder, die von Berufsfotografen oder im Rahmen wissenschaftlicher Tätigkeit erstellt werden, wären investitionsintensive Reproduktionsfotografien von Museumsbeständen, Satellitenfotografien und zu kommerziellen Zwecken angefertigte Luftbildaufnahmen entsprechend der weiterhin bestehenden Rechtfertigung ihres Schutzes als Lichtbilder geschützt. Daneben wären Schnappschüsse, private Produktfotografien, Automatenpassbilder und Karteifotografien entsprechend der fehlenden Rechtfertigung für ihren Lichtbildschutz nicht mehr als Lichtbilder geschützt.

953 *Schiessel*, 286; *Stang*, 181.
954 *Ohly*, 38.
955 Siehe Teil 4 B. I. 2.

Durch eine Regelung wie die vorgeschlagene Kennzeichnungspflicht von Lichtbildern, die von Berufsfotografen angefertigt werden, und eine entsprechende Kommunikation der neuen Regelung an die Allgemeinheit bestünde größere Rechtssicherheit für potenzielle Nutzer.

2. *Nachteile einer bereichsspezifischen Abschaffung für Lichtbilder, die nicht berufsmäßig oder im Rahmen wissenschaftlicher oder technischer Tätigkeit hergestellt werden*

Der Nachteil einer solchen Einschränkung des Lichtbildschutzes läge allerdings zum einen darin, dass Stockfotografien trotz der für sie weiterhin bestehenden Rechtfertigung nicht mehr geschützt wären und zum anderen darin, dass investitionsgeringe Reproduktionsfotografien von Museumsbeständen, gewerbliche Produktfotografien, Reproduktionsfotografien wissenschaftlicher und technischer Befunde, Filmeinzelbilder, zu Zwecken der Stadt- und Bauplanung angefertigte Luftbildaufnahmen, Bilder der Tagesberichterstattung und Kriegsberichterstattung sowie Freizeitfotos des Berufsfotografen trotz mangelnder Rechtfertigung weiterhin vom Lichtbildschutz umfasst wären. Es wären dementsprechend überaus viele Arten von Lichtbildern weiterhin urheberrechtlich geschützt und der freien Nutzung durch die Allgemeinheit vorenthalten, obwohl im Falle einer Abschaffung ihres Lichtbildschutzes nicht mit einem wesentlichen Produktionsrückgang zu rechnen wäre.

IV. Folgen einer Schranke für die Verwendung in sozialen Medien durch private Nutzer

Zuletzt sollen die Vor- und Nachteile einer Schranke für die Verwendung in sozialen Medien durch private Nutzer dargestellt werden.

1. *Vorteile einer Schranke für die Verwendung in sozialen Medien durch private Nutzer*

Die freie Nutzbarkeit aller Lichtbilder im Rahmen von sozialen Medien würde die gesamtgesellschaftliche Nutzung steigern, ohne dass die Anreizwirkung für die Anfertigung derjenigen Lichtbilder, für deren Anfertigung eine solche erforderlich ist, wesentlich beeinträchtigt würde. Das ergibt sich vor allem daraus, dass der Anreiz für die Anfertigung dieser Lichtbilder in der Regel in der kommerziellen und gewerblichen Verwertbarkeit liegt. Trotz privater Nutzbarkeit bestünde noch immer die Erforderlichkeit von Nutzungsrechteeinräumungen für kommerzielle und gewerbliche Nutzer.

2. *Nachteile einer Schranke für die Verwendung in sozialen Medien durch private Nutzer*

Es ist nicht nachvollziehbar, dass die Schrankenregelung auf den Bereich der sozialen Medien beschränkt bleiben soll. Eine vollständige Abwägung von Anreizwirkung und eingeschränkter Nutzbarkeit unterbleibt. Anderenfalls wäre aufgefallen, dass sogar eine „*unbeschränkte*" Schranke für die Verwendung durch private Nutzer möglich wäre. Da die Anreizwirkung dadurch nicht wesentlich beeinträchtigt würde, wäre auch dann nicht mit einem wesentlichen Rückgang der Produktion der Lichtbilder zu rechnen. Mit dem auslegungsbedürftigen Begriff der sozialen Medien ginge zudem eine erhöhte Rechtsunsicherheit einher.

Im Fall einer Beschränkung der Reform des Lichtbildschutzes auf eine Schranke für die Verwendung in sozialen Medien wären darüber hinaus weiterhin viele Lichtbilder geschützt, deren Schutz nicht mehr legitimiert ist.

C. Abwägung der Folgen

Keiner der Reformvorschläge ist geeignet, um die Ergebnisse zur Legitimation des Lichtbildschutzes aus Teil 3 uneingeschränkt umzusetzen.

Die Abschaffung des Lichtbildschutzes hätte zur Folge, dass alle Lichtbildkategorien, für deren Schutz noch eine Rechtfertigung besteht, nicht geschützt wären. Es wäre im Hinblick auf diese mit einem Produktionsrückgang zu rechnen, durch den die Gesellschaft insgesamt nicht profitieren würde: Was nicht existiert, kann auch nicht genutzt werden. Bei Abschaffung des Lichtbildschutzes und damit des zweigliedrigen Schutzsystems von Lichtbildwerken und Lichtbildern stünde zudem ein Ausufern des Schutzes der kleinen Münze bei Fotografien zu befürchten.[956] Zwar führte eine Abschaffung im Hinblick auf Lichtbilder möglicherweise zu geringeren Abgrenzungsschwierigkeiten und weniger Rechtsunsicherheit als im Fall der Umsetzung der anderen Vorschläge, dies kann allerdings die genannten Probleme nicht überwiegen oder ausgleichen. Eine Abschaffung ist daher als gesamtwohlfahrtsschädlich einzuordnen und dementsprechend abzulehnen.

Der Reformvorschlag, der eine Einschränkung des Lichtbildschutzes durch das Erfordernis einer wesentlichen Investition vorsieht, hätte zur Folge, dass einigen Lichtbildkategorien, für deren Schutz noch eine Rechtfertigung besteht,

956 Vgl. *Hughes*, 25 JOLT 2012, 327 (384, 386).

kein Lichtbildschutz mehr zugestanden würde. Die Anzahl dieser wäre allerdings noch größer bei einer Reform durch das Erfordernis einer Anfertigung durch einen Berufsfotografen oder im Rahmen wissenschaftlicher/technischer Tätigkeit. Die Umsetzung des Erfordernisses einer wesentlichen Investition wäre wiederum infolge des unbestimmten Rechtsbegriffes der wesentlichen Investition mit größeren Abgrenzungsschwierigkeiten und mehr Rechtsunsicherheit verbunden als die Umsetzung des Berufsfotografenerfordernisses. Die Verwendung von unbestimmten Rechtsbegriffen dient in der Gesetzesarbeit jedoch der möglichen Anpassung an den konkreten Sachverhalt im Einzelfall. In all diesen Fällen erfolgt eine Ausgestaltung durch die Rechtsprechung. Die Einordnung, ob es sich um ein Lichtbild eines Berufsfotografen handelt, kann eindeutig vorgenommen werden und ist dementsprechend einer Kennzeichnung zugänglich. Im Ergebnis würden dennoch beide Vorschläge den Ergebnissen zur Legitimation des Schutzes der einzelnen Lichtbildkategorien nicht vollkommen gerecht.

Auch eine Reform mittels einer Schranke für die Verwendung durch private Nutzer, die auf den Bereich der sozialen Medien beschränkt ist, kann aufgrund der damit verbundenen Nachteile nicht vollends überzeugen.

Entscheidend ist letztlich für die Gestaltung einer Reform, wie die Mehrheit der noch gerechtfertigten Lichtbildkategorien bei gleichzeitig größtmöglicher Rechtssicherheit weiterhin als Lichtbilder geschützt werden kann. Eine Lösung wird in der Kombination der genannten Reformvorschläge zu finden sein.[957] In jedem Fall ist zunächst eine Schranke für die private und wissenschaftliche Nutzung aller weiterhin geschützten Lichtbilder zu befürworten, da die Nutzung durch die Allgemeinheit bei gleichzeitiger Beibehaltung der Anreizwirkung durch den Schutz vor kommerzieller und gewerblicher Nutzung erhöht und erleichtert werden könnte. Ein weiterführender Reformvorschlag müsste dementsprechend den Besonderheiten der kommerziellen und gewerblichen Nutzung gerecht werden. Das alleinige Abstellen auf die Eigenschaft als Berufsfotograf würde außer Acht lassen, dass für die Anreizwirkung entscheidend ist, ob der Investor, der nicht notwendigerweise personenidentisch mit dem das Lichtbild unmittelbar anfertigenden Berufsfotografen ist, seine Interessen verwirklichen kann. Dieses Interesse liegt in der Verwirklichung des Amortisations- und Verwertungsinteresses nach einer nicht unwesentlichen Investition in die Anfertigung des Lichtbildes. Die Untersuchung der rechtsökonomischen Legitimation hat ergeben, dass der Umfang der Investition (Mühe, Zeit, finanzieller Aufwand) in ein Lichtbild in den meisten Fällen entscheidend für ein

957 So im Ergebnis auch *Schiessel*, 300.

Amortisations- und kommerzielles Verwertungsinteresse ist, das in vielen Fällen nur über den Lichtbildschutz als maßgebliches Schutzinstrument insbesondere vor kommerzieller und gewerblicher Nutzung realisiert werden kann. In den Fällen, in denen noch eine Anreizwirkung besteht, ergibt sich diese meist aus der Amortisierbarkeit und kommerziellen Verwertbarkeit einer wesentlichen Investition auf der Grundlage des Lichtbildschutzes. Gleichzeitig sind üblicherweise die Lichtbilder, deren Anfertigung keine große Investition erfordert, auch nicht mit einem Amortisations- und Verwertungsinteresse verbunden. Vor dem Hintergrund bedarf es keines Anreizes durch den Lichtbildschutz mehr. Es muss in der Reform des Lichtbildschutzes daher zwingend auf dieses Merkmal als Kriterium ankommen. Die Untersuchung hat darüber hinaus ergeben, dass eine Investition in die Anfertigung eines Lichtbildes üblicherweise die professionelle Anfertigung durch einen Berufsfotografen beinhaltet und das Amortisations- und kommerzielle Verwertungsinteresse oftmals wiederum mit der Anfertigung durch einen Berufsfotografen verbunden ist. Diese aktuelle Erkenntnis entspricht auch der historischen Analyse insoweit, dass schon im 19. Jahrhundert der Auslöser des subjektiven Schutzbedürfnisses der Berufsfotografen der Schutz ihrer Investitionen war. Das Kriterium der Anfertigung durch einen Berufsfotografen bietet den Vorteil der Rechtssicherheit.

Im Ergebnis scheint eine Kombination aus dem Erfordernis einer wesentlichen Investition und dem Erfordernis der Anfertigung durch einen Berufsfotografen zielführend. Das Vorliegen einer wesentlichen Investition muss dabei konstitutiv sein, da (nahezu) alle unter Aufwendung einer wesentlichen Investition angefertigten Lichtbilder auch von Berufsfotografen angefertigt werden, aber nicht alle von Berufsfotografen angefertigten Lichtbilder auch mit einer wesentlichen Investition verbunden sind. Die vorhandene/nicht vorhandene wesentliche Investition ist in den meisten Fällen ausschlaggebend für die Anreizwirkung und damit für die Legitimation des Lichtbildschutzes. Geschützt wären dann weiterhin entsprechend ihrer Rechtfertigung investitionsintensive Reproduktionsfotografien musealer Vorlagen, Satellitenfotografien und zu kommerziellen Zwecken angefertigte Luftbildaufnahmen. Entsprechend des Mangels einer Rechtfertigung wären Schnappschüsse, investitionsgeringe Reproduktionsfotografien musealer Vorlagen, Produktfotografien, Reproduktionsfotografien wissenschaftlicher und technischer Befunde oder Erkenntnisse, Automatenpassbilder und Karteifotografien sowie investitionsgeringe Bilder der Tagesberichterstattung nicht geschützt. Die Pflicht zur Kennzeichnung der Fotografie als von einem Berufsfotografen hergestellt wäre der Rechtssicherheit zuträglich. Schon in § 5 des Gesetzes betreffend den Schutz der Photographien gegen unbefugte Nachbildung vom 10. Januar 1876 hatte der Gesetzgeber eine ähnliche Pflicht vorgesehen.[958] Erforderlich für den Schutz vor Nachbildung war, dass die Abbildung oder der Karton den Namen/die Firma des „Verfertigers" der Originalaufnahme oder des Verlegers, den Wohnort und das Kalenderjahr des ersten rechtmäßigen Erscheinens enthielt.[959] Die Begründung dafür war, dass es für die Allgemeinheit bei der Vielzahl an Fotografien anderenfalls unmöglich sei, den Rechteinhaber ausfindig zu machen, dessen Genehmigung einzuholen war.[960]

Trotz Rechtfertigung entfiele ein Schutz für Stockfotografien. Gleichzeitig bestünde entgegen der fehlenden Rechtfertigung ein Schutz für Filmeinzelbilder, zu Zwecken der Stadt- und Bauplanung angefertigte Luftbildaufnahmen und investitionsintensive Bilder der Tagesberichterstattung sowie Bilder der Kriegsberichterstattung. Diese könnten allerdings immerhin über die angedachte Schranke für die private und wissenschaftliche Nutzung genutzt werden.

Hingenommen werden muss aber, dass dabei nicht jeder Einzelfall entsprechend seiner Legitimation geschützt oder entsprechend seiner fehlenden Legitimation vom Schutz ausgenommen wird. Das gilt umso mehr vor dem Hintergrund, dass die Darstellung der verschiedenen Lichtbildkategorien in dieser Arbeit keinen Anspruch auf Vollständigkeit erhebt. Auch etwaige Abgrenzungsschwierigkeiten zwischen wesentlichen und unwesentlichen Investitionen sowie privaten und kommerziellen Zwecken sind im Einzelfall hinzunehmen.

D. Reform des Anwendungsbereiches: Einschränkung durch die Erfordernisse einer Anfertigung durch einen Berufsfotografen und einer wesentlichen Investition sowie Einführung einer Schrankenbestimmung für die private und wissenschaftliche Nutzung

Nachfolgend sollen die Einzelheiten der angedachten Einschränkung des Lichtbildschutzes durch die Erfordernisse einer Anfertigung durch einen Berufsfotografen sowie einer wesentlichen Investition und Einführung einer Schrankenbestimmung für die private und wissenschaftliche Nutzung erläutert werden.

---

958 RGBl. 1876, S. 9.

959 RGBl. 1876, S. 9.

960 Motive zum Entwurf eines Gesetzes betreffend den Schutz der Photographieen gegen unbefugte Nachbildung, Sammlung sämmtlicher Drucksachen des Deutschen Reichstags, 1875/76, Drucks. Nr. 24, S. 36.

I. Einschränkung des Anwendungsbereiches von § 72 UrhG durch das Erfordernis einer wesentlichen Investition und der Anfertigung durch einen Berufsfotografen

Die Einschränkung des Anwendungsbereiches des Lichtbildschutzes könnte in § 72 Abs. 1 UrhG folgendermaßen vorgenommen werden:

> *„Lichtbilder und Erzeugnisse, die ähnlich wie Lichtbilder hergestellt werden, werden in entsprechender Anwendung der für Lichtbildwerke geltenden Vorschriften des Teils 1 geschützt, soweit diese von einem Berufslichtbildner hergestellt werden und deren Herstellung mit einer nicht notwendigerweise vom Berufslichtbildner selbst getätigten wesentlichen Investition verbunden ist. Der Schutz entsteht nur, wenn der Berufslichtbildner die Lichtbilder vor der erstmaligen Veröffentlichung, Verwertung und/oder öffentlichen Wiedergabe mit einer sichtbaren Kennzeichnung versieht, die zum Ausdruck bringt, dass das Lichtbild dem Schutz dieser Vorschrift unterliegen soll. Berufslichtbildner ist, wer seinen Lebensunterhalt dauerhaft ganz oder teilweise aus der Herstellung von Lichtbildern im Rahmen seiner abhängigen oder selbstständigen Tätigkeit bezieht. Eine Kennzeichnung gem. S. 2 erfolgt durch die Kennzeichnung mit (B).“*[961]

1. *Definition einer wesentlichen Investition*

Die im Folgenden erläuterte Definition der wesentlichen Investition soll die Grundlage für die rechtliche Orientierung im Einzelfall darstellen. Eine abschließende Definition soll an dieser Stelle nicht getroffen werden. Diese unterliegt vielmehr der Berücksichtigung der Umstände des Einzelfalls und der näheren Konkretisierung durch die Gerichte.

Die Herausforderung bei der Definition einer wesentlichen Investition liegt darin, dass sie weder zu einer Ausuferung des Schutzes noch zu Schutzlücken führt.[962]

a) Investition

Unter einer Investition sollte zunächst jeder mit der Anfertigung eines Lichtbildes verbundene zeitliche, organisatorische und finanzielle Aufwand zu verstehen sein, dessen Tätigung zu der Anfertigung des Lichtbildes in seiner konkreten

---

961 Nahezu identische Übernahme hinsichtlich des Erfordernisses der berufsmäßigen Herstellung (Herstellung durch einen Berufslichtbildner, Kennzeichnungspflicht und Definition des Berufslichtbildners) von *Schiessel*, 281, siehe Teil 4 A. III. Unterstrichen ist die vorgeschlagene Änderung von § 72 Abs. 1 UrhG.

962 *Schiessel*, 285.

Form geführt hat. Dazu gehören insbesondere auch vor- und nachbereitende Handlungen, die nicht Teil des unmittelbaren Fotografierprozesses sind.

b) Wesentlichkeit der Investition

Für die Beurteilung der Wesentlichkeit der Investition ist eine Gesamtschau aller Umstände des Einzelfalls erforderlich. Ähnlich wie im Fall des Schutzes einer Datenbank nach § 87a UrhG,[963] kann die Wesentlichkeit der Investition auch durch die Qualität oder die Höhe der Investition erbracht werden. Ein Hinweis auf die Wesentlichkeit der Investition sollte sich in jedem Fall daraus ergeben, dass aus objektiver Perspektive die Investition derartigen Aufwand bedeutet, dass von deren Amortisationsmöglichkeit die Tätigung der Investition in wesentlichem Maße abhängig ist. Eine einmalige Investition für die Anschaffung eines, wenn auch kostspieligen, marktüblichen Fotoapparates soll allein beispielsweise nicht für den Schutz aller damit angefertigten Lichtbilder ausreichend sein.[964] Davon wiederum ausgenommen wären möglicherweise (marktunübliche) Aufnahmeapparate, die für jede Aufnahme aufwendig neu eingestellt werden müssen.[965]

Im Ergebnis sollen einfachste Fotografien, deren Anfertigung nur mit unwesentlichen Investitionen verbunden ist, aus dem Schutzbereich des Lichtbildschutzes fallen. Die Investitionen sind dann unwesentlich, wenn der wirtschaftliche Aufwand für die Anfertigung der Lichtbilder kaum messbar ist. Für eine Kasuistik der Wesentlichkeit der Investition ist eine Konkretisierung durch die Rechtsprechung unumgänglich. Eine damit einhergehende, übergangsweise bestehende Rechtsunsicherheit muss hingenommen werden.[966]

2. Kennzeichnungspflicht

Durch die Kennzeichnungspflicht wird eine gewisse Rechtssicherheit hergestellt. Potenzielle Nutzer werden darauf hingewiesen, dass es sich bei dem betroffenen Lichtbild möglicherweise um eine rechtlich geschützte Fotografie handelt. Das schärft das Bewusstsein dafür, die Erforderlichkeit einer Nutzungsrechteeinräumung zu prüfen.

---

963 BeckOK/*Vohwinkel*, § 87a UrhG Rn. 50; Schricker/Loewenheim/*Vogel*, § 87a UrhG Rn. 52 f.

964 So auch *Apel*, in: FS Vogel, 205 (222).

965 *Apel*, in: FS Vogel, 205 (223).

966 *Apel*, in: FS Vogel, 205 (223).

Das missbräuchliche Anbringen, die missbräuchliche Nutzung und das missbräuchliche Entfernen eines solchen Kennzeichens sollten als Ordnungswidrigkeit und bei gewerblicher Nutzung als Straftat sanktioniert werden.[967]

3. *Rechteinhaberschaft*

Darüber hinaus ist die Zuordnung der Rechteinhaberschaft zu klären. Es stellt sich angesichts der Einschränkung des Lichtbildschutzes durch das Erfordernis einer wesentlichen Investition die Frage, ob die Rechteinhaberschaft daran anknüpfen soll, wer die Investition tätigt oder ob weiterhin dem Lichtbildner die Rechte an den Lichtbildern zustehen sollen. Im Fall des Schutzes von Datenbanken nach § 87a Abs. 1 UrhG ist nach § 87a Abs. 2 UrhG Datenbankhersteller – und damit Rechteinhaber – derjenige, der die Investition vorgenommen hat.

Für den Fall, in dem Investor und Fotograf personenidentisch sind, würde sich eine Unterscheidung nicht auswirken. Sind Investor und Fotograf nicht personenidentisch, stünden diese in der Regel bereits vor Anfertigung des Lichtbildes in einem vertraglichen Verhältnis zueinander, das die Nutzungsrechteeinräumung an den Investor regelt. Dabei kann es sich um ein arbeitsvertragliches Verhältnis handeln, bei dem der Investor über § 43 UrhG geschützt ist,[968] oder um ein Auftragsverhältnis. Anderenfalls würde der Investor die Investition in der Regel nicht tätigen.

Problematisch ist allerdings, dass in vielen Fällen mehrere Investitionen von unterschiedlichen Personen zu der Anfertigung eines Lichtbildes führen. Der Fotograf investiert gegebenenfalls zeitlichen Aufwand (Mühe),[969] während eine andere Person wirtschaftlichen Aufwand betreibt. Dementsprechend ergäben sich Schwierigkeiten, wenn man „*den Investor*" von vornherein zum Rechteinhaber erklären würde. Es würde regelmäßig ein Verhältnis ähnlich der Miturheberschaft entstehen.[970] Eine Aufteilung von Anteilen je nach unterschiedlichem Investitionsaufwand erscheint praxisfern. Eine solche würde in der Praxis dazu führen, dass die verschiedenen Rechteinhaber vertragliche Regelungen hinsichtlich der Verwertung des Lichtbildes treffen müssten. Es erscheint einfacher, die Rechteinhaberschaft weiterhin dem Lichtbildner zu gewähren. Investoren

---

967 So auch schon *Schiessel*, 280 f., 301.

968 *Apel*, in: FS Vogel, 205 (224).

969 *Apel*, in: FS Vogel, 205 (224).

970 *Apel*, in: FS Vogel, 205 (224).

können sich über vertragliche Regelungen mit dem Lichtbildner und über § 43 UrhG hinreichend schützen.[971]

Als Berufsfotograf sollte nur gelten,

> *„wer seinen Lebensunterhalt dauerhaft ganz oder teilweise aus der Herstellung von Lichtbildern im Rahmen seiner abhängigen oder selbstständigen Tätigkeit bezieht".*[972]

II. Einführung einer Schrankenbestimmung für die private und wissenschaftliche Nutzung

Die Prüfung hat ergeben, dass die Anreizwirkung durch eine Schrankenregelung für die private und wissenschaftliche Nutzung von Lichtbildern nicht wesentlich verringert würde. Daher sollte die Privatnutzungsschranke nicht auf Handlungen in sozialen Netzwerken beschränkt sein, sondern vielmehr alle Vervielfältigungshandlungen und darüber hinaus die öffentliche Wiedergabe sowie Zugänglichmachung zu privaten Zwecken, die beispielsweise der Kommunikation in sozialen Netzwerken dienen, erlauben. Damit würde die erlaubte Nutzung der neuen Privatnutzungsschranke über die in § 53 UrhG erlaubte Nutzung hinausgehen. Die gewerbliche und anderweitige kommerzielle Nutzung ist von der Erlaubnis auszunehmen, damit den Investoren die kommerzielle und gewerbliche Verwertbarkeit weiterhin uneingeschränkt offensteht. Die Schrankenregelung ist nicht mit einem Recht auf Zugang gleichzusetzen.

Eine solche Schranke sollte in Teil 1, Abschnitt 6 integriert werden.[973] Sie könnte folgendermaßen formuliert werden:

> *„Zulässig ist die Vervielfältigung, öffentliche Wiedergabe und öffentliche Zugänglichmachung eines Lichtbildes gemäß § 72 UrhG, soweit die jeweilige Handlung keinem Erwerbs- oder einem anderen kommerziellen Zweck des Nutzers dient."*[974]

E. Reform auf urheberpersönlicher Ebene

Urheberpersönlichkeitsrechte stehen vielfach im Konflikt zu einer ökonomisch effizienten Ausgestaltung des Urheberrechts.[975] Da Lichtbilder in Abgrenzung

---

971 So auch *Apel*, in: FS Vogel, 205 (224).

972 *Schiessel*, 281, 284.

973 Dem Vorschlag von *Schiessel*, 292 zu der Schrankenbestimmung für den Bereich der sozialen Medien entsprechend.

974 Orientierung an *Schiessel*, 294.

975 *Hoeren*, in: Kubicek/Müller/Neumann/Raubold/Roßnagel, Jahrbuch Telekommunikation und Gesellschaft 1995, 94 (96).

zu Lichtbildwerken keine individuelle Schöpfung darstellen, existiert zwischen dem Lichtbildner und seiner Fotografie in der Regel keine oder nur eine geringe geistige und persönliche Beziehung.[976] In dem Zusammenhang mit einer Reform des Lichtbildschutzes durch das Erfordernis einer Anfertigung durch einen Berufsfotografen und einer wesentlichen Investition ist es an der Zeit, den Umfang der urheberpersönlichen Befugnisse von Lichtbildnern für die weiterhin geschützten Lichtbilder aus rechtsökonomischer Perspektive zu analysieren. Bislang genießt der Lichtbildner das Namensnennungsrecht aus § 13 UrhG uneingeschränkt. Im Rahmen gerichtlicher Streitigkeiten um die unberechtigte Nutzung von Lichtbildern ist die Verletzung des Namensnennungsrechts häufig Gegenstand der Auseinandersetzung.[977] Die Benennung als Fotograf ist für einen Lichtbildner im professionellen Kontext mit einer wichtigen Werbewirkung verbunden.[978] Die Rechteeinräumung hinsichtlich der Nutzung von Lichtbildern erfolgt in vielen Fällen über das Lizenzierungsmodell Creative Commons, während Datenbanken teilweise auch eigene Lizenzbedingungen bereit halten.[979] Mittlerweile ermöglichen viele Bilddatenbanken ihren Nutzern zwar einen kostenlosen Zugriff auf Fotografien und deren kostenlose Nutzung.[980] Diese Möglichkeit beruht allerdings primär darauf, dass die Fotografen ihre Bekanntheit steigern wollen.[981] Dafür ist die Nennung ihres Namens im Zusammenhang mit der Nutzung der Fotografie erforderlich und gewünscht.[982] Die Veröffentlichung von Fotografien mit dem Namen des Fotografen kommt einem Marketinginstrument gleich.[983] Die Fotografien werden nicht nur privat, sondern auch kommerziell, beispielsweise von Werbeagenturen und Redaktionen, genutzt.[984] Daher bleibt es auch in den Fällen der Open-Content-Lizenzen in der Regel bei der Verpflichtung zur Namensnennung der Lichtbildner.[985] Die Nutzungsbedingungen werden jedoch oft nicht gelesen und insbesondere im

---

976 Fromm/Nordemann/*A. Nordemann*, § 72 UrhG 17; Schricker/Loewenheim/*Vogel*, § 72 UrhG Rn. 50.

977 *Schneider*, CR 2016, 37 (37); vgl. *Forch*, GRUR-Prax 2016, 142 (144).

978 Wandtke/Ohst/*Maaßen*, Rn. 76; *Platena*, 179 f.; *Spieker*, GRUR 2006, 118 (120); *Wanckel*, Rn. 392.

979 *Rauer/Ettig*, WRP 2015, 153 (154).

980 *Rauer/Ettig*, WRP 2015, 153 (153); vgl. *Schneider*, CR 2016, 37 (37).

981 *Rauer/Ettig*, WRP 2015, 153 (153 f.).

982 *Rauer/Ettig*, WRP 2015, 153 (154).

983 *Rau*, 54.

984 *Rauer/Ettig*, WRP 2015, 153 (153).

985 *Rauer/Ettig*, WRP 2015, 153 (154).

Fall der kostenlosen Nutzbarkeit wird die Pflicht zur Namensnennung vielfach übersehen oder nicht bedacht.[986] Die Pflicht zur Namensnennung besteht streng genommen sogar ohne ausdrückliche vertragliche Verpflichtung.[987]

Die Umsetzung dieser Verpflichtung bietet Anlass für rechtliche Auseinandersetzungen.[988] Die Verwendung von Bilddateien kann mittels spezieller Software im Internet nachvollzogen und dokumentiert werden, sodass im Fall einer Verletzung der Lizenzbedingungen und insbesondere des Namensnennungsrechts eine Abmahnung sowie eine Unterlassensaufforderung und Aufforderung zur Schadensersatzzahlung folgen.[989] Bei der Möglichkeit einer kostenlosen Nutzung wird die Kennzeichnungspflicht leicht übersehen.[990] Potenzielle Nutzer sehen sich vor allem bei der Auseinandersetzung mit digitalen Angeboten mit der Problematik konfrontiert, die Identität des Lichtbildners zu klären. Auch wenn die Ausnutzung intransparenter Lizenzbedingungen im Hinblick auf das Namensnennungsrecht ein unlauteres Geschäftsmodell darstellt und gegebenenfalls zur Ablehnung darauf gestützter Ansprüche führen würde,[991] ist anzunehmen, dass betroffene Nutzer dies in vielen Fällen aus Unsicherheit nicht anwaltlich oder gerichtlich prüfen lassen.

Sowohl der Umfang des Namensnennungsrechts als auch die Höhe des Schadensersatzanspruchs im Fall einer Verletzung des Namensnennungsrechts beeinträchtigt die Nutzung durch die Allgemeinheit. Durch eine Einschränkung des Namensnennungsrechts würde die Nutzbarkeit von Lichtbildern insbesondere für private Nutzer erleichtert.

I. Bisherige Kritik am Umfang des Namensnennungsrechts nach § 13 UrhG

Dem Lichtbildner steht nach § 13 UrhG das Recht zu, mit seinem Namen und in seiner Eigenschaft als Fotograf genannt zu werden und dem Lichtbild dadurch eindeutig zugeordnet werden zu können.[992] Es reicht beispielsweise nicht aus, wenn stattdessen nur die vermittelnde (Nachrichten-)Agentur genannt wird.[993]

986 *Schneider*, CR 2016, 37 (37).
987 *Schneider*, CR 2016, 37 (37).
988 *Rauer/Ettig*, WRP 2015, 153 (154).
989 *Rauer/Ettig*, WRP 2015, 153 (154).
990 *Schneider*, CR 2016, 37 (37).
991 *Maaßen*, GRUR-Prax 2013, 127 (129).
992 Dreier/*Schulze*, § 72 UrhG Rn. 27.
993 Dreier/*Schulze*, § 72 UrhG Rn. 27; Schricker/Loewenheim/*Vogel*, § 72 UrhG Rn. 52; vgl. *BGH*, GRUR 2015, 258 (261).

Die Namensnennung muss für den Verkehr einen Hinweis auf eine natürliche Person darstellen.[994] Die Urheberbezeichnung muss direkt am Bild erfolgen, was zu technischen Schwierigkeiten führen kann.[995] Die Anforderungen an die Namensnennung können je nach den Umständen des Einzelfalls hoch und kompliziert ausfallen und sind teilweise nicht höchstrichterlich geklärt.[996] Das ist für Nutzer mit einer großen Rechtsunsicherheit verbunden.[997] Auch im Fall umfassender Regelungen in Lizenzbedingungen zum Namensnennungsrecht kommt es regelmäßig zu Auseinandersetzungen hinsichtlich der konkreten Umsetzung des Namensnennungsrechts.[998] In dem Fall *pixelio*[999] wurde über die Namensnennung in einer Bild-URL gestritten. Das Landgericht Köln nahm an, dass es sich bei der isolierten Abrufbarkeit unter einer Bild-URL um eine eigenständige Verwendung gehandelt habe, die nach den Lizenzbedingungen mit einer Namensnennung hätte versehen werden müssen.[1000] Dem widersprach das Oberlandesgericht Köln und ordnete die Verwendung als *„technische[…] Begleiterscheinung"* der Seitenprogrammierung und nicht als eigenständige Verwendung im Sinne der Lizenzbedingungen von *pixelio* ein.[1001] Dieses Beispiel steht für viele Streitigkeiten, die Einzelheiten der Namensnennung betreffen. Durch den bisher weit gefassten Schutzbereich des Lichtbildschutzes, der auch einfachste Fotografien umfasst, ist das Potenzial für entsprechende Rechtsverletzungen groß.[1002]

Zudem stellt die Rechtsprechung hohe Anforderungen an die Beseitigung einer begangenen Namensrechtsverletzung und die Unterlassung derselben, die viele private Nutzer nicht überblicken können.[1003] Durch die Nichterfüllung dieser Anforderungen ist den Rechteinhabern eine Möglichkeit geboten, die

994 *BGH,* GRUR 2015, 258 (261).
995 *Wanckel*, Rn. 391.
996 Beispielsweise im Hinblick auf die mehrfache Urhebernennung bei mehrfacher Verwendung *LG Köln*, MMR 2014, 265; vgl. *Schneider*, in: DSRI-Tagungsband 2015, 581 (587 ff.).
997 *Rauer/Ettig*, WRP 2015, 153 (157).
998 *Rauer/Ettig*, WRP 2015, 153 (155).
999 *LG Köln*, MMR 2014, 265.
1000 *LG Köln*, MMR 2014, 265 (265).
1001 Protokoll der mündlichen Verhandlung des *OLG Köln* vom 15.8.2014 des unter 6 U 25/14 beim OLG Köln anhängigen Berufungsverfahrens, abrufbar unter http://go.wwu.de/f0gvo (zuletzt abgerufen am 28.11.2021).
1002 *Schneider*, in: DSRI-Tagungsband 2015, 581 (585).
1003 *Schneider*, in: DSRI-Tagungsband 2015, 581 (585, 589 ff.).

unterlassene Namensnennung auch nach der ersten Abmahnung und Geltendmachung von Schadensersatz zu „*monetarisieren*".[1004]

Das Namensnennungsrecht trägt ganz wesentlich zur Rechtsunsicherheit im Zusammenhang mit der Nutzung von Lichtbildern bei. Die Verunsicherung führt zu einer zurückhaltenden Nutzung von Lichtbildern, insbesondere durch private Nutzer.

II. Bisherige Kritik an der Höhe des Schadensersatzanspruches im Fall einer Verletzung des Namensnennungsrechts aus § 13 UrhG

Als Ausgleich für den durch eine unrechtmäßige Nutzung der Fotografie entstandenen Schaden kann der Lichtbildner/der Rechteinhaber nach § 97 Abs. 2 Satz 3 UrhG die Zahlung einer fingierten angemessenen Lizenzgebühr verlangen (Lizenzanalogie).[1005] Entscheidend ist dafür der objektive Wert der Nutzungsberechtigung.[1006] Für dessen Ermittlung ist zunächst maßgeblich, ob eine am Markt durchgesetzte Lizenzierungspraxis des konkreten Rechteinhabers existiert.[1007] In Ermangelung einer solchen sind zuerst branchenübliche Vergütungssätze heranzuziehen.[1008] Gibt es solche nicht, ist die Höhe des Schadensersatzes vom Tatrichter nach § 287 ZPO unter Würdigung aller Umstände des Einzelfalls zu bestimmen.[1009] Eine am Markt durchgesetzte Lizenzierungspraxis des konkreten Rechteinhabers existiert in der Regel nur bei Berufsfotografen.[1010]

1004 *Schneider*, in: DSRI-Tagungsband 2015, 581 (585).

1005 *BGH*, GRUR 1993, 899 (900 f.) – Dia-Duplikate; Wandtke/Ohst/*Maaßen*, Rn. 154. Zur Schadensermittlung im Wege der Lizenzanalogie im Detail siehe *Schiessel*, 207 ff.

1006 *BGH*, GRUR 2019, 292 (293) – Foto eines Sportwagens; *BGH*, GRUR 2009, 407 (409) – Whistling for a train; *BGH*, GRUR 2006, 136 (137) – Pressefotos, *OLG München*, GRUR 2019, 828 (829) – Lizenzanalogie bei Stadtplänen; *OLG Brandenburg*, GRUR-RR 2009, 413 (413) – MFM-Bildhonorartabellen; Wandtke/Ohst/*Maaßen*, Rn. 154; *Schiessel*, 207 f.

1007 *BGH*, GRUR 2019, 292 (293) – Foto eines Sportwagens; *LG Kassel*, GRUR-Prax 2010, 560 (560); *Forch*, GRUR-Prax 2016, 142 (143); *Schiessel*, 208.

1008 *BGH*, GRUR 2019, 292 (293) – Foto eines Sportwagens; *BGH*, GRUR 2016, 191 (195 f.) – Tauschbörse III; *BGH*, GRUR 2016, 184 (188) – Tauschbörse II; *BGH*, ZUM 2013, 406 (409); Wandtke/Ohst/*Maaßen*, Rn. 154; *Schiessel*, 208.

1009 *BGH*, GRUR 2019, 292 (293 f.) – Foto eines Sportwagens; *BGH*, GRUR 2016, 191 (195 f.) – Tauschbörse III; *BGH*, GRUR 2016, 184 (188) – Tauschbörse II; *BGH*, ZUM 2013, 406 (409); *Schiessel*, 208.

1010 *Schiessel*, 208 f.

Hinsichtlich der Heranziehung branchenüblicher Vergütungssätze wurde von Rechtsprechung und Literatur zuletzt bemängelt, dass vielfach differenzierungslos die Tarife aus den Honorarempfehlungen der Mittelstandsgemeinschaft Foto-Marketing (MFM) herangezogen worden seien.[1011] Die undifferenzierte Zugrundelegung der MFM-Honorarempfehlungen führe in Bagatellfällen teilweise zu „*exorbitanten Zahlungsforderungen*".[1012] Bei den Honorarempfehlungen der MFM handele es sich nur um eine einseitige Empfehlung einer Interessenvertretung.[1013] Diese sind insbesondere auf die professionelle Nutzung der Fotografien abgestimmt.[1014] Die Gerichte nehmen aber vor diesem Hintergrund bereits gewisse Abschläge vor, etwa wenn nicht angenommen werden kann, dass die in den MFM-Empfehlungen genannten Honorarbeträge tatsächlich auf dem Markt realisiert werden könnten.[1015] Das Oberlandesgericht Köln nahm in einem Fall von 2015, in dem die nicht-kommerzielle Nutzung der Fotografie kostenlos möglich war, sogar einen wirtschaftlichen Wert der Nutzung in Höhe von null an.[1016] Der Bundesgerichtshof hat zuletzt bekräftigt, dass die Honorartabelle der Mittelstandsgemeinschaft üblicherweise keine Anwendung zur Bestimmung der Vergütung für eine Nutzung von Fotografien im Internet finde, die nicht von professionellen Marktteilnehmern erstellt worden sind.[1017] Dann sei die übliche Vergütung unter Würdigung aller Umstände nach freier Überzeugung durch das Gericht zu schätzen, § 287 Abs. 1 Satz 1 ZPO.[1018] Maßgeblich ist dafür nach Auffassung des Bundesgerichtshofs, „*was vernünftige Vertragspartner als Vergütung für die vom Verletzer vorgenommenen Benutzungshandlungen vereinbart hätten*".[1019] Entscheidend seien dabei unter anderem die Intensität der

1011 *Bildhäuser*, GRUR-Prax 2013, 30 (32); *Fortmeyer*, Anm. zu OLG Braunschweig – 2 U 7/11, MMR 2012, 332 (332); *Lerach*, in: DSRI-Tagungsband 2012, 175 (184); *Schneider*, CR 2016, 37 (38); vgl. *BGH*, GRUR 2019, 292 (293) – Foto eines Sportwagens; vgl. *BGH*, GRUR 2010, 623 (626) – Restwertbörse; vgl. Wandtke/Ohst/*Maaßen*, Rn. 155.

1012 *Lerach*, in: DSRI-Tagungsband 2012, 175 (184); ähnlich *Fortmeyer*, Anm. zu OLG Braunschweig – 2 U 7/11, MMR 2012, 332 (332).

1013 *BGH*, GRUR 2019, 292 (293) – Foto eines Sportwagens; *BGH*, GRUR 2010, 623 (626) – Restwertbörse; *Rauer/Ettig*, WRP 2015, 153 (156 f.).

1014 *Schneider*, CR 2016, 37 (38); *Schneider*, in: DSRI-Tagungsband 2015, 581 (583).

1015 *AG Düsseldorf*, beckRS 2014, 22406.

1016 *OLG Köln*, MMR 2015, 331 (335); kritisch *Rauer/Ettig*, WRP 2015, 153 (157).

1017 *BGH*, GRUR 2019, 292 (293) – Foto eines Sportwagens.

1018 *BGH*, GRUR 2019, 292 (293 f.) – Foto eines Sportwagens.

1019 *BGH*, GRUR 2019, 292 (293) – Foto eines Sportwagens.

Nutzung,[1020] die Dauer der Nutzung,[1021] der Umfang der Nutzung (privat oder gewerblich),[1022] sowie die Qualität[1023] des Lichtbildes und unter Umständen der mit der Erstellung des Lichtbildes verbundene Aufwand[1024].[1025]

Zusätzlich zu einem angemessenen Schadensersatz für die unberechtigte Nutzung der Fotografie wird unter bestimmten Voraussetzungen ein Verletzeraufschlag/Verletzerzuschlag für die Verletzung des Namensnennungsrechts gewährt.[1026] Bei dem Verletzeraufschlag handelt es sich in der Regel um die Geltendmachung eines Vermögensschadens, der darin liegen soll, dass dem Lichtbildner infolge einer entgangenen Werbewirkung Folgeaufträge entgehen.[1027] Ausreichend ist dafür, dass geltend gemacht werden kann, dass die Namensnennung nach dem gewöhnlichen Lauf der Dinge die Bekanntheit und Reputation des Fotografen und infolgedessen die Wahrscheinlichkeit von Folgeaufträgen erhöht hätte.[1028] Auch im Fall von Open-Content-Lizenzen kann der Urhebernennung eine erhebliche wirtschaftliche Bedeutung zukommen.[1029] Daneben besteht theoretisch nach § 97 Abs. 2 Satz 4 UrhG auch die Möglichkeit der Geltendmachung eines immateriellen Schadens, *„wenn und soweit dies der Billigkeit entspricht“*.[1030] Dafür ist allerdings ein substanzieller Eingriff in das

1020 *BGH*, GRUR 2019, 292 (293) – Foto eines Sportwagens; *Schiessel*, 211.

1021 *BGH*, GRUR 2019, 292 (293) – Foto eines Sportwagens; *OLG Frankfurt a. M.*, GRUR-RR 2015, 233 (234) – P & C-Vermerk; *AG Düsseldorf*, beckRS 2012, 14861; *Forch*, GRUR-Prax 2016, 142 (143); *Schiessel*, 211.

1022 *BGH*, GRUR 2019, 292 (294) – Foto eines Sportwagens; *Schiessel*, 211.

1023 *BGH*, GRUR 2019, 292 (293) – Foto eines Sportwagens; *OLG Braunschweig*, GRUR 2012, 920 (924) – MFM-Honorarempfehlungen; *Forch*, GRUR-Prax 2016, 142 (143); *Schiessel*, 211.

1024 *BGH*, GRUR 2019, 292 (293) – Foto eines Sportwagens; *AG Düsseldorf*, beckRS 2012, 14861.

1025 *BGH*, GRUR 2019, 292 (293) – Foto eines Sportwagens; *Schiessel*, 211.

1026 *BGH*, GRUR 2019, 292 (294) – Foto eines Sportwagens; *OLG München*, ZUM 2014, 420 (423); *OLG München*, ZUM-RD 2014, 165 (166); *OLG Brandenburg*, GRUR-RR 2009, 413 (414) – MFM-Bildhonorartabellen; *OLG Düsseldorf*, GRUR-RR 2006, 393 (394 f.) – Informationsbroschüre; *Schiessel*, 206.

1027 *Schiessel*, 206; Schricker/Loewenheim/*Wimmers*, § 97 UrhG Rn. 303; vgl. *BGH*, GRUR 2015, 780 (784) – Motorradteile; vgl. *Schneider*, CR 2016, 37 (37).

1028 *LG Hamburg*, ZUM 2004, 675 (679).

1029 *Rauer/Ettig*, WRP 2015, 153 (157); a.A. *OLG Köln*, MMR 2015, 331 (335).

1030 Wandtke/Ohst/*Maaßen*, Rn. 169.

Urheberpersönlichkeitsrecht erforderlich, der nur in seltenen Fällen anzunehmen ist.[1031]

Üblicherweise wird für die Verletzung des Namensnennungsrechts ein pauschaler Verletzeraufschlag in Höhe von hundert Prozent der (fiktiven) Lizenzgebühr gewährt.[1032] Diese Praxis ist von der Literatur bereits kritisiert worden.[1033] Die Annahme eines Vermögensschadens in Form des Verlusts von Folgeaufträgen sei im Hinblick auf *„gewöhnliche“* Produktfotos als *„pure Fiktion“* abzulehnen.[1034] Die Gewährung einer doppelten Lizenzgebühr als Folge der Annahme eines Vermögensschadens stelle eine *„höchst fragwürdige Pauschalierung“* des immateriellen Schadens dar.[1035] In der Rechtsprechung wurde allerdings auch in einigen Fällen bereits von der Gewährung eines pauschalen Verletzeraufschlages abgewichen.[1036] Der Verletzeraufschlag wurde stattdessen anhand des konkreten wirtschaftlichen Nutzwertes der Urhebernennung und des daraus folgenden Schadens bemessen.[1037] Es wurde nach dem Aufmerksamkeitswert der Namensnennung differenziert,[1038] der unter anderem von dem Verbreitungs- und Aufmerksamkeitswert der das Lichtbild beinhaltenden Publikation abhängig ist.[1039]

Die Bemessung der Höhe des Verletzerzuschlages birgt letztlich weiterhin viel Streitpotenzial. Eine einheitliche Linie der Rechtsprechung ist nicht erkennbar.[1040] Dies ist zwar letztlich auch der Abhängigkeit von den Umständen des

---

1031 Schricker/Loewenheim/*Wimmers*, § 97 UrhG Rn. 303; *Schiessel*, 207; vgl. *OLG München*, ZUM-RD 2014, 165 (166); vgl. *OLG Braunschweig*, GRUR 2012, 920 (925) – MFM-Honorarempfehlungen.

1032 *BGH*, GRUR 2019, 292 (293 f.) – Foto eines Sportwagens; *OLG München*, ZUM 2014, 420 (423); *OLG München*, ZUM-RD 2014, 165 (166); *OLG Brandenburg*, GRUR-RR 2009, 413 (414) – MFM-Bildhonorartabellen; *OLG Düsseldorf*, GRUR-RR 2006, 393 (395) – Informationsbroschüre; *LG Köln*, GRUR-RS 2021, 20665; Schricker/Loewenheim/*Wimmers*, § 97 UrhG Rn. 303; *Wanckel*, Rn. 393.

1033 *Schack*, Rn. 784; *Schneider*, CR 2016, 37 (38, 42); a.A. *Spieker*, GRUR 2006, 118 (122 f.); a.A. *Feldmann*, Anm. zu LG Hamburg – 308 O 515/02, ZUM 2004, 679 (680).

1034 *Schack*, Rn. 784.

1035 *Schack*, Rn. 784.

1036 *OLG München*, ZUM-RD 2014, 165 (166); *OLG Braunschweig*, GRUR 2012, 920 (924 f.) – MFM-Honorarempfehlungen; *OLG Düsseldorf*, NJW-RR 1999, 194 (195 f.); *LG Hamburg*, ZUM 2004, 675 (679); *AG Düsseldorf*, beckRS 2012, 14861.

1037 *OLG München*, ZUM-RD 2014, 165 (166); *OLG Braunschweig*, GRUR 2012, 920 (924 f.) – MFM-Honorarempfehlungen; *OLG Düsseldorf*, NJW-RR 1999, 194 (195 f.); *LG Hamburg*, ZUM 2004, 675 (679); *AG Düsseldorf*, beckRS 2012, 14861.

1038 *LG Hamburg*, ZUM 2004, 675 (679).

1039 *LG Hamburg*, ZUM 2004, 675 (679).

1040 *Schneider*, CR 2016, 37 (38).

Einzelfalls zuzuschreiben. Die Annahme eines pauschalen Verletzeraufschlages ohne Anpassung an die konkreten Umstände des Einzelfalls ist jedoch abzulehnen.[1041] Abzulehnen ist der Verletzerzuschlag darüber hinaus, wenn für den konkreten Fall keine Lizenzierungspraxis besteht, die bei einer unterbliebenen Namensnennung zu einem Lizenzaufschlag führt oder wenn die fehlende Namensnennung für den Lichtbildner beispielsweise mangels Werbewirkung des Lichtbildes nicht mit wirtschaftlich nachteiligen Auswirkungen verbunden ist.[1042]

III. Vergleich zum beschränkten Namensnennungsrecht von Lichtbildnern in Österreich

In Österreich werden Lichtbildnern im Vergleich zu Urhebern fotografischer Werke Urheberpersönlichkeitsrechte nur in beschränktem Maße gewährt.[1043] Ein Anspruch auf Anbringung einer Herstellerbezeichnung auf Vervielfältigungsstücken kann gemäß § 74 Abs. 3 des österreichischen Urheberrechtsgesetzes nur dann geltend gemacht werden, wenn der Hersteller das Original-Lichtbild *„mit seinem Namen (Decknamen, Firma) bezeichnet"* hat. Er muss damit kenntlich machen, dass auf allen Ausfertigungen seines Lichtbildes seine Bezeichnung angebracht werden soll.[1044] Für einen objektiven Betrachter muss eine enge Verbindung zu dem Lichtbild erstellt werden.[1045]

Der österreichische Gesetzgeber legt die Pflicht zur Namensnennung somit nur demjenigen auf, dem es *„bei normalem Lauf der Dinge möglich ist, bei einer Vervielfältigung vom Namen des Herstellers Kenntnis zu nehmen"*.[1046] Telos des § 74 Abs. 3 des österreichischen Urheberrechtsgesetzes ist, auf den Hersteller des Lichtbildes aufmerksam zu machen.[1047]

1041 So auch *Bildhäuser*, GRUR-Prax 2013, 30 (32); ähnlich *Schneider*, CR 2016, 37 (38); a.A. *Feldmann*, Anm. zu LG Hamburg - 308 O 515/02, ZUM 2004, 679 (680).

1042 *OLG Braunschweig*, GRUR 2012, 920 (924 f.) – MFM-Honorarempfehlungen; *AG Düsseldorf*, beckRS 2012, 14861; *Schneider*, CR 2016, 37 (38, 42); vgl. *OLG München*, ZUM-RD 2014, 165 (166); vgl. *OLG Düsseldorf*, NJW-RR 1999, 194 (195 f.).

1043 Loewenheim/*Walter*/*Appl*, § 57 Rn. 131.

1044 *OGH*, GRUR Int. 2017, 647 (648) – Copyright-Hinweis.

1045 *OGH*, GRUR Int. 2017, 647 (648) – Copyright-Hinweis; Dokalik/*Zemann*, § 74 UrhG E 50.

1046 Dokalik/*Zemann*, § 74 UrhG E 47.

1047 Dokalik/*Zemann*, § 74 UrhG E 45.

IV. Auswirkungen einer Einschränkung durch das Erfordernis einer Anfertigung durch einen Berufsfotografen und einer wesentlichen Investition

Durch die Beschränkung des Lichtbildschutzes auf Lichtbilder, deren Anfertigung durch einen Berufsfotografen mit einer wesentlichen Investition verbunden ist, werden Fotografien mit einem geringen wirtschaftlichen Wert aus dem Schutzbereich ausgenommen. Dadurch können einfachste Fotografien nicht mehr ohne weiteres von den Lichtbildnern über das Namensnennungsrecht monetarisiert werden. Diese Einschränkung ist begrüßenswert. Einem großen Teil der dadurch vom Schutz ausgenommenen Fotografien dürfte ohnehin bei einer Verletzung des Namensnennungsrechts nur ein äußerst geringer oder kein wirtschaftlicher Wert zuzumessen sein. Die Einschränkung des Lichtbildschutzes durch das Erfordernis einer Anfertigung durch einen Berufsfotografen und einer wesentlichen Investition ist im Hinblick auf diese Fotografien daher bereits zielführend.

Für die weiterhin geschützten Lichtbilder ist zugunsten der Nutzer eine eingeschränkte Gewährung des Namensnennungsrechts in Anlehnung an die Voraussetzungen des österreichischen Urhebergesetzes zu empfehlen. Dadurch wäre eine größere Rechtssicherheit gewährleistet, da sich insbesondere private Nutzer darauf verlassen könnten, dass sie auf die Erforderlichkeit der Namensnennung durch die Wahrnehmung des Namens bei der Vervielfältigung aufmerksam gemacht würden. Zudem würde eine Recherche nach dem Lichtbildner für die Namensnennung überflüssig. Eine entsprechende Regelung sollte in § 72 UrhG als weiterer Absatz eingefügt und wie § 74 Abs. 3 des österreichischen Urheberrechtsgesetzes formuliert werden.

§ 72 Abs. 4 UrhG könnte dann wie folgt lauten:

> *„Hat der Lichtbildner ein Lichtbild mit seinem Namen bezeichnet, so sind auch die von anderen hergestellten, zur Verbreitung bestimmten Vervielfältigungsstücke mit einem entsprechenden Hinweis auf den Lichtbildner zu versehen. Gibt ein derart bezeichnetes Vervielfältigungsstück das Lichtbild mit wesentlichen Änderungen wieder, so ist die Herstellerbezeichnung mit einem entsprechenden Zusatz zu versehen."*

Diese Regelung ginge über den Vorschlag einer für den Lichtbildschutz erforderlichen Kennzeichnung der Anfertigung durch einen Berufsfotografen hinaus. Wären ein Schutz als Lichtbild und die Nennung als Lichtbildner gewünscht, müsste der Fotograf das Lichtbild daher sowohl mit seinem Namen als auch mit einem (B) als Kennzeichen für die Anfertigung durch einen Berufsfotografen versehen.

Überdacht werden sollte darüber hinaus, wie hoch die Anforderungen an die Namensnennung für die verbleibend geschützten Lichtbilder ausfallen sollten. Momentan werden die Anforderungen an die Namensnennung noch durch die Kasuistik der Rechtsprechung konkretisiert. Die Rechtsprechung ist für die Bestimmung eines Verletzeraufschlages als Ausgleich für die unterlassene Namensnennung in jedem Fall zu der Prüfung angehalten, ob die konkrete Lizenzierungspraxis für eine unterbliebene Namensnennung tatsächlich einen Lizenzaufschlag beinhaltet. Darüber hinaus muss entscheidend sein, ob die fehlende Namensnennung tatsächlich mit wirtschaftlich nachteiligen Folgen verbunden ist. Nur wenn beides zu bejahen ist, ist entsprechend der Umstände des Einzelfalls eine angemessene Höhe des Verletzeraufschlages zu bestimmen und kein pauschaler Aufschlag in Höhe von 100% zu gewähren.

Problematisch bleibt, dass die Festlegung der angemessenen Lizenzhöhe und des wirtschaftlichen Werts der unterbliebenen Namensnennung von den Umständen des Einzelfalls abhängig ist und dadurch großes Konfliktpotenzial birgt. Damit geht eine gewisse Rechtsunsicherheit für die Nutzer einher.

F. Reform der Schutzdauer

Im Zuge der Reformüberlegungen stellt sich zudem die Frage nach einer ökonomisch legitimierten Schutzdauer.

Die Schutzdauer im Hinblick auf Lichtbilder (und Lichtbildwerke) war seit 1965 stetig Gegenstand von Veränderungen. Während 1965 die Schutzfrist für Lichtbilder fünfundzwanzig Jahre betrug, wurde diese mit dem Gesetz zur Änderung von Vorschriften auf dem Gebiet des Urheberrechts vom 24. Juni 1985 für Dokumente der Zeitgeschichte auf fünfzig Jahre erhöht. Die Notwendigkeit dieser Erhöhung wurde durch den Rechtsausschuss damit begründet, dass der Wert dokumentarischer Lichtbilder vielfach gerade aus dem besonders großen Zeitabstand zwischen dokumentiertem Ereignis und Nutzung der Fotografie erwachse.[1048] Für die übrigen Lichtbilder blieb es bei der fünfundzwanzigjährigen Schutzfrist, da dem Gesetzgeber „*eine Bevorzugung gegenüber anderen Leistungsschutzrechten nicht geboten*" erschien.[1049] Noch 1989 ging der Gesetzgeber davon aus, dass der Lichtbildschutz nicht länger ausfallen dürfe als der Schutz wissenschaftlicher Ausgaben und nachgelassener Werke.[1050] Davon ist

---

1048 BT-Drs. 10/3360, S. 20.
1049 BT-Drs. 10/837, S. 22.
1050 BT-Drs. 11/5744, S. 35.

er mittlerweile abgewichen. Die Erhöhung der Schutzdauer auf fünfzig Jahre für alle Lichtbilder durch das Dritte Gesetz zur Änderung des Urheberrechtsgesetzes vom 23. Juni 1995 wurde nicht begründet.[1051] Diese Bezifferung der Schutzfrist auf fünfzig Jahre erscheint mangels hinreichender gesetzgeberischer Begründung eher willkürlich. Auch im Hinblick auf andere Leistungsschutzrechte verweist der Gesetzgeber in seiner Gesetzesbegründung oft nur auf die Umsetzung von Vorgaben aus einer EU-Richtlinie und geht dabei nicht näher auf die Gründe ein, die Grundlage für die konkrete Ausgestaltung der Schutzdauer sind.[1052] Wenn der Gesetzgeber näher auf die Ausgestaltung der Schutzdauer eingeht, dann begründet er die gewählte Schutzdauer zwar mitunter pauschal mit dem „*angenommenen regelmäßigen Amortisationszeitraum*", erläutert dann aber nicht näher, wie die exakte Dauer zustande gekommen ist.[1053] Insbesondere ist nicht nachvollziehbar, weshalb die Leistungsschutzrechte mit teilweise stark divergierenden Schutzfristen ausgestattet werden: zwei Jahre für Presseverleger (§§ 87f, j UrhG), fünfzehn Jahre für Datenbankhersteller (§ 87b, d UrhG), fünfundzwanzig Jahre für wissenschaftliche Ausgaben (§ 70 Abs. 3 UrhG), nachgelassene Werke (§ 71 Abs. 3 UrhG) und Veranstalter von Darbietungen ausübender Künstler (§§ 81, 82 Abs. 2 UrhG), fünfzig Jahre für Sendeunternehmen (§ 87 Abs. 3 UrhG), Filmhersteller (§§ 89, 94 Abs. 3 UrhG) und Laufbildner (§§ 95, 94 Abs. 3 UrhG) und fünfzig bis siebzig Jahre für ausübende Künstler (§§ 73, 76, 82 Abs. 1 UrhG) und Tonträgerhersteller (§ 85 Abs. 3 UrhG).

Aktuell erlischt das Recht gemäß § 72 Abs. 3 Satz 1 UrhG

> *„fünfzig Jahre nach dem Erscheinen des Lichtbildes, oder wenn seine erste erlaubte öffentliche Wiedergabe früher erfolgt ist, nach dieser, jedoch bereits fünfzig Jahre nach der Herstellung, wenn das Lichtbild innerhalb dieser Frist nicht erschienen oder erlaubterweise öffentlich wiedergegeben worden ist".*

Wenn also das Lichtbild am letzten Tag der fünfzigjährigen Frist ab Herstellung erscheint, kann dadurch die Schutzdauer um weitere fünfzig Jahre verlängert werden.[1054]

1051 Vgl. BT-Drs. 13/1315, S. 2, 5.

1052 Beispielsweise hinsichtlich § 82 UrhG BT-Drs. 17/12013, S. 13 oder hinsichtlich § 85 Abs. 2 UrhG BT-Drs. 13/781, S. 15.

1053 Beispielsweise hinsichtlich § 87c UrhG [mittlerweile § 87d UrhG] BT-Drs. 13/7385, S. 47.

1054 Fromm/Nordemann/*A. Nordemann*, § 72 UrhG Rn. 27.

I. Kritik an der Schutzdauer für Lichtbilder

Die Begrenzung des Urheberrechts durch eine Schutzfrist soll den Interessen der Allgemeinheit am Zugang zu Kulturgut dienen.[1055] Schutzjahre, die sich auf die Anreizwirkung nicht mehr erhöhend auswirken, sind als Beschränkung der Nutzbarkeit durch die Allgemeinheit nicht erforderlich und führen zu einem „*deadweight-loss*".[1056] Fraglich ist, ob die im Verhältnis zu Schutzfristen anderer Leistungsschutzrechte lange Schutzdauer von fünfzig Jahren für den Anreiz zur Schaffung von Lichtbildern noch erforderlich ist. Einige Stimmen in der Literatur fordern bereits eine Verkürzung der Schutzdauer für Lichtbilder. Die Vorschläge reichen von einer deutlichen Verkürzung auf fünf Jahre ab der Aufnahme/Veröffentlichung über eine Schutzfrist von zwanzig Jahren bis hin zu einer maximal vertretbaren Schutzfrist von vierzig Jahren.[1057]

Diese Vorschläge sollen zum Anlass genommen werden, die rechtsökonomische Rechtfertigung der konkreten Schutzdauer von fünfzig Jahren für Lichtbilder zu überprüfen.

II. Rechtsökonomische Rechtfertigung der Begrenzung der urheberrechtlichen Schutzdauer

Es gibt verschiedene Ansätze zur Rechtfertigung der Begrenzung der urheberrechtlichen Schutzdauer.[1058] Zu unterscheiden ist zwischen den droit d'auteurbasierten kontinentaleuropäischen Ansätzen und den copyright-basierten angloamerikanischen Ansätzen.[1059]

Im Rahmen der individualistischen kontinentaleuropäischen Ansätze wird in persönlichkeitsrechtlicher Hinsicht daran angeknüpft, dass die Dauer des urheberrechtlichen Schutzes der Dauer der Erinnerung an den Urheber entsprechen müsse.[1060] In verwertungsrechtlicher Hinsicht wird für die Bestimmung

---

1055 BT-Drs. IV/270, S. 33; vgl. *Euler*, in: Drossou/Krempl/Poltermann, Die wunderbare Wissensvermehrung, 147 (149).

1056 *Gordon*, in: Ott/Schäfer, Ökonomische Analyse der rechtlichen Organisation von Innovationen, 328 (359).

1057 Für 5 Jahre *Apel*, in: FS Vogel, 205 (225); für 20 bis maximal 40 Jahre *Neymeyer*, 157, 160.

1058 Vgl. *Bischoffshausen*, 123 ff.

1059 *Beier*, 61, 91; *Malevanny*, GRUR Int. 2013, 737 (739); vgl. *Stang*, 44, 56. Eine strikte Trennung würde allerdings die Annäherung der Ansätze außer Acht lassen, vgl. *de la Durantaye*, GRUR Int. 2012, 989 (989 ff.).

1060 *Gierke*, UFITA 1994, 103 (119), *Grün*, 109 ff.; *Malevanny*, GRUR Int. 2013, 737 (739); *Rehbinder/Peukert*, Rn. 631; vgl. *Beier*, 63 f.

einer angemessenen Schutzdauer darauf verwiesen, dass die Nachkommen des Urhebers angemessen an dessen wirtschaftlichen Erfolgen beteiligt werden müssten.[1061] Beide Ansätze beziehen sich auf die Besonderheiten des urheberrechtlichen Werkschutzes und eignen sich daher von vornherein nicht zur Rechtfertigung der Begrenzung der Schutzdauer eines Leistungsschutzrechtes.

Währenddessen knüpfen die copyright-basierten angloamerikanischen Rechtfertigungsansätze schon hinsichtlich der Rechtfertigung eines urheberrechtlichen Ausschließlichkeitsrechts nicht an die Persönlichkeit oder die Sicherung der Versorgung des Urhebers an, sondern an den ökonomischen Grundsatz der Anreizschaffung, um die Entstehung neuer Werke zu fördern.[1062] Dem Urheberrecht kommt danach die Aufgabe zu, Wissenschaft und Kunst im Interesse der Allgemeinheit zu fördern.[1063] Das Urheberrecht soll gerade nicht der Belohnung des Urhebers, sondern vielmehr der Setzung eines Anreizes dienen, um dadurch geistigen, kulturellen und kulturwirtschaftlichen Fortschritt zu erwirken.[1064] Amortisationsinteresse und Innovationsanreiz auf Seiten des Urhebers sind in einen angemessenen Ausgleich mit dem Interesse an einem freien Zugang auf Seiten der Nutzer zu bringen.[1065] Das entspricht dem dieser Arbeit zugrunde gelegten angloamerikanisch geprägten Ansatz der Anreiz- und Nutzungsoptimierung und den Besonderheiten des leistungsrechtlichen Schutzes.

1061 *Grün*, 112 f.; *Kreile/Schricker/Melichar*, ZUM 1991, 359 (360); *Malevanny*, GRUR Int. 2013, 737 (739); *Ulmer*, 340 f.; vgl. *Beier*, 77.

1062 Siehe Teil 2 A. *Akerlof et al.*, 2 ff.; *Cohen*, 97 Mich. L. Rev. 1998, 462 (471); *Depoorter/Parisi*, 21 Int'l Rev. L. & Econ. 2002, 453 (454); *Elkin-Koren/Salzberger*, 19 Int'l Rev. L. & Econ. 1999, 553 (559); *Euler*, in: Drossou/Krempl/Poltermann, Die wunderbare Wissensvermehrung, 147 (149); *Gordon*, in: Ott/Schäfer, Ökonomische Analyse der rechtlichen Organisation von Innovationen, 328 (332); *Gordon*, 82 Colum. L. Rev. 1982, 1600 (1602, 1610); *Hansen*, 129; *Landes/Posner*, 18 JLS 1989, 325 (326); *Lemley*, 75 Tex. L. Rev. 1996–1997, 989 (993); *Malevanny*, GRUR Int. 2013, 737 (740); *Netanel*, 106 Yale L. J. 1996, 283 (293, 308); *Peukert*, in: Hilty/Peukert, Interessenausgleich im Urheberrecht, 11 (16); *Prosi*, 17; *Schäfer/Ott*, 749.

1063 *Beier*, 91; *Stang*, 56.

1064 *Beier*, 91; *Hoeren*, vhw Mitteilungen 2005, 25 (25).

1065 *Bartmann*, 19; *Euler*, in: Drossou/Krempl/Poltermann, Die wunderbare Wissensvermehrung, 147 (150); *Schulze*, ZUM 2009, 93 (94); *Schulze*, in: Hilty/Geiger, Impulse für eine europäische Harmonisierung des Urheberrechts, 117 (117 f.); *Towse*, 8 RERCI 2011, 101 (105); *Watt*, 12; vgl. *Landes/Posner*, 18 JLS 1989, 325 (326).

Der urheberrechtliche Schutz ist danach nur für die Dauer vorgesehen, die für die Zweckerreichung der Anreizschaffung erforderlich ist.[1066] In Article I Section 8 Clause 8 der amerikanischen Verfassung ist die zeitliche Begrenzung des urheberrechtlichen Schutzes vorgesehen mit dem Zweck:

> *„to promote the progress of science and useful arts, by securing for limited times to authors and inventors (…).“*

So soll das Interesse der Allgemeinheit an der Förderung der kulturellen Produktion und an einem geistigen und kulturellen Fortschritt optimal gewährleistet werden.[1067] Aber nicht jede Erweiterung eines Schutzrechtes führt auch zu einer Erhöhung der werkschöpferischen Tätigkeit.[1068] Der Anreiz zur Herstellung und Verbreitung neuer Werke kann ab einem bestimmten Zeitpunkt nicht mehr erhöht werden und legitimiert ab diesem Zeitpunkt den mit einem urheberrechtlichen Schutzrecht verbundenen Wohlfahrtsverlust nicht mehr.[1069] Der Urheberrechtsschutz darf daher nur bis zu diesem Zeitpunkt bestehen.[1070]

III. Rechtsökonomische Kriterien für die Bestimmung einer angemessenen Schutzdauer

Entscheidend für die Bestimmung einer angemessenen Schutzdauer ist demnach, welche Schutzdauer erforderlich und gleichermaßen ausreichend ist, um eine angemessene Amortisation zu ermöglichen und daher einen bestmöglichen Anreiz zur Erbringung der Leistung zu setzen und zugleich einen angemessenen Ausgleich mit dem Nutzungsinteresse der Allgemeinheit herbeizuführen.[1071]

Die Bestimmung einer konkreten erforderlichen sowie angemessenen Schutzdauer fällt für Urheberrechte und Leistungsschutzrechte gleichermaßen schwer und kann, sofern dies überhaupt möglich ist, eher von Ökonomen als von Juristen geleistet werden.[1072] Teilweise wird sogar angenommen, dass es unmöglich

---

1066 *Beier*, 94 ff.; *Malevanny*, GRUR Int. 2013, 737 (740); *Stang*, 59; vgl. *Hilty*, GRUR Int. 2003, 201 (203).

1067 *Beier*, 91, 100.

1068 *Bechtold*, GRUR Int. 2008, 484 (485).

1069 *Beier*, 95; *Stang*, 59.

1070 *Beier*, 95; *Stang*, 59.

1071 *Beier*, 94 ff., 133; *Stang*, 59; vgl. *Danisch*, 92 m.w.N.; vgl. *Hilty*, GRUR Int. 2003, 201 (203).

1072 Schricker/Loewenheim/*Katzenberger/Metzger*, § 64 UrhG Rn. 2. Vgl. für Berechnungsmodelle *Pollock*, 6 RERCI 2009, 35 (35 ff.).

sei, eine optimale Schutzdauer sicher zu bestimmen.[1073] Für einen Versuch einer solchen Bestimmung sind daher in jedem Fall ökonomische Erkenntnisse heranzuziehen. Man könnte zunächst vermuten, dass mit längeren Schutzfristen eine höhere Anreizwirkung einhergeht, da dadurch eine größere Zeitspanne zur Verfügung steht, um eine ausreichende Amortisation herbeizuführen.[1074] Zudem könnte eine längere Verwertbarkeit zu größeren Reinvestitionen in die Schaffung neuer Werke und Erbringung neuer Leistungen führen.[1075] Im Rahmen des Verfahrens *Eldred v. Ashcroft* befassten sich 2002 siebzehn Wirtschaftswissenschaftler mit einer ökonomischen Analyse des US-amerikanischen Copyright Term Extension Act von 1998,[1076] der eine längere Schutzdauer in Höhe von siebzig Jahren statt der vorherigen fünfzig Jahre für Autoren und eine Schutzfristverlängerung von fünfundsiebzig Jahren auf neunzig Jahre für „*works made for hire*" vorsah.[1077] Der Anreiz für einen Autor sei von dem derzeitigen Wert der Entschädigung abhängig, mit dem dieser zum Zeitpunkt der Werkschöpfung rechne.[1078] Mit der Verlängerung einer Schutzdauer steige dieser Wert allerdings nur sehr geringfügig, da die zusätzliche Entschädigung erst viele Jahrzehnte später stattfinde.[1079] Ausgehend von der Annahme, dass eine Anreizwirkung nur dann besteht, wenn die Investitionen amortisiert und gegebenenfalls sogar ein Gewinn erwirtschaftet werden können,[1080] sei für die Bestimmung einer optimalen Schutzdauer die Entwicklung des Geldwertes über Jahrzehnte hinweg zu analysieren.[1081] Der Geldwert belaufe sich für Autoren bei einer Verlängerung der Schutzdauer von fünfzig auf siebzig Jahre auf weniger als ein Prozent.[1082] Daher sei mit der Verlängerung der Schutzdauer für die Anfertigung neuer Werke im Ergebnis nur eine sehr geringe Anreizwirkung verbunden.[1083]

Auch in der deutschen Literatur wird angemerkt, dass „*gewöhnliche[...] Refinanzierungszyklen*" sehr kurz und in der Regel bereits nach wenigen Jahren

---

1073 *Liu*, 101 Mich. L. Rev. 2002, 409 (430, 446); *Towse*, 8 RERCI 2011, 101 (109).

1074 *Perlmutter*, in: ALAI Study Days 2010 Vienna, 103 (104).

1075 *Beier*, 130; *Perlmutter*, in: ALAI Study Days 2010 Vienna, 103 (104).

1076 *Akerlof et al.*, 1 ff.

1077 *Akerlof et al.*, 1, 5; *Danisch*, 101 f.

1078 *Akerlof et al.*, 2; vgl. *Danisch*, 102.

1079 *Akerlof et al.*, 2; vgl. *Danisch*, 102 f. So auch *Bischoffshausen*, 303; so auch *Landes/Posner*, 18 JLS 1989, 325 (363).

1080 *Akerlof et al.*, 4.

1081 *Akerlof et al.*, 5; vgl. *Danisch*, 102.

1082 *Akerlof et al.*, 6, 8.

1083 *Akerlof et al.*, 2, 8, 15; so auch *Klass*, ZUM 2008, 663 (669).

abgeschlossen seien.[1084] „*Knips-Fotos*" könnten oftmals gar nicht verwertet werden.[1085] Die kommerzielle Verwertung beschränke sich für die meisten Werke auf fünf bis zehn Jahre.[1086] Nach Ablauf von zwanzig bis dreißig Jahren seien die allerwenigsten Werke überhaupt noch wirtschaftlich verwertbar.[1087] Der genaue Zeitraum ist letztlich davon abhängig, wie der entsprechende Markt funktioniert.[1088] Nicht ganz klar ist, inwiefern durch die technische Entwicklung und damit einhergehende Raubkopien die kommerzielle Verwertbarkeit beeinträchtigt wird und dies durch eine längere Schutzdauer ausgeglichen werden sollte.[1089] Der mit einer zusätzlich gewährten Dauer eines Schutzrechtes bewirkte Produktionsanreiz nehme allerdings zunehmend ab: Werde die Schutzdauer von einem Jahr auf fünf Jahre verlängert, nehme die Anreizwirkung wahrscheinlich zu – werde die Schutzdauer allerdings von 101 auf 105 Jahre erhöht, dann wirke sich diese Erhöhung aller Wahrscheinlichkeit nach nicht wesentlich auf die Anreizwirkung aus.[1090]

Zudem sind längere Schutzfristen mit höheren Kosten verbunden.[1091] Je mehr Zeit vergangen ist, desto aufwendiger fällt die Suche nach den Rechteinhabern aus. Die Transaktionskosten steigen dadurch, dass Urheber neuer Werke und Erbringer neuer Leistungen unter Umständen Nutzungsrechte von Rechteinhabern erwerben müssen, deren Schöpfung/Leistungserbringung schon Jahrzehnte zurückliegt.[1092] Die Gefahr der Verweisung steigt.[1093] Je länger das Schutzrecht

---

1084 *Hinte*, in: Klimpel, Mit gutem Recht erinnern, 81 (84).

1085 *Gerstenberg*, GRUR 1976, 131 (134).

1086 *Hinte*, in: Klimpel, Mit gutem Recht erinnern, 81 (84).

1087 *Beier*, 133; von 25 Jahren ausgehend *Hinte*, in: Klimpel, Mit gutem Recht erinnern, 81 (84) und *Landes/Posner*, 213 f.

1088 *Towse*, 8 RERCI 2011, 101 (118).

1089 Vgl. Vorschlag für eine Richtlinie des Europäischen Parlaments und des Rates zur Änderung der Richtlinie 2006/16/EG des Europäischen Parlaments und des Rates über die Schutzdauer des Urheberrechts und bestimmter verwandter Schutzrechte, S. 4 f.; *Miller*, in: Congressional Record, Proceedings and Debates of the 104th Congress, First Session, Vol. 141 No. 39 1995, S 3394. Beispielsweise dagegen *Lavigne*, 73 U. Det. Mercy L. Rev. 1996, 311 (347); *Malevanny*, GRUR Int. 2013, 737 (745).

1090 *Gordon*, in: Ott/Schäfer, Ökonomische Analyse der rechtlichen Organisation von Innovationen, 328 (359).

1091 Schricker/Loewenheim/*Katzenberger/Metzger*, § 64 UrhG Rn. 2; *Bischoffshausen*, 302; *Landes/Posner*, 213.

1092 Schricker/Loewenheim/*Katzenberger/Metzger*, § 64 UrhG Rn. 2; *Bischoffshausen*, 312; *Landes/Posner*, 213; *Neymeyer*, 157.

1093 *Schack*, Rn. 518.

besteht, desto höher sind die Kosten für darauf aufbauende Urheber, neue Werke zu schaffen und zu verwerten.[1094] Dies ist einer bestmöglichen Nutzung abträglich. Die freie Verwendung durch die Allgemeinheit wird unterbunden.[1095]

IV. Angemessene Schutzdauer für den Schutz von Lichtbildern, deren Anfertigung durch Berufsfotografen mit einer wesentlichen Investition verbunden ist

Letztlich bleibt die Bestimmung der angemessenen Schutzdauer schwierig und ist von der Eigenart des geschützten Rechts abhängig.[1096] Dementsprechend sind die Eigenarten der geschützten Lichtbilder zu berücksichtigen. Weiterhin geschützt wären bei einer Einschränkung durch das Erfordernis einer wesentlichen Investition und das Erfordernis einer Anfertigung durch einen Berufsfotografen Satellitenfotografien, zu kommerziellen Zwecken angefertigte Luftbildaufnahmen und investitionsintensive Reproduktionsfotografien musealer Vorlagen sowie Stockfotografien.

Die Anfertigung von Satellitenfotografien und zu kommerziellen Zwecken angefertigten Luftbildaufnahmen ist in der Regel mit einem zeitnahen Verwendungszweck verbunden, sodass die Amortisation der getätigten Investitionen auch im Regelfall relativ zeitnah zur Anfertigung erfolgt. Stockfotografien werden dagegen „*on stock*" produziert, um auf Abruf bereit zu stehen. Mit ihnen ist daher bei Anfertigung noch kein konkreter Verwendungszweck verbunden. Die Schnelllebigkeit des Bildermarktes und die große Konkurrenz führen allerdings auch dazu, dass die Fotografien aktuellen Qualitätsstandards entsprechen müssen. Veraltete Stockfotografien verlieren an Attraktivität. Ein jahrzehntelanger Schutz erscheint deshalb auch für Stockfotografien nicht erforderlich.

Reproduktionsfotografien musealer Vorlagen können zeitnah verwertet werden, ihre Anfertigung ist aber eigentlich auch für den Abruf zu späteren Zeitpunkten gedacht. Der Markt für diese Reproduktionsfotografien ist nicht so schnelllebig wie beispielsweise der Musikmarkt.[1097] Denkbar ist allerdings, dass nach fünfundzwanzig bis dreißig Jahren ohnehin neue Reproduktionsfotografien der abgebildeten Sammlungsstücke angefertigt werden. Dies kann bei Leihgaben durch spätere Leihnehmer und bei im Eigentum des Museums stehenden Werken zu Zwecken der Dokumentation und der Archivierung erfolgen.

1094 *Bischoffshausen*, 312.
1095 *Neymeyer*, 157.
1096 *Beier*, 129; *Towse*, 8 RERCI 2011, 101 (106).
1097 Vgl. *Klass*, ZUM 2008, 663 (668).

Im Ergebnis ist im Hinblick auf alle der genannten Lichtbilder nicht damit zu rechnen, dass weitaus weniger dieser Lichtbilder angefertigt würden, wenn die Schutzfrist nur dreißig bis vierzig Jahre betragen würde. Die Anreizwirkung des Lichtbildschutzes würde durch eine Verkürzung der Schutzdauer nur geringfügig bis gar nicht verringert. Daher ist die aktuelle Schutzdauer von fünfzig Jahren aus rechtsökonomischer Perspektive nicht mehr legitimiert und muss verkürzt werden. Eine Schutzfristverkürzung ist zum Ausgleich mit den Interessen der Allgemeinheit am Kulturgut erforderlich.

Der Gesetzgeber hat in der Vergangenheit bereits einmal ökonomisch hinsichtlich der Ausgestaltung der Schutzdauer für Lichtbilder argumentiert, als es um die Schutzdauer für Dokumente der Zeitgeschichte ging.[1098] Er ist nun im Rahmen einer Reform des Lichtbildschutzes dazu aufgerufen, die aktuelle Schutzfrist für Lichtbilder den ökonomischen Gegebenheiten anzupassen. Für die Bestimmung der exakten angemessenen Schutzdauer sind Stellungnahmen von Ökonomen einzuholen.

1098 BT-Drs. 10/3360, S. 20.

Teil 5: Die rechtsökonomische Notwendigkeit der Einschränkung des Lichtbildschutzes durch Art. 14 DSM-RL und der Umsetzung in § 68 UrhG

Der Lichtbildschutz von Reproduktionsfotografien gemeinfreier Vorlagen als Beschränkung des Zugangs der Allgemeinheit zu Kunst und Kultur war schon vor der Einführung des Art. 14 DSM-RL und dessen Umsetzung in § 68 UrhG Gegenstand gerichtlicher Streitigkeiten und Diskussionen in der Literatur. Sowohl vor Gericht als auch in der Literatur wurde eine teleologische Reduktion von § 72 UrhG im Hinblick auf Reproduktionsfotografien von gemeinfreien Werken diskutiert.[1099]

Das Amtsgericht Nürnberg nahm 2015 die Erforderlichkeit einer teleologischen Reduktion des § 72 UrhG zur Verhinderung einer Umgehung der Gemeinfreiheit der abgebildeten Vorlage an.[1100] Das Landgericht Berlin hingegen lehnte 2016 die Notwendigkeit einer solchen mit dem Argument ab, dass sich der Lichtbildschutz und die damit einhergehende Schutzfrist nur auf die Fotografie und nicht auf die gemeinfreie Vorlage beziehen.[1101] Die Schutzfrist der gemeinfreien Vorlage könne mit dem Lichtbildschutz nicht verlängert oder neu in Gang gesetzt werden.[1102] Dem schloss sich das Kammergericht an.[1103] Das Landgericht Stuttgart vertrat eine ähnliche Auffassung.[1104] Bei der Forderung nach einer teleologischen Reduktion zur Vermeidung einer drohenden Umgehung der Gemeinfreiheit würden die Gemeinfreiheit des Ursprungsobjekts und der urheberrechtliche Schutz des eigens zu beurteilenden Lichtbildes vermengt.[1105] Die Anwendung des § 72 UrhG führe nicht zu einer Schutzfristverlängerung

---

1099 *BGH*, GRUR 2019, 284 (286 f.) – Museumsfotos; *KG*, GRUR-RS 2017, 142191; *OLG Stuttgart*, GRUR 2017, 905 (907 f.) – Reiss-Engelhorn-Museen; *LG Stuttgart*, ZUM-RD 2017, 201 (202 ff.); *LG Berlin*, ZUM 2016, 766 (768 ff.); *AG Nürnberg*, ZUM-RD 2016, 615 (615 f.); *Ohly*, 37; *Peukert*, 110; *Stang*, ZUM 2019, 668 (670); *Yang*, Anm. zu OLG Stuttgart – 4 U 204/16, ZUM 2017, 951 (952 f.).

1100 *AG Nürnberg*, ZUM-RD 2016, 615 (615 f.).

1101 *LG Berlin*, ZUM 2016, 766 (770 f.).

1102 *LG Berlin*, ZUM 2016, 766 (771).

1103 *KG*, GRUR-RS 2017, 142191.

1104 *LG Stuttgart*, ZUM-RD 2017, 201 (205).

1105 *LG Stuttgart*, ZUM-RD 2017, 201 (205).

des Originalwerkes.[1106] Es stehe Dritten weiterhin offen, selbst Lichtbilder des gemeinfreien Originalwerkes anzufertigen.[1107] Das Oberlandesgericht Stuttgart teilte diese Auffassung,[1108] ebenso schließlich der Bundesgerichtshof im Dezember 2018.[1109] Der Lichtbildschutz hindere die Allgemeinheit nicht an der geistigen Auseinandersetzung mit einem gemeinfreien Werk.[1110] Der Lichtbildschutz stehe nur der Vervielfältigung der konkreten Abbildung des Werkes entgegen und darüber hinaus sei die Zitierfreiheit durch § 51 Satz 3 UrhG in der Weise erweitert worden, dass auch die Nutzung einer Abbildung oder sonstigen Vervielfältigung des zitierten Originalwerkes von der Zitierbefugnis umfasst sei, auch wenn diese Abbildung oder sonstige Vervielfältigung selbst durch ein Urheberrecht oder ein verwandtes Schutzrecht geschützt sei.[1111] Die Entscheidung des Bundesgerichtshofs ist von der Literatur im Hinblick auf die Gemeinfreiheit der Vorlage äußerst kritisch hinterfragt worden.[1112]

Mit Art. 14 der Richtlinie über das Urheberrecht und die verwandten Schutzrechte im digitalen Binnenmarkt vom 17. April 2019 (DSM-RL) wurde auf europäischer Ebene die Notwendigkeit gesetzgeberischen Handelns insofern vorgesehen,

> *„dass nach Ablauf der Dauer des Schutzes eines Werkes der bildenden Kunst Material, das im Zuge einer Handlung der Vervielfältigung dieses Werkes entstanden ist, weder urheberrechtlich noch durch verwandte Schutzrechte geschützt ist, es sei denn, dieses Material stellt eine eigene geistige Schöpfung dar“.*

Mit dem Gesetz zur Anpassung des Urheberrechts an die Erfordernisse des digitalen Binnenmarktes vom 31. Mai 2021 wurde diese Vorgabe durch den Gesetzgeber in einem neuen § 68 UrhG umgesetzt. Nach § 68 UrhG werden nun

> *„Vervielfältigungen gemeinfreier visueller Werke […] nicht durch verwandte Schutzrechte […] geschützt“.*

1106 *LG Stuttgart*, ZUM-RD 2017, 201 (205).
1107 *LG Stuttgart*, ZUM-RD 2017, 201 (205).
1108 *OLG Stuttgart*, GRUR 2017, 905 (907 f.) – Reiss-Engelhorn-Museen.
1109 *BGH*, GRUR 2019, 284 (287) – Museumsfotos.
1110 *BGH*, GRUR 2019, 284 (287) – Museumsfotos.
1111 *BGH*, GRUR 2019, 284 (287) – Museumsfotos.
1112 *Dreier*, Anm. zu BGH – I ZR 104/17, JZ 2019, 417 (418); *Hoeren*, Anm. zu BGH – I ZR 104/17, MMR 2019, 246 (246); *Specht-Riemenschneider/Paschwitz*, RuZ 2020, 95 (97 f.); *Stang*, ZUM 2019, 668 (670); *Zech*, Anm. zu BGH – I ZR 104/17, GRUR 2019, 291 (292).

Zu diesen Vervielfältigungen zählen auch Fotografien.[1113] Dadurch wird also der Anwendungsbereich des Lichtbildschutzes beschränkt. Insbesondere sind davon bewusst Reproduktionsfotografien musealer Vorlagen umfasst. Im Bereich der bildenden Kunst trage die Verbreitung von originalgetreuen Vervielfältigungen gemeinfreier Werke „*zum Zugang zur Kultur und ihrer Förderung und zum Zugang zum kulturellen Erbe*“ bei.[1114] Daher sollten diese Vervielfältigungen nach Erwägungsgrund 53 der DSM-RL nicht mehr durch Urheberrecht oder verwandte Schutzrechte geschützt sein.

Im Folgenden soll überprüft werden, inwiefern die Beschränkung des Anwendungsbereiches des Lichtbildschutzes aus rechtsökonomischer Perspektive infolge einer Abwägung von eingeschränkter Legitimation durch Anreizwirkung und Wohlfahrtsverlusten für die Allgemeinheit notwendig war.

Dafür ist zunächst im Wege einer Prognose zu klären, ob durch die Ausnahme von Fotografien gemeinfreier visueller Werke aus dem Anwendungsbereich des Lichtbildschutzes mit einer geringeren Produktion solcher Fotografien zu rechnen ist. Das würde bedeuten, dass mit dem Lichtbildschutz derartiger Lichtbilder noch eine Anreizwirkung verbunden war. In einem zweiten Schritt wird der mit dem Lichtbildschutz von Fotografien gemeinfreier visueller Werke bislang verbundene Wohlfahrtsverlust erarbeitet. Dieser wird im Anschluss mit dem Ausmaß der bis dahin bestehenden Anreizwirkung des Lichtbildschutzes für die Anfertigung solcher Fotografien abgewogen. Sofern die Abwägung ein Überwiegen des gesamtgesellschaftlichen Wohlfahrtsverlustes ergibt, war der Schutz von Fotografien visueller Werke nicht mehr legitimiert und die Einschränkung notwendig. Zuletzt folgt eine Beurteilung der konkreten Umsetzung in Art. 14 DSM-RL und § 68 UrhG.

A. Wohlfahrtsgewinn des Lichtbildschutzes von Reproduktionsfotografien gemeinfreier visueller Werke in Form einer Anreizwirkung

Maßgeblich ist, inwiefern mit dem Lichtbildschutz von Fotografien gemeinfreier visueller Werke noch eine Anreizwirkung als Wohlfahrtsgewinn verbunden war. Entscheidend ist dafür, ob infolge des Ausschlusses der Vervielfältigungen gemeinfreier visueller Werke vom Lichtbildschutz eine geringere Produktion von Reproduktionsfotografien gemeinfreier visueller Werke zu erwarten ist.

1113 *Specht-Riemenschneider/Paschwitz*, RuZ 2020, 95 (101); *Stang*, ZUM 2019, 668 (671).
1114 Erwägungsgrund 53 der DSM-RL.

Im Rahmen einer Stellungnahme zur Umsetzung der DSM-RL wurde die Befürchtung geäußert, dass

> *„das kulturpolitische Ziel, die Verbreitung von Abbildungen gemeinfreier Werke zu fördern, ins Gegenteil verkehrt wird, weil sich die Investitionen in die Erstellung derartiger Aufnahmen und die aufwendige detaillierte Verschlagwortung ohne deren rechtlichen Schutz nicht lohnt, nicht amortisiert“.*[1115]

Mit öffentlichen Mitteln finanzierte Kultureinrichtungen hätten den Auftrag, auch eigene Einnahmen zu erzielen.[1116] Dies erfolge in geringem Maße durch Lizenzeinnahmen und sei ohne Lichtbildschutz für Vervielfältigungen gemeinfreier visueller Werke nicht mehr möglich.[1117] Die Möglichkeit der Refinanzierung der angefertigten Reproduktionsfotografien entfalle mit der Abschaffung des Lichtbildschutzes für gemeinfreie Werke der bildenden Kunst ebenso wie die Möglichkeit, über die Verwendung der Vervielfältigungen mitzubestimmen.[1118]

Diese Befürchtungen wurden im Rahmen der Stellungnahmen zum Diskussionsentwurf des Bundesministeriums der Justiz und für Verbraucherschutz eines Zweiten Gesetzes zur Anpassung des Urheberrechts an die Erfordernisse des digitalen Binnenmarktes vom 24. Juni 2020 erneut bekräftigt. Das Entfallen von Lizenzeinnahmen für die Reproduktionsfotografien gemeinfreier visueller Werke bedeute für viele Museen erhebliche finanzielle Einbußen.[1119] Es werde den Museen zwar nicht verwehrt, die Reproduktionsfotografien als Postkarten oder in Katalogen zu vertreiben.[1120] Auch die Bedingung eines Serviceentgeltes für die Bereitstellung der digitalen Reproduktionsfotografien auf ihren Bildportalen sei möglich.[1121] Dennoch würde der Einnahmequelle durch

---

1115 Stellungnahme des Bundesverbands professioneller Bildanbieter v. 23.08.2019 zur Umsetzung der DSM-RL, S. 5.

1116 Stellungnahme des Bundesverbands professioneller Bildanbieter v. 23.08.2019 zur Umsetzung der DSM-RL, S. 5.

1117 Stellungnahme des Bundesverbands professioneller Bildanbieter v. 23.08.2019 zur Umsetzung der DSM-RL, S. 5 f.

1118 Stellungnahme des Deutschen Museumsbundes e.V. v. 13.09.2019 zur Umsetzung der DSM-RL, S. 3.

1119 Stellungnahme des Deutschen Museumsbundes e.V. v. 31.07.2020 zum DiskE II v. 24.06.2020, S. 4.

1120 Stellungnahme der Stiftung Preußischer Kulturbesitz v. 31.07.2020 zum DiskE II v. 24.06.2020, S. 5.

1121 Stellungnahme der Stiftung Preußischer Kulturbesitz v. 31.07.2020 zum DiskE II v. 24.06.2020, S. 5.

Lizenzeinräumungen insbesondere für kommerzielle Nutzer die Grundlage entzogen.[1122] Infolgedessen drohten Finanzierungslücken.[1123] Es sei mit erheblichen Einnahmeeinbußen zu rechnen.[1124] Der Anreiz zur Anfertigung von Reproduktionen werde erheblich geschwächt.[1125]

Auch im Rahmen der Stellungnahmen zum Referentenentwurf des Bundesministeriums der Justiz und für Verbraucherschutz eines Gesetzes zur Anpassung des Urheberrechts an die Erfordernisse des digitalen Binnenmarktes vom 2. September 2020 wurde auf die finanziellen Einbußen hingewiesen, die für die Museen durch die Gesetzesänderung und die damit einhergehenden Verluste von Lizenzeinnahmen zu erwarten seien.[1126]

I. Investitionshöhe

Für die Bestimmung der aktuellen Investitionshöhe von Reproduktionsfotografien musealer Vorlagen sei im Wesentlichen auf die Ausführungen in Teil 3 A. II. 2. b) bb) (1) verwiesen.

Qualitativ hochwertige, detail- und originalgetreue Reproduktionsfotografien sind in der Regel mit einem nicht unwesentlichen finanziellen, organisatorischen und zeitlichen Aufwand verbunden.[1127] Im Hinblick auf Reproduktionsfotografien gemeinfreier Werke gilt dies umso mehr, als dass diese Werke bereits älter als siebzig Jahre sind, wenn die Fotografien erst nach Eintritt der Gemeinfreiheit angefertigt werden. Dementsprechend sind konservatorische und restauratorische Besonderheiten zu beachten, die den Aufwand für die Anfertigung mehren.

1122 Stellungnahme der Stiftung Preußischer Kulturbesitz v. 31.07.2020 zum DiskE II v. 24.06.2020, S. 5.

1123 Stellungnahme der Stiftung Preußischer Kulturbesitz v. 31.07.2020 zum DiskE II v. 24.06.2020, S. 5 f.

1124 Stellungnahme der Stiftung Preußischer Kulturbesitz v. 31.07.2020 zum DiskE II v. 24.06.2020, S. 6.

1125 Stellungnahme der Stiftung Preußischer Kulturbesitz v. 31.07.2020 zum DiskE II v. 24.06.2020, S. 5 f.

1126 Stellungnahme des Deutschen Museumsbundes e.V. v. 06.11.2020 zum RefE v. 02.09.2020, S. 3; Stellungnahme der Stiftung Preußischer Kulturbesitz v. 06.11.2020 zum RefE v. 02.09.2020, S. 3.

1127 Ähnlich *Hoeren*, Anm. zu BGH – I ZR 104/17, MMR 2019, 246 (246); vgl. *Hofmann*, GRUR 2021, 895 (900).

II. Amortisations- und kommerzielles Verwertungsinteresse

Auch hinsichtlich des Amortisations- und kommerziellen Verwertungsinteresses sei im Detail auf die obigen Ausführungen in Teil 3 A. II. 2. b) bb) (2) verwiesen. An dieser Stelle kommt es ebenfalls entscheidend auf die Interessen der Museen an, denn die Gemäldefotografen fertigen diese in der Regel im Angestelltenverhältnis (§ 43 UrhG) oder im Auftrag an und werden selten bis gar nicht an den damit verbundenen Einnahmen beteiligt.[1128]

Im Hinblick auf Reproduktionsfotografien urheberrechtlich geschützter Werke erfolgt eine Amortisation der getätigten Investitionen und oft auch eine darüberhinausgehende kommerzielle Verwertung weiterhin durch Lizenzeinnahmen, die Verwendung für Werbezwecke und die Verwendung für Merchandisingzwecke. Diese ist für die Kultureinrichtungen nicht von unwesentlicher Bedeutung. Dies betraf bis zur Umsetzung von Art. 14 DSM-RL in § 68 UrhG insbesondere auch solche Reproduktionsfotografien, denen gemeinfreie Werke als Vorlage dienen. Die Nachfrage nach Abbildungen von gemeinfreien Werken ist groß.[1129] Eine Vermarktung dieser Abbildungen gestaltete sich in der Regel als besonders lukrativ, wenn die gemeinfreien Werke im Eigentum der Museen standen, da dann keine Abstimmung mit den Urhebern und auch keine Nutzungsrechteeinräumungen von diesen erforderlich waren. Durch die Anfertigung von Reproduktionsfotografien gemeinfreier Werke konnten diese Werke bislang über den Lichtbildschutz remonopolisiert werden.[1130] Seitens einer Stimme aus der Literatur ist Museen sogar empfohlen worden, Fotografierverbote auszusprechen, hinsichtlich ihrer Reproduktionsfotografien nur zeitlich beschränkte Lizenzverträge zu schließen, stets vor Ablauf der Schutzfristen neue Reproduktionsfotografien von ihren Sammlungen anfertigen zu lassen und nur noch neuste Reproduktionsfotografien zu vermarkten.[1131]

Daneben erfüllen öffentliche Einrichtungen ihren öffentlichen Bildungsauftrag mit der Anfertigung und Zugänglichmachung von Reproduktionsfotografien gemeinfreier Vorlagen.[1132]

1128 Wandtke/Bullinger/*Thum*, § 72 UrhG Rn. 37.

1129 *Stang*, 158.

1130 Wandtke/Bullinger/*Thum*, § 72 UrhG Rn. 39; vgl. *Garbers-von Boehm*, 242 f.

1131 Wandtke/Bullinger/*Thum*, § 72 UrhG Rn. 39.

1132 Vgl. *Dreier*, ZGE 2017, 135 (143); vgl. *Hoeren*, Anm. zu BGH – I ZR 104/17, MMR 2019, 246 (246); vgl. *Niederalt*, RuZ 2020, 47 (47).

III. Bedeutung des Lichtbildschutzes für die Verwirklichung der mit der Anfertigung verbundenen Interessen

Die Amortisation und kommerzielle Verwertung von Reproduktionsfotografien gemeinfreier Werke war durch den Lichtbildschutz nach § 72 UrhG möglich. Nach der Umsetzung von Art. 14 DSM-RL in § 68 UrhG sind Vervielfältigungen gemeinfreier visueller Werke nicht mehr leistungsschutzrechtlich geschützt. Dementsprechend besteht an Reproduktionsfotografien gemeinfreier visueller Werke kein Lichtbildschutz mehr.

Der Lichtbildschutz bildete jedoch die rechtliche Grundlage für die Lizenzverträge. Infolge der neuen Rechtslage wird es daher zu einem Verlust von Lizenzeinnahmen kommen.[1133] Dies prognostiziert auch der Gesetzgeber in seinem Regierungsentwurf und bezeichnet dies als entgangenen Gewinn.[1134] Die Reproduktionsfotografien gemeinfreier visueller Werke können hingegen weiterhin für die Werbung in Katalogen und ebenso für Merchandising-Produkte verwendet werden. Dies sieht Erwägungsgrund 53 der DSM-RL auch vor, in dem es heißt, dass die *„mit der Erhaltung des Kulturerbes betraute[n] Einrichtungen"* durch die Gesetzesänderung nicht daran gehindert werden sollten, *„Reproduktionen wie etwa Postkarten zu verkaufen"*.

Die Erfüllung des öffentlichen Bildungsauftrags durch öffentliche Museen ist nicht vom Lichtbildschutz abhängig. Der EU-Gesetzgeber und auch der deutsche Gesetzgeber gehen davon aus, dass die Erfüllung des öffentlichen Bildungsauftrags durch die Abschaffung des Lichtbildschutzes gerade gefördert wird, wenn sie anführen, dass der Zugang zu den Reproduktionen durch die Abschaffung eines urheberrechtlichen Schutzes erleichtert werde.[1135]

IV. Anreizwirkung

Eine Anreizwirkung besteht dann, wenn mit einem Produktionsrückgang zu rechnen ist. Ob Museen in der Gesamtschau weniger Reproduktionsfotografien gemeinfreier Werke produzieren werden, kann dahinstehen, wenn die Fotografien stattdessen durch die Allgemeinheit angefertigt werden können.

1133 *Wirth*, ZUM 2020, 715 (716).

1134 BT-Drs. 19/27426, S. 70.

1135 BT-Drs. 19/27426, S. 3; Erwägungsgrund 53 der DSM-RL.

1. *Ausgleich der etwaigen Produktionsverringerung durch Fotografien der Allgemeinheit*

Für den Ausgleich einer etwaigen Produktionsverringerung bräuchte die Allgemeinheit Zugang zu den Werken und darüber hinaus die Möglichkeit, diese zu fotografieren.

a) *Entgegenstehendes Fotografierverbot in allgemeinen Geschäftsbedingungen*

Diese Möglichkeit ist in der Vergangenheit durch die Museen durch ein als allgemeine Geschäftsbedingung ausgestaltetes Fotografierverbot beschränkt worden und Gegenstand eines Verfahrens vor dem Bundesgerichtshof gewesen, in dem dieser die wirksame Einbeziehung des Fotografierverbotes in den Besichtigungsvertrag im konkreten Fall bestätigte.[1136]

Das Fotografierverbot halte insbesondere der Inhaltskontrolle nach § 307 Abs. 1 BGB stand.[1137] Es handele sich bei dem Fotografierverbot nicht um eine unangemessene Benachteiligung im Sinne von § 307 Abs. 1 Satz 2 BGB, da es zum einen klar und verständlich sei und zum anderen irrelevant sei, dass die Voraussetzungen für eine Ausnahmeerlaubnis in der Benutzungsordnung nicht näher ausgeführt werden.[1138]

Das Fotografierverbot stelle insbesondere auch keine unangemessene Benachteiligung im Sinne von § 307 Abs. 1 Satz 1 BGB im Hinblick auf den satzungsmäßigen Zweck des Museums, der Allgemeinheit Zugang zur Sammlung zu verschaffen, dar.[1139] In dem Fotografierverbot läge zwar ein hinreichend bedeutsamer Nachteil, dieser sei allerdings nicht unangemessen.[1140] Eine Benachteiligung sei dann unangemessen, wenn der Verwender versuche, mittels einer einseitigen Vertragsgestaltung seine eigenen Interessen missbräuchlich und ohne Berücksichtigung der Belange des Vertragspartners auf dessen Kosten durchzusetzen und keinen Ausgleich suche.[1141] Museen hätten aber ein berechtigtes Interesse an der Regelung des Verhaltens der Besucher für die Zeit des Museumsbesuches.[1142] Das Fotografierverbot könne

---

1136 *BGH*, GRUR 2019, 284 (288) – Museumsfotos.
1137 *BGH*, GRUR 2019, 284 (288) – Museumsfotos.
1138 *BGH*, GRUR 2019, 284 (288 f.) – Museumsfotos.
1139 *BGH*, GRUR 2019, 284 (289) – Museumsfotos.
1140 *BGH*, GRUR 2019, 284 (289) – Museumsfotos.
1141 *BGH*, GRUR 2019, 284 (288) – Museumsfotos.
1142 *BGH*, GRUR 2019, 284 (289) – Museumsfotos.

„dem Schutz der Kunstwerke, dem ordnungsgemäßen Ablauf des Museumsbetriebs, der Einhaltung rechtlicher Verpflichtungen des Museums gegenüber Dritten oder eigenen Interessen des Museums dienen“.[1143]

Davon seien nicht nur die Fälle betroffen, in denen den Museumsbetreiber gegenüber Leihgebern die Pflicht trifft, urheberrechtswidrige Vervielfältigungen der ausgeliehenen Werke zu verhindern, oder in denen Werke vor einer durch Blitzlicht und unsachgemäßem Umgang mit Stativen verursachten Beschädigung geschützt werden sollen.[1144] Infolge einer allgemeinen Fotografierfreigabe könnte der geordnete Museumsbetrieb insgesamt beeinträchtigt werden.[1145]

Einem Interesse der Museumsbesucher, ihre Wahrnehmung der Ausstellungsstücke zu *„perpetuieren“* und einem Wahrnehmungsinteresse der Personen, die die Ausstellungsstücke nicht im Museum aufsuchen können, könne auch durch den Erwerb von Bildmaterial entsprochen werden.[1146] Das grundrechtliche Interesse, in einem öffentlichen Museum Fotografien anfertigen zu dürfen, sei auch nicht durch die Informationsfreiheit nach Art. 5 Abs. 1 Satz 1 GG geschützt.[1147] Das Recht, sich aus allgemein zugänglichen Quellen ungehindert zu unterrichten, sei erst nach Schaffung der allgemeinen Zugänglichkeit und nur im Umfang dieser Zugänglichkeit betroffen, wenn dieser Zugang beeinträchtigt wird.[1148] Dadurch werde allerdings nur das Recht gewährleistet, *„sich ungehindert aus einer schon für die allgemeine Zugänglichkeit bestimmten Quelle zu unterrichten“*.[1149] Über diese allgemeine Zugänglichkeit dürfe entscheiden, wem durch die Rechtsordnung ein entsprechendes Bestimmungsrecht zugestanden wird.[1150] Nach bürgerlichem Recht stehe dem Inhaber des sich aus dem Grundeigentum oder -besitz ergebenden Hausrechts die Entscheidung zu, wem der Zutritt zu einem Ort gewährt oder verweigert wird.[1151] Diesem Hausrecht unterfalle auch die Gestattung oder Verweigerung von fotografischen Aufnahmen.[1152] Das Hausrecht gehöre zu den Befugnissen des Eigentümers aus § 903 Satz 1 BGB, die auch öffentlichen Stellen zukämen, wenn *„dies dem Schutz individueller*

1143 *BGH*, GRUR 2019, 284 (289) – Museumsfotos.
1144 *BGH*, GRUR 2019, 284 (289) – Museumsfotos.
1145 *BGH*, GRUR 2019, 284 (289) – Museumsfotos.
1146 *BGH*, GRUR 2019, 284 (289) – Museumsfotos.
1147 *BGH*, GRUR 2019, 284 (289) – Museumsfotos.
1148 *BGH*, GRUR 2019, 284 (289) – Museumsfotos.
1149 *BGH*, GRUR 2019, 284 (289) – Museumsfotos.
1150 *BGH*, GRUR 2019, 284 (289) – Museumsfotos.
1151 *BGH*, GRUR 2019, 284 (289) – Museumsfotos.
1152 *BGH*, GRUR 2019, 284 (290) – Museumsfotos.

Rechtsgüter oder der Verfolgung legitimer, hinreichend gewichtiger öffentlicher Zwecke des gemeinen Wohls" diene.[1153] Das Ordnungs- und Schutzinteresse eines Museumsbetreibers falle darunter.[1154] Daher sei ein Eingriff in den Schutzbereich der Informationsfreiheit durch eine Zugangsbeschränkung in Form eines Fotografierverbots abzulehnen.[1155] Ähnlich hatte dies bereits das Landgericht Berlin 2016 in einem anderen Fall gesehen.[1156] Allenfalls könne die allgemeine Handlungsfreiheit nach Art. 2 Abs. 2 GG betroffen sein.[1157] Das Verbot sei allerdings im Hinblick auf das Schutz- und Ordnungsinteresse des Museumsbetreibers und durch die Möglichkeit der Beantragung einer Ausnahmeerlaubnis bei der Museumsdirektion verhältnismäßig.[1158]

Auch dem Widmungszweck des Museums widerspreche das Fotografierverbot nicht.[1159] Die Widmung umfasse das „*Ziel der Präsentation und Vermittlung von Kunst und Kultur*", welches durch die Möglichkeit der Wahrnehmung der Werke in den Räumlichkeiten des Museums hinreichend verwirklicht werde.[1160] Das Fotografierverbot entspräche sogar diesem Ziel, da es das Interesse des Museumsbetreibers „*am Schutz der Exponate und an der störungsfreien Durchführung von Ausstellungen*" sichere und in Ausnahmen eine Abweichungsmöglichkeit bestünde.[1161]

An dieser Entscheidung wurde schon vor Art. 14 DSM-RL und § 68 UrhG deutliche Kritik geäußert.[1162] Entscheidend ist letztlich, ob der Bundesgerichtshof an dieser Rechtsprechung angesichts von Art. 14 DSM-RL und § 68 UrhG festhalten würde.

In der Literatur wurde jüngst die These aufgestellt, dass Art. 14 DSM-RL ein „*generelles Remonopolisierungsverbot gemeinfreier Werke*" enthalte.[1163] Infolgedessen seien in allgemeinen Geschäftsbedingungen verankerte museale Fotografierverbote im Grundsatz unzulässig.[1164] Art. 14 DSM-RL stütze in jedem

1153 *BGH*, GRUR 2019, 284 (290) – Museumsfotos.
1154 *BGH*, GRUR 2019, 284 (290) – Museumsfotos.
1155 *BGH*, GRUR 2019, 284 (290) – Museumsfotos.
1156 *LG Berlin*, ZUM 2016, 766 (770).
1157 *BGH*, GRUR 2019, 284 (289) – Museumsfotos.
1158 *BGH*, GRUR 2019, 284 (290) – Museumsfotos.
1159 *BGH*, GRUR 2019, 284 (290) – Museumsfotos.
1160 *BGH*, GRUR 2019, 284 (290) – Museumsfotos.
1161 *BGH*, GRUR 2019, 284 (290) – Museumsfotos.
1162 *Hoeren*, Anm. zu BGH – I ZR 104/17, MMR 2019, 246 (246).
1163 *Specht-Riemenschneider/Paschwitz*, RuZ 2020, 95 (96).
1164 *Specht-Riemenschneider/Paschwitz*, RuZ 2020, 95 (96).

Fall den Gedanken, § 64 UrhG als gesetzliches Leitbild einzuordnen, sodass jede vertragliche Vereinbarung in allgemeinen Geschäftsbedingungen, die zu einer Schutzdauerverlängerung führe, eine unangemessene Benachteiligung nach § 307 Abs. 2 Nr. 1 BGB darstelle.[1165] Für die Abwägung der betroffenen Interessen im Einzelfall könne beispielsweise zwischen öffentlich geförderten Museen und privat finanzierten Museen unterschieden werden.[1166] Erstere seien für ihre Tätigkeit nicht auf die Remonopolisierung der Exponate angewiesen.[1167] Das höhere Interesse der privaten Museen an einer Remonopolisierung könne in Verbindung mit dem Interesse der Öffentlichkeit an einer Aufrechterhaltung des privaten Museumsbetriebs in der Interessenabwägung sogar überwiegen.[1168] Öffentliche Museen hingegen seien der durch die Gemeinfreiheit anstrebten Verwirklichung der kulturellen und intellektuellen Interessen der Allgemeinheit in erhöhtem Maße verpflichtet.[1169] Es wird aber auch darauf hingewiesen, dass Fotografierverbote in Kulturerbe-Einrichtungen vermutlich grundsätzlich zulässig seien.[1170] Die in Art. 23 Abs. 1 DSM-RL geregelte vertragliche Unabdingbarkeit umfasst Art. 14 DSM-RL nicht.[1171] Ein gesetzlicher Ausschluss vertraglicher Beschränkungen der Rechte aus der Umsetzung von Art. 14 DSM-RL wurde zwar im Gesetzgebungsprozess gefordert,[1172] aber letztlich nicht umgesetzt.

Fotografierverbote widersprächen dem mit der DSM-RL verfolgten Zweck der Förderung des Zugangs und der Weiternutzung von kulturellem Erbe aber dann, wenn sie allgemein gehalten würden.[1173] Für die Wirksamkeit eines Fotografierverbots müssten differenzierte Regeln aufgestellt werden.[1174] Es müsste die Möglichkeit der individualvertraglichen Vereinbarung einer Ausnahme

1165 *Klimpel*, RuZ 2021, 68 (76); *Specht-Riemenschneider/Paschwitz*, RuZ 2020, 95 (105).
1166 *Hoeren*, Anm. zu BGH – I ZR 104/17, MMR 2019, 246 (246); *Specht-Riemenschneider/Paschwitz*, RuZ 2020, 95 (106).
1167 *Specht-Riemenschneider/Paschwitz*, RuZ 2020, 95 (106); vgl. *Hoeren*, Anm. zu BGH – I ZR 104/17, MMR 2019, 246 (246).
1168 *Specht-Riemenschneider/Paschwitz*, RuZ 2020, 95 (106).
1169 *Hoeren*, Anm. zu BGH – I ZR 104/17, MMR 2019, 246 (246).
1170 *Klimpel*, RuZ 2021, 68 (76); *Schulze*, GRUR 2019, 779 (782).
1171 *Schulze*, GRUR 2019, 779 (782).
1172 Beispielsweise Stellungnahme von Wikimedia Deutschland v. 06.11.2020 zum RefE v. 02.09.2020, S. 10 f.; Stellungnahme von COMMUNIA v. 29.07.2020 zum DiskE II v. 24.06.2020, S. 4.
1173 *Klimpel*, RuZ 2021, 68 (76); vgl. *Hoeren*, Anm. zu BGH – I ZR 104/17, MMR 2019, 246 (246).
1174 *Hoeren*, Anm. zu BGH – I ZR 104/17, MMR 2019, 246 (246).

aufgenommen werden, die klar erkennbaren Regeln folgt und nicht dauerhaft im Ermessen des Museums steht.[1175] Vorgeschlagen wird etwa, das Fotografierverbot auf bestimmte Bereiche zu beschränken, in denen sich beispielsweise private Leihgaben befinden.[1176]

Im Ergebnis ist auf Grundlage dieser Argumentation gut denkbar, dass auch der Bundesgerichtshof vor dem Hintergrund von Art. 14 DSM-RL, seiner Umsetzung in § 68 UrhG und der Finanzierung öffentlicher Museen durch die öffentliche Hand eine differenzierte Regelung von Ausnahmefällen zur Voraussetzung für die Wirksamkeit eines Fotografierverbots in öffentlichen Museen macht. Die Museen würden sich höchstwahrscheinlich anpassen und differenziertere Fotografierverbote in ihre allgemeinen Geschäftsbedingungen aufnehmen. Über die Ausnahmeregelungen könnte die Allgemeinheit dann vermehrt Fotografien von gemeinfreien Werken anfertigen. Diese würden dann wiederum in freien Umlauf geraten und den Museen stände keine urheberrechtliche Handhabe gegen deren Verbreitung zu. Es ist allerdings denkbar, dass die Museen alles daransetzen werden, dass die Ingebrauchnahme dieser Ausnahmeregelungen nicht zur Regel wird. Dies ist gerade für gemeinfreie Werke anzunehmen, die dann bereits mindestens siebzig Jahre alt sind und für deren konservatorischen Schutz die Museen argumentieren könnten. Aus diesem Grund wird die Allgemeinheit etwaig ausbleibende Reproduktionsfotografien gemeinfreier Werke seitens der öffentlichen Museen nicht vollständig kompensieren können. Zudem wird die Allgemeinheit in der Regel nicht in der Lage sein, die Fotografien in der Qualität und Detailtreue zu erstellen, wie es Museumsfotografen in ihren oftmals eigens dafür angelegten Fotografiewerkstätten gelingt. Darüber hinaus ist damit zu rechnen, dass die Kontrollen verschärft würden. Das beruht darauf, dass das Museum nur inter partes gegen einen Besucher vorgehen könnte, der sich dem Fotografierverbot widersetzen und eine Fotografie anfertigen sowie im Anschluss verbreiten würde.[1177] Die Verhinderung der Verbreitung der Fotografie der gemeinfreien Vorlage wäre nicht mehr möglich.

In privaten Museen wird voraussichtlich sogar ein allgemeines Fotografierverbot weiterhin einer AGB-Kontrolle standhalten.[1178] Die Museen werden aus finanziellen Gründen auch in Zukunft an der Aufnahme eines Fotografierverbots

1175 *Hoeren*, Anm. zu BGH – I ZR 104/17, MMR 2019, 246 (246).

1176 Stellungnahme von Wikimedia Deutschland v. 06.11.2020 zum RefE v. 02.09.2020, S. 11.

1177 *Garbers-von Boehm*, 228.

1178 Vgl. *Specht-Riemenschneider/Paschwitz*, RuZ 2020, 95 (106).

in ihren allgemeinen Geschäftsbedingungen festhalten. Ein Ersatz etwaig ausbleibender Reproduktionsfotografien gemeinfreier Werke aus privaten Museen seitens der Allgemeinheit ist daher nicht möglich.

b) Entgegenstehender Unterlassungsanspruch der Museen aus Eigentum

Daneben ist von entscheidender Bedeutung, ob dem Museumsbetreiber ein Anspruch auf Unterlassung der unbefugten Anfertigung (und Verwertung) von Fotografien aus Eigentum nach § 1004 Abs. 1 BGB zusteht. Die Frage nach der Zulässigkeit von Fotografien körperlicher Gegenstände, die in fremdem Eigentum stehen, wird schon seit Jahrzehnten diskutiert.[1179] Der Bundesgerichtshof hat dies in seiner Entscheidung zu Reproduktionsfotografien gemeinfreier Werke Ende 2018 infolge des vertraglichen Anspruchs aus dem Besichtigungsvertrag offen gelassen.[1180]

In seinem Urteil *Preußische Gärten und Parkanlagen II* hatte der Bundesgerichtshof 2013 festgehalten, dass der Grundstückseigentümer die Bedingungen für das Betreten und Benutzen seines Grundstücks festlege und jede Abweichung davon einen Eingriff in den Zuweisungsgehalt des Eigentums darstelle.[1181] Eine solche Abweichung kann in der kommerziellen Verwertung der von einem Grundstück aus angefertigten Fotografien von Bauwerken und Gartenanlagen liegen, wenn der Zugang zu dem Grundstück nur zu privaten Zwecken gestattet worden ist.[1182] Auch in einem Urteil von 2014 entschied der Bundesgerichtshof, dass das unbefugte Fotografieren von Gebäuden oder eines Gartens und die Verwertung der angefertigten Fotografien eine Eigentumsbeeinträchtigung darstelle, wenn die Fotografien von dem Grundstück aus geschossen werden und nicht von allgemein zugänglichen Stellen.[1183] Das ergebe sich daraus, dass dem Zuweisungsgehalt des Eigentümers die Entscheidung unterfalle, „*wer die wirtschaftlichen Vorteile ziehen darf, die das Betreten des Grundstücks eröffnet*".[1184] Auch in diesem Urteil ließ der Bundesgerichtshof offen, ob die Rechtsprechung auf bewegliche Sachen übertragbar ist.[1185]

1179 Beispielsweise von *Dreier*, in: FS Dietz, 235 (236 ff.).
1180 *BGH*, GRUR 2019, 284 (287) – Museumsfotos.
1181 *BGH*, NJW 2013, 1809 (1810) – Preußische Gärten und Parkanlagen II.
1182 *BGH*, NJW 2013, 1809 (Ls.) – Preußische Gärten und Parkanlagen II.
1183 *BGH*, GRUR 2015, 578 (578 f.) – Preußische Kunstwerke.
1184 *BGH*, GRUR 2015, 578 (579) – Preußische Kunstwerke.
1185 *BGH*, GRUR 2015, 578 (579) – Preußische Kunstwerke.

Das Oberlandesgericht Stuttgart wollte diese Grundsätze im Jahr 2017 auf bewegliche Sachen übertragen.[1186] § 1004 Abs. 1 BGB knüpfe an eine Beeinträchtigung des Eigentums an, „*die in anderer Weise als durch Entziehung oder Vorenthaltung des Eigentums erfolgt*".[1187] Dazu gehöre auch der unerlaubte Gebrauch einer Sache.[1188] Ob die unbefugte Fotografie einer fremden Sache nun auch unter diesen unbefugten Gebrauch falle, werde „*kontrovers*" diskutiert.[1189] Das Urteil des Bundesgerichtshofs aus 2014 drücke aus, dass er nicht nur bei unbeweglichen, sondern auch bei beweglichen Sachen an die Befugnisse aus § 903 BGB und die darin verankerte Befugnis, „*nach Belieben über die Sache zu verfügen*", anknüpfe.[1190] Zum Eigentum an einer beweglichen Sache gehöre auch die Befugnis, „*andere vom Zugang und der Besichtigung der Sache auszuschließen und diese zu reglementieren*".[1191] Die Gemeinfreiheit des Kunstwerkes stehe dem nicht im Wege, da durch die Gemeinfreiheit nur das „*darin verkörperte geistige Werk*" verwertet werden dürfe.[1192] Sie beziehe sich nicht auf das in fremdem Eigentum stehende „*körperliche Werkstück*".[1193] Zwischen dem konkreten Werkstück und „*dem darin verkörperten geistigen Werk*" sei zu unterscheiden.[1194] Bezüglich des Verhältnisses von Eigentum und Urheberrecht stelle der Bundesgerichtshof immer wieder klar, dass beide selbstständig nebeneinander stünden.[1195] Ähnlich hatte auch bereits das Landgericht Stuttgart argumentativ überzeugend geurteilt, dass die ungenehmigte Anfertigung von Fotografien von Werken, die im Eigentum des Museums stehen und nicht frei zugänglich sind, auch bei gemeinfreien Werken unzulässig sei.[1196] Nach der ständigen Rechtsprechung des Bundesgerichtshofs liege in der Verwertung von Fotografien eines Grundstücks, die ohne die Genehmigung des Eigentümers innerhalb des Grundstücks angefertigt wurden, eine Eigentumsbeeinträchtigung des Grundstücksinhabers, deren

---

1186 *OLG Stuttgart*, GRUR 2017, 905 (909 f.) – Reiss-Engelhorn-Museen.
1187 *OLG Stuttgart*, GRUR 2017, 905 (909) – Reiss-Engelhorn-Museen.
1188 *OLG Stuttgart*, GRUR 2017, 905 (909) – Reiss-Engelhorn-Museen.
1189 *OLG Stuttgart*, GRUR 2017, 905 (909) – Reiss-Engelhorn-Museen.
1190 *OLG Stuttgart*, GRUR 2017, 905 (910) – Reiss-Engelhorn-Museen.
1191 *OLG Stuttgart*, GRUR 2017, 905 (910) – Reiss-Engelhorn-Museen.
1192 *OLG Stuttgart*, GRUR 2017, 905 (910) – Reiss-Engelhorn-Museen.
1193 *OLG Stuttgart*, GRUR 2017, 905 (910) – Reiss-Engelhorn-Museen.
1194 *OLG Stuttgart*, GRUR 2017, 905 (910) – Reiss-Engelhorn-Museen.
1195 *OLG Stuttgart*, GRUR 2017, 905 (909) – Reiss-Engelhorn-Museen.
1196 *LG Stuttgart*, ZUM-RD 2017, 201 (206).

Unterlassung nach § 1004 Abs. 1 BGB gefordert werden könne.[1197] Daraus lasse sich schließen, dass ein Anspruch aus § 1004 Abs. 1 BGB voraussetze,

> *„dass die abgebildeten Objekte zum Zeitpunkt der Anfertigung der Fotografien im Eigentum der Klägerin standen, diese nicht frei zugänglich waren und die Klägerin keine ausdrückliche Erlaubnis zum Fotografieren sowie in die anschließende Veröffentlichung (...) erteilt hat".*[1198]

Der Rechtsprechung des Bundesgerichtshofs entsprechend falle die Befugnis, darüber zu entscheiden, *„wer das Grundstück betreten darf und zu welchen Bedingungen dies ermöglicht werden soll"*, in den Zuweisungsgehalt des Grundstückseigentümers.[1199] Er dürfe entscheiden, *„wer die wirtschaftlichen Vorteile ziehen darf, die das Betreten oder Benutzen des Grundstücks eröffnet"*.[1200] Wenn er die Gestattung des Betretens oder Benutzens des Grundstücks von bestimmten Bedingungen abhängig mache, dann stelle jede Abweichung von diesen Bedingungen einen Eingriff in den Zuweisungsgehalt des Eigentums dar.[1201] Diese Rechtsprechung gelte zwar für die Anfertigung und Veröffentlichung von Lichtbildern unbeweglicher Grundstücke, sei aber auf Lichtbilder beweglicher Gegenstände übertragbar.[1202] Auch der Eigentümer beweglicher Gegenstände könne den Zugang zu den Objekten bedingen.[1203] Ein in allgemeinen Geschäftsbedingungen vereinbartes Fotografierverbot genüge als Bedingung des Zugangs.[1204] Im Fall einer Abweichung sei dann eine Verletzung des Eigentums an den Objekten anzunehmen.[1205] Dies gelte auch im Fall von Gegenständen, die in urheberrechtlicher Hinsicht als gemeinfreie Werke einzuordnen sind.[1206] Dem Eigentümer stehe die Entscheidung zu, *„unter welchen Bedingungen er sein Eigentum der Allgemeinheit zur Verfügung stellt"*.[1207] Der Eigentümer könne nicht zur *„bedingungslosen öffentlichen Zugänglichmachung seines Eigentums*

1197 *LG Stuttgart*, ZUM-RD 2017, 201 (205).
1198 *LG Stuttgart*, ZUM-RD 2017, 201 (205).
1199 *LG Stuttgart*, ZUM-RD 2017, 201 (206).
1200 *LG Stuttgart*, ZUM-RD 2017, 201 (206).
1201 *LG Stuttgart*, ZUM-RD 2017, 201 (206).
1202 *LG Stuttgart*, ZUM-RD 2017, 201 (206).
1203 *LG Stuttgart*, ZUM-RD 2017, 201 (206).
1204 *LG Stuttgart*, ZUM-RD 2017, 201 (206).
1205 *LG Stuttgart*, ZUM-RD 2017, 201 (206).
1206 *LG Stuttgart*, ZUM-RD 2017, 201 (206).
1207 *LG Stuttgart*, ZUM-RD 2017, 201 (206).

gegenüber der Allgemeinheit“ aufgrund der urheberrechtlichen Gemeinfreiheit der Gegenstände gezwungen werden.[1208]

Diese Argumentation kann hinsichtlich solcher beweglichen Gegenstände, die nicht frei zugänglich sind, überzeugen. Gegenstand der Eigentumsbeeinträchtigung durch die Fotografien sind dabei allerdings nicht die beweglichen Gegenstände, sondern ist vielmehr die Beeinträchtigung des Grundstückseigentums, wenn der Zugang durch ein Fotografierverbot bedingt war und dennoch Fotografien der darauf befindlichen Gegenstände angefertigt werden.[1209] Auch die Kritik an der Übertragung der Rechtsprechung des Bundesgerichtshofs zu *Preußischen Gärten und Parkanlagen (II)* auf bewegliche Gegenstände belief sich auf die Annahme eines Eigentumsrechts hinsichtlich aller Fotografien von beweglichen Gegenständen ohne die Beschränkung auf nicht frei zugängliche Gegenstände.[1210] Es ist wahrscheinlich, dass der Bundesgerichtshof sich der Übertragung der Grundsätze bei einer Beschränkung auf nicht frei zugängliche Gegenstände anschließen würde. So hat er schon in seinem Urteil von 2014 bezüglich Fotografien von Gemälden als bewegliche Gegenstände festgehalten:

> *„Ein Anspruch der Kl. [Klägerin] aus § 1004 I BGB setzte voraus, dass Grundstück bzw. Gemälde zum Zeitpunkt der Anfertigung der Fotografien der Kl. [Klägerin] gehörten, sie nicht frei zugänglich waren und auch keine Erlaubnis zum Fotografieren erteilt worden war. Eine rechtswidrige Eigentumsverletzung kommt nämlich nur in Betracht, wenn die Fotografien unter Verletzung der dem Eigentümer zustehenden Befugnis entstanden sind, andere vom Zugang zur Sache oder von deren Anblick auszuschließen und ihnen damit die Möglichkeit der Ablichtung und deren Verwertung abzuschneiden oder zumindest zu erschweren.“*[1211]

Unklar ist allerdings, ob der Bundesgerichtshof die Annahme einer Eigentumsverletzung im Fall der Fotografie gemeinfreier Werke einschränken würde. Mit Eintritt der Gemeinfreiheit erlöschen die Befugnisse des Urhebers. Die Rechtsprechung des Bundesgerichtshofs im Hinblick auf unbewegliche Gegenstände ist auf Fotografien beschränkt, die vom Grundstück des Eigentümers aus angefertigt wurden.[1212] Die Befugnisse des Eigentümers reichen damit im Hinblick auf die Schranke aus § 59 UrhG nicht weiter als die Befugnisse des Urhebers.[1213]

1208 *LG Stuttgart*, ZUM-RD 2017, 201 (206).

1209 So auch *Yang*, Anm. zu OLG Stuttgart – 4 U 204/16, ZUM 2017, 951 (954 f.).

1210 *Dreier*, Anm. zu BGH – I ZR 104/17, JZ 2019, 417 (420); *Klimpel*, RuZ 2021, 68 (76).

1211 *BGH*, GRUR 2015, 578 (579) – Preußische Kunstwerke.

1212 *BGH*, NJW 2013, 1809 (1810 ff.) – Preußische Gärten und Parkanlagen II.

1213 *BGH*, GRUR 1990, 390 (390 f.) – Friesenhaus; vgl. *Dreier*, ZUM 2019, 384 (391).

Ob der Bundesgerichtshof die sich aus der Gemeinfreiheit ergebende Wertung des Urheberrechts auch auf die Befugnisse des Eigentümers überträgt oder ob er nicht vielmehr wie das Oberlandesgericht Stuttgart zwischen dem im Werkstück verkörperten geistigen Werk und dem konkreten Werkstück des Eigentümers unterscheidet, ist daher fraglich. In den Fällen, in denen der Bundesgerichtshof ein in allgemeinen Geschäftsbedingungen wirksam vereinbartes Fotografierverbot annimmt, wird es allerdings weiterhin nicht auf den Anspruch aus § 1004 Abs. 1 BGB ankommen. Daher würde der Bundesgerichtshof offenlassen, ob dieser Anspruch besteht. Nur, wenn kein wirksames Fotografierverbot besteht, wäre der Anspruch aus § 1004 Abs. 1 BGB entscheidend. Wenn der Bundesgerichtshof allerdings bei seinen 2014 aufgestellten Kriterien bliebe, würde er diesen Anspruch dann schon mangels wirksamer Zugangsbeschränkung ablehnen. In der Praxis wird dieser Fall jedoch kaum auftreten, da die Museen ihr Fotografierverbot anpassen würden, wenn der Bundesgerichtshof nach Inkrafttreten von Art. 14 DSM-RL und § 68 UrhG höhere Anforderungen an dessen Wirksamkeit stellen würde.

Im Rahmen der Umsetzung von Art. 14 DSM-RL dahingehend geäußerte Stellungnahmen, dass die Umsetzung von Art. 14 DSM-RL auch eine Regelung zur Beschränkung des Eigentums und der Berufung auf das Hausrecht an gemeinfreien visuellen Werken enthalten sollte,[1214] wurden vom Gesetzgeber nicht umgesetzt.

c) *Ergebnis: Kein Ausgleich der etwaigen Produktionsverringerung durch Fotografien der Allgemeinheit*

Im Ergebnis ist ein vollständiger Ausgleich einer etwaigen Produktionsverringerung durch Fotografien der Allgemeinheit von den gemeinfreien Werken nicht anzunehmen, da sich die Werke in der Verfügungsgewalt und oftmals auch im Eigentum der Museen befinden.

Die Museumsbetreiber werden aufgrund ihrer finanziellen Interessen und aus konservatorischen Gründen an der Praxis festhalten, ein Fotografierverbot als allgemeine Geschäftsbedingung in den Besichtigungsvertrag mit den

---

1214 Stellungnahme von Wikimedia Deutschland v. 06.11.2020 zum RefE v. 02.09.2020, S. 10 ff.; Stellungnahme des Verbands Deutscher Kunsthistoriker v. 24.07.2020 zum DiskE II v. 24.06.2020, S. 3; *Würtenberger/Freischem*, Stellungnahme des GRUR Fachausschusses für Urheber- und Verlagsrecht v. 05.09.2019 zur Umsetzung der DSM-RL, GRUR 2019, 1140 (1151); Stellungnahme des Bundesverbandes professioneller Bildanbieter v. 23.08.2019 zur Umsetzung der DSM-RL, S. 6.

Besuchern des Museums einzubeziehen. Dies wird der Rechtsprechung des Bundesgerichtshofs standhalten, wenn er auch möglicherweise für gemeinfreie Werke strengere Anforderungen an die Wirksamkeit des Fotografierverbots stellen wird. An diese werden die Museen ihre allgemeinen Geschäftsbedingungen anpassen.

Der Anspruch aus § 1004 Abs. 1 BGB steht und fällt voraussichtlich mit einer wirksamen Zugangsbeschränkung.

2. Rückgang der Produktion

Die Anfertigung von Reproduktionsfotografien gemeinfreier Werke ist im Vergleich zur Anfertigung von Reproduktionsfotografien urheberrechtlich geschützter Werke überdurchschnittlich aufwendig. Das Amortisations- und kommerzielle Verwertungsinteresse für diese aufwendigen Reproduktionsfotografien ist aufgrund dessen und infolge der lukrativen Möglichkeit der Remonopolisierung der Originalwerke besonders groß. Dies gilt für privat finanzierte Museen umso mehr, da sie ihre Tätigkeit ohne öffentliche Förderung finanzieren müssen.

Öffentliche Museen sind für ihre Tätigkeit allerdings nicht fundamental auf die kommerzielle Verwertung angewiesen und gleichzeitig gehalten, ihren öffentlichen Bildungsauftrag zu erfüllen. Trotzdem ist nicht ausgeschlossen, dass die Museen von den gemeinfreien Werken, deren Anfertigung absehbar mit großem Aufwand verbunden sein wird, keine oder jedenfalls weniger Reproduktionsfotografien anfertigen würden, wenn ihre finanzielle Situation dies nicht zulässt und keine Amortisation möglich ist. Dies könnte durch die Allgemeinheit infolge von Zugangsbeschränkungen voraussichtlich nicht ausgeglichen werden.

Im Ergebnis war mit dem Lichtbildschutz trotz öffentlichen Bildungsauftrags aufgrund der Amortisationsmöglichkeit ein Anreiz verbunden, wenngleich die Abschaffung nicht zu einem wesentlichen Rückgang der Anfertigung von Reproduktionsfotografien gemeinfreier Vorlagen seitens öffentlicher Museen führen wird. Ein gewisser Rückgang ist allerdings nicht auszuschließen. Angestrebte Digitalisierungsvorhaben von Reproduktionsfotografien gemeinfreier Vorlagen zur kommerziellen Verwertung seitens privater Museen werden angesichts hoher Kosten und fehlender Verwertungsmöglichkeit auf urheberrechtlicher Grundlage voraussichtlich unterlassen werden.

B. Wohlfahrtsverlust des Lichtbildschutzes von Reproduktionsfotografien gemeinfreier visueller Werke in Form von Unternutzung

Für die Abwägung der in gewissem Maße noch bestehenden Anreizwirkung des Lichtbildschutzes für Reproduktionsfotografien gemeinfreier Vorlagen mit dem Wohlfahrtsverlust ist dieser zu ermitteln.

I. Beschränkung der Allgemeinheit in ihrer Nutzung

Ausgangspunkt für Art. 14 DSM-RL und dessen Umsetzung in § 68 UrhG war der Wohlfahrtsverlust, der mit dem vorherigen Schutz von Reproduktionsfotografien gemeinfreier visueller Werke verbunden war. Dieser ergab sich aus der Beschränkung der Allgemeinheit in ihrer Nutzung der Reproduktionsfotografien und der mittelbaren Beschränkung der Allgemeinheit in ihrer Nutzung der abgebildeten Originalwerke.[1215]

1. Beschränkung der Allgemeinheit in ihrer Nutzung der Reproduktionsfotografien

Die Allgemeinheit war für die Verwendung von Reproduktionsfotografien gemeinfreier Vorlagen auf eine Nutzungsrechteeinräumung der Museen angewiesen, in dessen Bestand sie sich befanden. Für private und wissenschaftliche Nutzer erfolgte eine Nutzungsrechteeinräumung zwar teilweise kostenlos, kommerzielle Nutzer hingegen mussten eine Vergütung zahlen. In beiden Fällen war für eine zulässige Nutzung eine Nutzungsrechteeinräumung erforderlich. In den Fällen, in denen der Rechteinhaber bekannt war, war der Aufwand der Einholung einer solchen Nutzungsrechteeinräumung überschaubar. In vielen Fällen insbesondere im digitalen Umfeld konnten potenzielle Nutzer den Rechteinhaber aber nicht auf die Schnelle ausmachen. Dann war mit der gewünschten Nutzung eine aufwendige Rechteklärung verbunden, um eine rechtskonforme Nutzung zu ermöglichen.[1216] Diese Rechteklärungsproblematik betraf oft die Verwendung von Reproduktionsfotografien gemeinfreier Vorlagen in wissenschaftlichen Publikationen.[1217] Für wissenschaftliche Nutzer war die erforderliche

---

1215 Vgl. Erwägungsgrund 53 der DSM-RL.

1216 Stellungnahme der Stiftung Preußischer Kulturbesitz v. 06.09.2019 zur Umsetzung der DSM-RL, S. 3.

1217 Stellungnahme der Stiftung Preußischer Kulturbesitz v. 06.09.2019 zur Umsetzung der DSM-RL, S. 3; Stellungnahme der Allianz der Wissenschaftsorganisationen

Rechteklärung eine große Belastung.[1218] Daher wurde der Lichtbildschutz von Reproduktionsfotografien gemeinfreier Vorlagen teilweise als „*nicht zumutbar*" bezeichnet.[1219]

Potenziellen Nutzern war aber auch unabhängig von dem damit verbundenen Aufwand vielfach nicht bewusst, wie sie sich für eine rechtskonforme Nutzung verhalten mussten. Mit dem Lichtbildschutz von Reproduktionsfotografien gemeinfreier Vorlagen war insofern eine immense Rechtsunsicherheit verbunden. Es bedurfte insbesondere auch der rechtskundigen Unterscheidung zwischen der gemeinfreien Vorlage, die frei genutzt werden durfte, und der weiterhin rechtlich geschützten Fotografie. Von der Umsetzung von Art. 14 DSM-RL erhoffte man sich daher einen rechtssicheren Zugang zu Abbildungen gemeinfreier Werke, frei von Unsicherheiten im Rechtsverkehr.[1220] Insbesondere für die wissenschaftliche Forschung rechnete man sich eine erleichterte Nutzung von Digitalisaten aus.[1221]

2. *Beschränkung der Allgemeinheit in ihrer Nutzung der gemeinfreien Originalwerke durch den Schutz der Reproduktionsfotografien*

Darüber hinaus ist neben der offensichtlichen Beschränkung der Allgemeinheit in ihrer Nutzung der Fotografien deutlich kritisiert worden, dass die Allgemeinheit mittelbar in der Nutzung der abgebildeten Originalwerke unangemessen behindert worden sei.[1222] Zur besseren allgemeinen Verbreitung der gemeinfreien Werke wurde der Schutz abgeschafft.[1223]

Der Lichtbildschutz von Reproduktionsfotografien gemeinfreier Werke erschien der Literatur vor allem in dem Fall problematisch, in dem die Allgemeinheit keinen oder einen beschränkten Zugang zum Originalwerk hatte und

v. 05.09.2019 zur Umsetzung der DSM-RL, S. 5; Stellungnahme des Deutschen Bibliotheksverbandes e.V. v. 30.08.2019 zur Umsetzung der DSM-RL, S. 6.

1218 Stellungnahme der Stiftung Preußischer Kulturbesitz v. 06.09.2019 zur Umsetzung der DSM-RL, S. 3.

1219 Stellungnahme von stadtpunkt kultur v. 03.09.2019 zur Umsetzung der DSM-RL, S. 7 f.

1220 BT-Drs. 19/27426, S. 105 f.; RefE v. 02.09.2020, S. 114.

1221 Stellungnahme der Deutschen Initiative für Netzwerkinformation e.V. v. 31.07.2020 zum DiskE II v. 24.06.2020, S. 4; Stellungnahme der Allianz der Wissenschaftsorganisationen v. 30.07.2020 zum DiskE II v. 24.06.2020, S. 5.

1222 *Stang*, 166 f.; vgl. Erwägungsgrund 53 der DSM-RL; vgl. *Nordemann*, GRUR 1987, 15 (18); vgl. *Specht-Riemenschneider/Paschwitz*, RuZ 2020, 95 (97 f.).

1223 Erwägungsgrund 53 der DSM-RL.

dadurch auf die Nutzung von Reproduktionsfotografien angewiesen war.[1224] Derjenige, der den Zugang zu einem Originalwerk reglementiert und kontrolliert, verfügt in der Regel auch über die lichtbildnerischen Rechte an den Reproduktionsfotografien.[1225] Dadurch konnte der Rechteinhaber auch den Zugang zu den Reproduktionsfotografien gemeinfreier Werke reglementieren und von einer Vergütung abhängig machen. Indem Museen den Zugang zum Originalwerk sowie zu den existierenden Reproduktionsfotografien kontrollierten, war die Allgemeinheit entweder auf einen die Besucherzahlen anhebenden Museumsbesuch oder auf die Zahlung eines Entgelts für den Zugang zu den Reproduktionsfotografien und die Nutzung derselben angewiesen.[1226] Denn auch die Anfertigung alternativer Fotografien als Informationsquelle für die Allgemeinheit scheiterte oftmals an den durch die Museen verhängten Fotografierverboten.[1227] Durch diese Fotografierverbote wurden zahllose Bestände an gemeinfreien Werken der Nutzung durch die Allgemeinheit vorenthalten.[1228] Für die Nutzung brauchbarer Reproduktionsfotografien des Werkes, das für die Allgemeinheit nicht zugänglich war, war diese auf die Einräumung von Nutzungsrechten angewiesen.[1229] Die Museen konnten dadurch faktisch eine Monopolstellung einnehmen.[1230] So war für sie auch nach Ablauf der urheberrechtlichen Schutzfrist der Werke auf Grundlage des Lichtbildschutzes in Verbindung mit Fotografierverboten eine wirtschaftliche Verwertung möglich.[1231] Sofern stets kurz vor Ablauf der Schutzfrist des betroffenen Lichtbildes ein neues Lichtbild von dem gemeinfreien Werk angefertigt wurde, war durch den Ausschluss des Zugangs zum Originalwerk oder dessen Beschränkung durch ein Fotografierverbot sogar eine wirtschaftliche Verwertung auf Dauer möglich.[1232] Zwar wurde argumentiert, dass vor fünfzig Jahren angefertigte Reproduktionsfotografien ihren Schutz dennoch verloren hätten und frei nutzbar gewesen

---

1224 *Tiessen*, DFN-Infobrief Recht 3/2020, 2 (3); vgl. *Stang*, 159.

1225 *Stang*, 159; *Tiessen*, DFN-Infobrief Recht 3/2020, 2 (3).

1226 *Stieper*, 282; *Tiessen*, DFN-Infobrief Recht 3/2020, 2 (3).

1227 *Garbers-von Boehm*, 243; *Wirth*, ZUM 2020, 715 (715). Beispielsweise in *BGH*, GRUR 2019, 284 (287 f.).

1228 *Wirth*, ZUM 2020, 715 (715).

1229 *AG Nürnberg*, ZUM-RD 2016, 615 (615).

1230 *Dawirs/Fusbahn*, IPRB 2020, 292 (295); *Garbers-von Boehm*, Anm. zu BGH – I ZR 104/17, GRUR-Prax 2019, 92 (92); vgl. *Stieper*, 282 f.

1231 *Stang*, 158 f.

1232 Wandtke/Bullinger/*Thum*, § 72 UrhG Rn. 39.

wären.[1233] Deren Qualität wäre aber mit den mittels neuer Reproduktionsverfahren angefertigten Fotografien nicht vergleichbar gewesen,[1234] wenngleich die Qualitätsunterschiede infolge der technischen Entwicklung immer geringer werden.[1235] Dabei handelte es sich nach Ansicht mancher Stimmen in der Literatur um ein regelrechtes Geschäftsmodell,[1236] durch das es mittelbar zu einer Schutzfristverlängerung gekommen sei.[1237] Der Zweck der Gemeinfreiheit, der in der unbeschränkten Nutzung des kulturellen Erbes und der möglichst weiten Verbreitung dieses kulturellen Erbes in der Allgemeinheit liege,[1238] sei dadurch unterlaufen worden.[1239] Teilweise wurde vertreten, dass es bereits zu einer „*Re-Monopolisierung*" gekommen sei.[1240] Teilweise wurde angemerkt, dass zumindest bereits die Gefahr einer „*Repropriетarisierung*" bestanden habe.[1241] Dies sei durch die Möglichkeit eines Fotografierverbots verstärkt worden.[1242] Den „*Normenkonflikt*" von § 72 UrhG und § 64 UrhG habe der Gesetzgeber von 1965 nicht bedacht.[1243]

Einer solchen Argumentation wurde vom Landgericht Berlin dahingehend widersprochen, dass die Schutzfähigkeit eines Lichtbildes nicht faktisch davon abhängig gemacht werden könne, ob der Eigentümer des abgebildeten Originalwerkes ein Fotografierverbot ausgesprochen hat.[1244] Zudem wurde der Argumentation von der Literatur entgegengehalten, dass der Eigentümer eines gemeinfreien Gemäldes dieses auch einfach in seinen Keller sperren und eine Vervielfältigung damit ebenso ausschließen könnte.[1245] Durch den Schutz von Fotografien dieser gemeinfreien Vorlagen als Lichtbilder werde das Problem

1233 *Stang*, 167; vgl. *Gerstenberg*, in: FS Klaka, 120 (126).
1234 *Gerstenberg*, in: FS Klaka, 120 (126); *Platena*, 156; vgl. *Stang*, 167.
1235 *Platena*, 156; *Stang*, 167.
1236 *Stang*, 158 f.
1237 *Nordemann*, GRUR 1987, 15 (18); *Specht-Riemenschneider/Paschwitz*, RuZ 2020, 95 (97); *Stang*, 158 f., 167.
1238 Wandtke/Bullinger/*Thum*, § 72 UrhG Rn. 35.
1239 *AG Nürnberg*, ZUM-RD 2016, 615 (615 f.); Wandtke/Bullinger/*Thum*, § 72 UrhG Rn. 35; *Ohly*, 37; *Stang*, ZUM 2019, 668 (670); vgl. *Peukert*, 110; vgl. *Stang*, ZGE 2009, 167 (213 ff.).
1240 Wandtke/Bullinger/*Thum*, § 72 UrhG Rn. 38 f.
1241 *Zech*, Anm. zu BGH – I ZR 104/17, GRUR 2019, 291 (292).
1242 *Zech*, Anm. zu BGH – I ZR 104/17, GRUR 2019, 291 (292).
1243 Wandtke/Bullinger/*Thum*, § 72 UrhG Rn. 35.
1244 *LG Berlin*, ZUM 2016, 766 (770).
1245 *Lutzi*, GRUR 2017, 878 (880).

nur insoweit verstärkt, dass dem Eigentümer dadurch eine wirtschaftliche Verwertungsmöglichkeit eröffnet werde.[1246] Es sei dennoch zwischen dem Schutz der gemeinfreien Vorlage selbst und dem Schutz der Fotografien zu unterscheiden.[1247] Die Beurteilung der Schutzfähigkeit von Reproduktionsfotografien gemeinfreier Vorlagen sei von der Problematik des Zugangs zu dem Originalwerk zu trennen.[1248] Der urheberrechtliche Schutz des gemeinfrei gewordenen Werkes lebe durch den Schutz der davon angefertigten Fotografie nicht wieder auf, sodass das Originalwerk grundsätzlich frei vervielfältigt und verwertet werden könne.[1249] Dies sei davon zu trennen, ob faktisch ein Zugang zu dem Originalwerk gewährt werde.[1250]

Ähnlich sahen es das Landgericht Stuttgart und das Oberlandesgericht Stuttgart, die anführten, dass die Gemeinfreiheit sich nur auf die abgebildete Vorlage beschränke und diese auch durch den Lichtbildschutz der abbildenden Fotografien unberührt bleibe.[1251] Es bleibe Dritten *„unbenommen“*, selbst Lichtbilder anzufertigen.[1252] Auch der Bundesgerichtshof nahm an, dass die Allgemeinheit durch den Lichtbildschutz nicht an der *„geistigen Auseinandersetzung“* mit dem gemeinfreien Werk an sich gehindert werde.[1253]

Es ist im Ergebnis einleuchtend, dass zwischen der Fotografie und dem abgebildeten Werk zu unterscheiden ist.[1254] Die Gemeinfreiheit wurde nicht umgangen, da diese gar nicht betroffen war.[1255] Zu widersprechen ist allerdings dahingehend, dass die geistige Auseinandersetzung mit dem Originalwerke nicht beeinträchtigt wurde.[1256] Neben dem Besuch im Museum erfolgt die Auseinandersetzung mit einem Werk in der Regel über das Medium der Fotografie.[1257] Das Zugangsinteresse der Allgemeinheit richtet sich zunehmend auf

---

1246 *Lutzi*, GRUR 2017, 878 (880).

1247 BeckOK/*Lauber-Rönsberg*, § 72 UrhG Rn. 21; *Garbers-von Boehm*, 154; *Lutzi*, GRUR 2017, 878 (880).

1248 BeckOK/*Lauber-Rönsberg*, § 72 UrhG Rn. 21; *Garbers-von Boehm*, 154.

1249 *Garbers-von Boehm*, 154.

1250 *Garbers-von Boehm*, 154.

1251 *OLG Stuttgart*, GRUR 2017, 905 (908) – Reiss-Engelhorn-Museen; *LG Stuttgart*, ZUM-RD 2017, 201 (205).

1252 *LG Stuttgart*, ZUM-RD 2017, 201 (205).

1253 *BGH*, GRUR 2019, 284 (287) – Museumsfotos.

1254 *Dreier*, Anm. zu BGH – I ZR 104/17, JZ 2019, 417 (418); *Schiessel*, 106, 110.

1255 *Schiessel*, 106.

1256 *Dreier*, Anm. zu BGH – I ZR 104/17, JZ 2019, 417 (418); ähnlich *Schiessel*, 107 f.

1257 *Dreier*, Anm. zu BGH – I ZR 104/17, JZ 2019, 417 (418).

eine digitale Zugänglichkeit.[1258] Diese Möglichkeit wurde durch die mögliche Verbindung von Fotografierverboten und Lichtbildschutz dahingehend eingeschränkt, dass eine Auseinandersetzung über das Medium der Fotografie nur mittels solcher Fotografien stattfinden konnte, an denen das jeweilige Museen die Rechte hatte und dementsprechend eine Rechteeinräumung erforderlich war.

II. Erleichterung der Nutzung für die Allgemeinheit durch die Abschaffung des Lichtbildschutzes für Reproduktionsfotografien gemeinfreier visueller Werke

Ein Wohlfahrtsverlust ist mit dem Lichtbildschutz von Reproduktionsfotografien gemeinfreier visueller Vorlagen insbesondere dann verbunden gewesen, wenn die Abschaffung dieses Schutzes zu einer verstärkten Nutzung von Originalwerken und Reproduktionsfotografien führen wird. Entscheidend ist dafür letztlich, ob die unter I. geschilderten Ursachen für eine eingeschränkte Nutzung von Originalwerken und Reproduktionsfotografien durch die Abschaffung des Lichtbildschutzes für Reproduktionsfotografien gemeinfreier visueller Vorlagen beseitigt werden können oder ob sie in gleichem Maße fortbestehen.

1. Erleichterter Zugang zu den Originalwerken und erleichterte Nutzung

Der Zugang und die Nutzung der sich in Museen befindlichen Originalwerke kann voraussichtlich weiterhin wirksam durch Fotografierverbote beschränkt werden. Diese werden allerdings aller Wahrscheinlichkeit nach wie bereits festgestellt aufgrund von Art. 14 DSM-RL und § 68 UrhG nicht mehr so allgemein ausgestaltet werden können wie bisher. So würde infolge der dadurch erfolgten Abschaffung des Lichtbildschutzes für Reproduktionsfotografien gemeinfreier visueller Vorlagen ein verbesserter Zugang zu den Originalwerken mittels Fotografien erreicht. Es besteht dann theoretisch die Möglichkeit, dass im Rahmen von Ausnahmen von den Fotografierverboten mehr Reproduktionsfotografien der ausgestellten gemeinfreien Originalwerke durch Mitglieder der Allgemeinheit angefertigt werden. Diese können frei in Umlauf gebracht und von der Allgemeinheit genutzt werden. Ein völlig freier Zugang zu den Originalwerken ohne Beschränkung durch Fotografierverbote ist angesichts der bisherigen Rechtsprechung des Bundesgerichtshofs allerdings nicht denkbar. Zudem wird der konkret zu gewährende Rahmen für Ausnahmegenehmigungen erst

1258 *Lauber-Rönsberg*, Anm. zu BGH – I ZR 104/17, ZUM 2019, 341 (343).

in einer solchen Entscheidung festgelegt werden. Die Zugangsproblematik zu den Originalwerken kann über die Einschränkung des Lichtbildschutzes dementsprechend nur in Ansätzen gelöst werden, wenngleich Art. 14 DSM-RL und § 68 UrhG immerhin die Grundlage für die Erforderlichkeit einer Einschränkung der allgemeinen Fotografierverbote darstellen.

Die Nutzung der Originalwerke wird darüber hinaus aber auch mittelbar durch die freie Nutzbarkeit der Reproduktionsfotografien erleichtert (einen Zugang zu diesen vorausgesetzt). Hierin besteht der Unterschied zu den Reproduktionsfotografien urheberrechtlich geschützter Werke. Auch bei freier Nutzbarkeit der Reproduktionsfotografien blieben die Rechte des Urhebers der Vorlage unberührt und müssten weiterhin von der Allgemeinheit beachtet werden.

Der Zugang und die Nutzung der Originalwerke werden über das Medium der Fotografie sicher in den Fällen verbessert, in denen bereits Reproduktionsfotografien der gemeinfreien Exponate im Umlauf sind.[1259] Gegen deren Nutzung kann nicht mehr auf Grundlage des Lichtbildschutzes vorgegangen werden. Etwaige anders ausgestaltete vertragliche Verpflichtungen gelten nur im Verhältnis zum Vertragspartner und nicht absolut.[1260]

2. *Erleichterte Nutzung der Reproduktionsfotografien*

Die Nutzung der Reproduktionsfotografien von gemeinfreien visuellen Vorlagen wird erleichtert. Den Zugang zu den Reproduktionsfotografien vorausgesetzt ist eine Nutzung derselben nun ohne eine Nutzungsrechteeinräumung möglich.

Die Erforderlichkeit einer Rechteklärung besteht allerdings auch künftig vor dem Hintergrund, dass die Gemeinfreiheit der visuellen Vorlage geklärt werden muss. Zudem muss weiterhin eine Abgrenzung zwischen Lichtbild und Lichtbildwerk vorgenommen werden, da der Schutz als Lichtbildwerk auch im Fall von gemeinfreien visuellen Vorlagen noch immer gewährt wird und die freie Nutzbarkeit sich somit nur auf Lichtbilder beschränkt.[1261] In dieser Hinsicht bestehen auch in Zukunft eine gewisse Rechtsunsicherheit und die Erforderlichkeit einer

---

1259 *Stang*, ZUM 2019, 668 (674); vgl. *Stang*, ZGE 2009, 167 (216).

1260 Dauner-Lieb/Langen/*Krebs*, § 241 BGB Rn. 11; Palandt/*Grüneberg*, Einl v § 241 BGB Rn. 5.

1261 Vgl. Stellungnahme des Deutschen Museumsbundes e.V. v. 13.09.2021 zur Umsetzung der DSM-RL, S. 4; vgl. Stellungnahme des Deutschen Museumsbundes e.V. v. 31.07.2020 zum DiskE II v. 24.06.2020, S. 4; vgl. Stellungnahme der Stiftung Preußischer Kulturbesitz v. 31.07.2020 zum DiskE II v. 24.06.2020, S. 4 f.

Rechteklärung.[1262] Diese kann allerdings im Hinblick auf Reproduktionsfotografien nicht besonders schwer wiegen, da insbesondere Reproduktionsfotografien zweidimensionaler Vorlagen nur schwerlich bis gar nicht die für das Vorliegen eines Lichtbildwerkes erforderliche Schöpfungshöhe erreichen können.[1263] Problematisch kann es in Bezug auf Reproduktionsfotografien dreidimensionaler Vorlagen werden. Sobald aber feststeht, dass es sich um ein Lichtbild und nicht um ein Lichtbildwerk sowie um eine gemeinfreie visuelle Vorlage handelt, ist insbesondere aufgrund der Geltung der Regelung des § 68 UrhG unabhängig von dem Zeitpunkt der Anfertigung Rechtssicherheit hergestellt.

Die Erhöhung der Rechtssicherheit war auch angesichts der vorherigen Unterschiede in den nationalen Gesetzgebungen[1264] Ziel der einheitlichen Regelung des Lichtbildschutzes für Reproduktionsfotografien gemeinfreier visueller Vorlagen in der Europäischen Union.[1265] Dafür fehlt es jedoch beispielsweise an einer bindenden Definition des Begriffes „*visual arts*", dessen Auslegung nun den einzelnen Mitgliedsstaaten überlassen wird und daher weiterhin Unterschiede in der nationalen Gesetzgebung zulässt.[1266]

Die Abschaffung des Lichtbildschutzes für Reproduktionsfotografien gemeinfreier Vorlagen wirkt sich im Ergebnis dennoch in zweifacher Hinsicht aus: Neben der vereinfachten Nutzbarkeit der Reproduktionsfotografien an sich wird die freie Nutzung der gemeinfreien Originalwerke über das Medium der Fotografie ermöglicht. Währenddessen bliebe bei der Abschaffung des Lichtbildschutzes für Reproduktionsfotografien urheberrechtlicher Vorlagen der gesamtgesellschaftliche Nutzen auf die Nutzbarkeit der Fotografien an sich beschränkt. Der Zugang zu den Reproduktionsfotografien wird allerdings nicht vereinfacht. Die Problematik des unbeschränkten Zugangs zu den gemeinfreien Originalwerken wird voraussichtlich nur eingeschränkt gelöst.

1262 Stellungnahme des Deutschen Museumsbundes e.V. v. 13.09.2021 zur Umsetzung der DSM-RL, S. 4; Stellungnahme des Deutschen Museumsbundes e.V. v. 31.07.2020 zum DiskE II v. 24.06.2020, S. 4; Stellungnahme der Stiftung Preußischer Kulturbesitz v. 31.07.2020 zum DiskE II v. 24.06.2020, S. 4 f.

1263 So auch *Specht-Riemenschneider/Paschwitz*, RuZ 2020, 95 (97).

1264 *Stang*, ZUM 2019, 668 (671); *Stang*, ZGE 2009, 167 (172); *Wirth*, ZUM 2020, 715 (715).

1265 Erwägungsgrund 53 der DSM-RL.

1266 *Wallace/Euler*, IIC 2020, 823 (839).

III. Keine ausreichende Erleichterung durch die erweiterte Zitierbefugnis nach § 51 Satz 3 UrhG

Der Bundesgerichtshof hat sich in seinem Urteil *Museumsfotos* dahingehend geäußert, dass die Allgemeinheit durch den Lichtbildschutz an Reproduktionsfotografien gemeinfreier Werke unter anderem deshalb nicht an der geistigen Auseinandersetzung mit den gemeinfreien Werken gehindert werde, weil über das Zitatrecht nach § 51 Satz 3 UrhG die Nutzung der Abbildung des zitierten Werkes möglich ist, auch wenn die Abbildung selbst durch ein Urheberrecht oder ein verwandtes Schutzrecht geschützt ist.[1267]

Bei der erweiterten Zitierbefugnis in § 51 Satz 3 UrhG handelt es sich jedoch vor allem um eine Erleichterung für Nutzer im wissenschaftlichen Bereich.[1268] Bei der Nutzung muss die Fotografie zitiert werden, es muss also eine geistige Auseinandersetzung mit dem Werk als Zitatzweck erfolgen.[1269] Das Zitatrecht wurde demnach durch die Einführung von § 51 Satz 3 UrhG begrüßenswert gestärkt, versagt allerdings in Fällen, in denen es an einem hinreichenden Zitatzweck mangelt.[1270] Für die breite Masse der potenziellen Nutzer wird bei der beabsichtigen Nutzung ein solcher Zitatzweck fehlen.[1271] So hat der Bundesgerichtshof selbst im Fall *Museumsfotos* das Vorliegen eines Zitatzwecks für die reine Bereitstellung der Fotografien in einer Datenbank abgelehnt.[1272] Von der Problematik der Abgrenzung des Zitats von der Illustration sind auch wissenschaftliche Nutzer weiterhin betroffen.[1273] Die erweiterte Zitierbefugnis nach § 51 Satz 3 UrhG kann daher die Beschränkung der Allgemeinheit in ihrer Nutzung nicht hinreichend ausgleichen.

1267 *BGH*, GRUR 2019, 284 (287) – Museumsfotos.

1268 *Schulze*, GRUR 2019, 779 (780).

1269 *Schulze*, GRUR 2019, 779 (780).

1270 *Lauber-Rönsberg*, Anm. zu BGH – I ZR 104/17, ZUM 2019, 341 (343); *Stang*, ZUM 2019, 668 (670); *Zech*, Anm. zu BGH – I ZR 104/17, GRUR 2019, 291 (292).

1271 *Zech*, Anm. zu BGH – I ZR 104/17, GRUR 2019, 291 (292).

1272 *BGH*, GRUR 2019, 284 (287) – Museumsfotos.

1273 Stellungnahme der Allianz der Wissenschaftsorganisationen v. 05.09.2019 zur Umsetzung der DSM-RL, S. 5; Stellungnahme des Deutschen Bibliotheksverbandes e.V. v. 30.08.2019 zur Umsetzung der DSM-RL, S. 6.

C. Abwägung von Wohlfahrtsgewinn und Wohlfahrtsverlust: Rechtsökonomische Notwendigkeit der Einschränkung des Lichtbildschutzes durch Art. 14 DSM-RL und der Umsetzung in § 68 UrhG

In einen Ausgleich zu bringen waren auf der einen Seite das Interesse der Allgemeinheit an der bestmöglichen Nutzung von Kulturgütern und auf der anderen Seite das Interesse der Museen als Kultureinrichtungen an einer wirtschaftlichen Amortisation ihrer Investitionen und an einer kommerziellen Verwertung als Einnahmequelle.[1274]

Ein gewisser Produktionsrückgang ist nicht auszuschließen, dieser wird allerdings infolge des öffentlichen Bildungsauftrags voraussichtlich nicht übermäßig hoch ausfallen. Ein Ausgleich der ausbleibenden Fotografien durch die Allgemeinheit ist angesichts der Rechtsprechung des Bundesgerichtshofs zu Fotografierverboten hingegen nicht anzunehmen, wenngleich vorstellbar ist, dass Ausnahmeregelungen zunehmen werden. Es ist zu erwarten, dass die Museen und andere Kultureinrichtungen Fotografierverbote aufrechterhalten. Gegebenenfalls ist auch mit weiteren Restriktionsmaßnahmen wie paywalls oder einer Beschränkung des Zugangs auf Fotografien geringer Qualität zu rechnen.[1275]

Dem steht ein Wohlfahrtsverlust gegenüber, der sich nicht nur aus der Beeinträchtigung der Nutzung der Reproduktionsfotografien selbst ergibt, sondern vor allem auch aus der Beeinträchtigung der Nutzung der gemeinfreien Vorlagen. Der Schutz von Reproduktionsfotografien gemeinfreier visueller Werke hat die Gesellschaft im Vergleich zum Schutz von Reproduktionsfotografien urheberrechtlich geschützter Vorlagen durch die mittelbare Beeinträchtigung der geistigen Auseinandersetzung mit dem gemeinfreien Originalwerk gewissermaßen zweifach eingeschränkt. Der mit dem Schutz von Reproduktionsfotografien gemeinfreier musealer Vorlagen verbundene Wohlfahrtsverlust war dadurch größer. Durch die Abschaffung des Lichtbildschutzes für Reproduktionsfotografien gemeinfreier visueller Vorlagen sind diese für die Allgemeinheit frei nutzbar geworden. Gleichzeitig ist der Aufwand für die Rechteklärung allerdings faktisch nicht in allen Fällen verringert worden, da die Allgemeinheit aufgrund der fließenden Grenzen insbesondere bei Reproduktionsfotografien dreidimensionaler Vorlagen nicht auf den ersten Blick in der Lage sein wird, die Abgrenzung von Lichtbild und Lichtbildwerk vorzunehmen. Dadurch besteht

1274 Vgl. *Garbers-von Boehm*, 241.
1275 So *Wallace/Euler*, IIC 2020, 823 (846).

die Rechtsunsicherheit in Teilen fort. Auch die angestrebte Vereinheitlichung der Rechtslage in den Mitgliedsstaaten der Europäischen Union ist infolge offener, auslegungsbedürftiger Rechtsbegriffe nicht vollständig gesichert. Im Hinblick auf die Steigerung der Rechtssicherheit ist aber zu begrüßen, dass die Regelung sowohl für vor Inkrafttreten als auch nach Inkrafttreten von § 68 UrhG geschaffene Fotografien gilt,[1276] wenngleich der verfassungsrechtliche Bestand dieser Regelung abzuwarten bleibt.[1277]

Insgesamt wird die voraussichtlich nur eingeschränkte Beseitigung des schweren Wohlfahrtsverlustes infolge der *„doppelten“* Wirkung auf zwei Ebenen (Nutzung der Reproduktionsfotografien an sich und mittelbare Nutzung der abgebildeten Originalwerke) die voraussichtlich nur gering ausfallende Unterproduktion überwiegen. Der Schutz der Reproduktionsfotografien gemeinfreier musealer Vorlagen war daher nicht mehr legitimiert und eine entsprechende Reform erforderlich.

Nicht nachvollziehbar ist hingegen, aus welchem Grund Art. 14 DSM-RL als Bereichsausnahme in § 68 UrhG geregelt wurde und nicht stattdessen eine für alle Lichtbilder geltende Schrankenregelung getroffen wurde. In einer wie der bereits oben vorgeschlagenen Schranke hätte der Gesetzgeber eine Rückausnahme für kommerzielle und gewerbliche Nutzer treffen können und müssen.[1278] Dann wäre kein bemerkenswerter Produktionsrückgang zu erwarten gewesen, da kommerzielle Nutzer weiterhin hätten zahlen müssen und die von den Museen getätigten Investitionen hätten amortisiert werden können. Gleichzeitig wären die angestrebten Vorteile für private und wissenschaftliche Nutzer eingetreten. Abzulehnen ist, dass der Zugang zu Kultur und kulturellem Erbe *„in der Regel nur durch entsprechende kommerzielle Publikationen erreicht“*[1279] werden könne. Über Publikationen der Kultureinrichtungen selbst kann dieser hinreichend gewährleistet werden. Es ging dem europäischen Gesetzgeber darum, den Zugang zu Kultur und ihre Förderung sowie den Zugang zum kulturellen Erbe zu erleichtern,[1280] und nicht darum, die wirtschaftliche Vermarktung für kommerzielle Anbieter zu begünstigen.[1281] Darauf weist auch die Anmerkung

---

1276 BT-Drs. 19/27426, S. 53.

1277 *Wirth*, ZUM 2020, 715 (716).

1278 Ebenso Stellungnahme des Deutschen Museumsbundes e.V. v. 13.09.2019 zur Umsetzung der DSM-RL, S. 3; a.A. *Schulze*, GRUR 2019, 779 (781).

1279 *Schulze*, GRUR 2019, 779 (781).

1280 Erwägungsgrund 53 der DSM-RL.

1281 Ähnlich Stellungnahme des Deutschen Museumsbundes e.V. v. 13.09.2019 zur Umsetzung der DSM-RL, S. 3.

hin, dass „*all das […] mit der Erhaltung des Kulturerbes betraute Einrichtungen nicht daran hindern [sollte], Reproduktionen wie etwa Postkarten zu verkaufen*“[1282].[1283] Den Museen sollte gerade nicht die Grundlage für ihre kommerzielle Verwertung entzogen werden.

1282 Erwägungsgrund 53 der DSM-RL.

1283 Ähnlich Stellungnahme der Stiftung Preußischer Kulturbesitz v. 06.09.2019 zur Umsetzung der DSM-RL, S. 3.

Teil 6: Zusammenfassung der Ergebnisse

A. Anwendungsbereich

Fotografien sind als Lichtbilder nach § 72 UrhG urheberrechtlich geschützt, sofern sie ein Mindestmaß an persönlicher geistiger Leistung erfüllen.[1284] Auch Reproduktionsfotografien, deren Ziel die möglichst originalgetreue Abbildung einer zweidimensionalen Vorlage ist, können dieses Erfordernis durch Gestaltungsentscheidungen des Fotografen erfüllen.[1285] Im Jahr 2019 erfolgte eine Bestätigung dieser Annahme durch den Bundesgerichtshof.[1286] Seit der Umsetzung von Art. 14 DSM-RL durch § 68 UrhG, der seit dem 7. Juni 2021 in Kraft ist, sind fotografische Vervielfältigungen gemeinfreier visueller Vorlagen nicht mehr als Lichtbilder geschützt. Das gilt auch für fotografische Vervielfältigungen gemeinfreier visueller Werke, die vor Inkrafttreten des § 68 UrhG angefertigt worden sind.[1287] Als visuelle Vorlagen zählen alle Werke, die „*visuell wahrnehmbar sind*".[1288]

1284 *BGH*, GRUR 2019, 284 (286) – Museumsfotos; *BGH*, GRUR 2001, 755 (757) – Telefonkarte; *BGH*, ZUM 2000, 233 (234) – Werbefotos; *BGH*, GRUR 1993, 34 (35) – Bedienungsanweisung; *BGH*, GRUR 1990, 669 (673) – Bibelreproduktion; *Ulmer*, 511; vgl. *Gerstenberg*, in: FS Klaka, 120 (123). Zu den im Einzelnen strittigen Details siehe eine ausführliche Übersicht in *Schiessel*, 65 ff. Siehe Teil 1 A. II. 1.

1285 Siehe Teil 1 A. II. 2. b) bb). BeckOK/*Lauber-Rönsberg*, § 72 UrhG Rn. 18 f.; Wandtke/Bullinger/*Thum*, § 72 UrhG Rn. 30, 33; *Bullinger*, in: FS Raue, 379 (382); *Erdmann*, in: FS Bornkamm, 761 (766); *Ferchland*, 253; *Garbers-von Boehm*, 153 ff.; *Gerstenberg*, in: FS Klaka, 120 (123, 126); *Hoeren*, Anm. zu BGH – I ZR 104/17, MMR 2019, 246 (246); *Katzenberger*, GRUR Int. 1989, 116 (117); *Lauber-Rönsberg*, Anm. zu BGH – I ZR 104/17, ZUM 2019, 341 (342); *Lehment*, 27; fotografische Reproduktionen von Büchern ausnehmend *Overbeck*, 55 ff.; *Prengel*, 181 f.; *Schiessel*, 98 ff.; *Schulze*, in: Weller/Kemle/Dreier/Michl, Tagungsband 11. Heidelberger Kunstrechtstag, 104 (107 ff.); *Talke*, ZUM 2010, 846 (850 ff.); *Waitz*, 149; *Wanckel*, Rn. 372; *Zech*, 376 unter der Voraussetzung, dass die „*Ablichtung wirtschaftlich der Aufnahme dreidimensionaler Objekte gleichkommt, wenn also durch die Aufnahme neue Bilder entstehen*". Siehe Teil 1 A. II. 2. b) bb).

1286 *BGH*, GRUR 2019, 284 (286) – Museumsfotos.

1287 BT-Drs. 19/27426, S. 53.

1288 BT-Drs. 19/27426, S. 105; RefE v. 02.09.2020, S. 113.

In den Hauptanwendungsbereich des aktuellen Lichtbildschutzes nach § 72 UrhG fallen einfache Schnappschüsse, Reproduktionsfotografien urheberrechtlich geschützter musealer Vorlagen, Reproduktionsfotografien wissenschaftlicher und technischer Befunde oder Erkenntnisse, einfache Produktfotografien, einfache Stockfotografien, Filmeinzelbilder, Satellitenfotografien, Luftbildaufnahmen, einfache Pressefotografien und Automatenpassbilder sowie Karteifotografien.[1289]

B. Legitimation und Reformbedürftigkeit des aktuellen Lichtbildschutzes nach § 72 UrhG

Zur Prüfung der Legitimation und Reformbedürftigkeit des Lichtbildschutzes nach § 72 UrhG bietet sich aufgrund dessen Verortung im ökonomisch geprägten Leistungsschutzrecht eine rechtsökonomische Analyse an. Der Investitionsschutz und die freie Nutzbarkeit durch die Allgemeinheit ist sowohl historisch als auch aktuell Anknüpfungspunkt im Rahmen der Argumentation für und gegen eine Legitimation des Lichtbildschutzes gewesen. Daher erwies sich der Ansatz der Anreiz- und Nutzungsoptimierung als besonders geeignet für die Überprüfung der Legitimation des aktuellen Lichtbildschutzes.[1290] Dafür waren der mit dem aktuellen Lichtbildschutz verbundene Wohlfahrtsgewinn und der Wohlfahrtsverlust zu ermitteln und abzuwägen.[1291]

Der Wohlfahrtsgewinn ergibt sich aus der mit dem Lichtbildschutz verbundenen Anreizwirkung für potenzielle Lichtbildner.[1292] Maßgeblich ist insofern, ob ohne den Lichtbildschutz nach § 72 UrhG mit einem Rückgang der Produktion von Lichtbildern oder sogar Lichtbildwerken zu rechnen wäre. Ein Rückgang der Produktion von Lichtbildwerken mangels eines Lichtbildschutzes als

1289 Siehe Teil 1 B.

1290 Siehe Teil 2 B. und Teil 3 A. II. 1.

1291 Siehe Teil 2 A. III.

1292 Siehe Teil 2 A. *Akerlof et al.*, 2 ff.; *Cohen*, 97 Mich. L. Rev. 1998, 462 (471); *Depoorter/Parisi*, 21 Int'l Rev. L. & Econ. 2002, 453 (454); *Elkin-Koren/Salzberger*, 19 Int'l Rev. L. & Econ. 1999, 553 (559); *Euler*, in: Drossou/Krempl/Poltermann, Die wunderbare Wissensvermehrung, 147 (149); *Gordon*, in: Ott/Schäfer, Ökonomische Analyse der rechtlichen Organisation von Innovationen, 328 (332); *Gordon*, 82 Colum. L. Rev. 1982, 1600 (1602, 1610); *Hansen*, 129; *Landes/Posner*, 18 JLS 1989, 325 (326); *Lemley*, 75 Tex. L. Rev. 1996–1997, 989 (993); *Netanel*, 106 Yale L. J. 1996, 283 (293, 308); *Peukert*, in: Hilty/Peukert, Interessenausgleich im Urheberrecht, 11 (16); *Prosi*, 17; *Schäfer/Ott*, 749.

Auffangtatbestand ist angesichts der geringen Anforderungen an den Lichtbildwerkschutz mit der „*kleinen Münze*“ unwahrscheinlich.[1293] Kommt es einem Fotografen auf den Schutz als Lichtbildwerk an, ist das Risiko einer Verfehlung der erforderlichen Schutzhöhe gering und kalkulierbar.[1294]

Hinsichtlich des möglichen Rückgangs der Produktion von Lichtbildern ist zwischen den verschiedenen Lichtbildkategorien zu differenzieren.[1295]

Die historische Analyse der Entwicklung des gesetzlichen Schutzes von Fotografien hat zum einen ergeben, dass die Anreizwirkung eines gesetzlichen Schutzrechtes für Fotografien auf den Schutz der Amortisation hoher Investitionen und der wirtschaftlichen Verwertung im Wege des Schutzes vor Nachbildungen zurückzuführen war.[1296] Die Fotografie wurde lange Zeit als Gewerbe vorwiegend von Berufsfotografen betrieben, deren Bereitschaft zur Tätigung der hohen Investitionen wesentlich von der Amortisationsmöglichkeit und der kommerziellen Verwertbarkeit abhing.[1297] Der Schutz vor Nachbildungen durch Kopisten und andere Konkurrenten war dafür wesentlich.[1298] Diesen Zusammenhang haben die Fotografen in Petitionen zum Ausdruck gebracht.[1299] Zum anderen hat die historische Analyse ergeben, dass sich der für die Anfertigung von Fotografien erforderliche Aufwand über die Jahre infolge der technischen Entwicklung verringert hat.[1300] Die Preise für fotografisches Equipment sind gesunken und Fotografien werden nicht mehr nur von Berufsfotografen zur Schaffung und Erhaltung ihrer Lebensgrundlage angefertigt.[1301] Daraus ergibt sich, dass die Anreizwirkung des aktuellen Lichtbildschutzes insbesondere durch die Bestimmung der Investitionshöhe und des Amortisations- und kommerziellen Verwertungsinteresses zu überprüfen ist.

Hinsichtlich Schnappschüssen ist mangels hoher Investitionen und mangels Amortisations- und kommerziellen Verwertungsinteresses sowie infolge ausreichender alternativer nicht-gesetzlicher Anreize nicht mit einem Produktionsrückgang zu rechnen.[1302] Die vergleichsweise geringen Investitionen für

---

1293 Siehe Teil 3 A. I. 1., 2.
1294 Siehe Teil 3 A. I. 2.
1295 Siehe Teil 3 A. II. 2 b).
1296 Siehe Teil 3 A. II. 1.
1297 Siehe Teil 3 A. II. 1. a).
1298 Siehe Teil 3 A. II. 1. a).
1299 Siehe Teil 3 A. II. 1. a).
1300 Siehe Teil 3 A. II. 1.
1301 Siehe Teil 3 A. II. 1. d).
1302 Siehe Teil 3 A. II. 2. b) aa).

Produktfotografien können über den Verkaufspreis amortisiert werden.[1303] Infolgedessen und infolge ausreichender alternativer Anreize ist ohne Lichtbildschutz keine wesentlich verringerte Produktion zu erwarten.[1304] Auch Filmeinzelbilder, zu Zwecken der Stadt- und Bauplanung angefertigte Luftbildaufnahmen, Automatenpassbilder und Karteifotografien sowie einfache Pressefotografien wie Bilder der Tagesberichterstattung und Kriegsberichterstattung würden entweder infolge alternativer Anreize oder infolge der Möglichkeit, das Amortisations- und kommerzielle Verwertungsinteresse ohne den Lichtbildschutz zu verwirklichen, voraussichtlich weiterhin in gleichem Maße produziert.[1305] Die Anfertigung von Reproduktionsfotografien wissenschaftlicher und technischer Befunde und Erkenntnisse erfordert zwar hohe Investitionen und ist mit einem gewissen Amortisations- und Verwertungsinteresse verbunden.[1306] Für dessen Verwirklichung ist der Lichtbildschutz jedoch nicht zwingend erforderlich.[1307] Für all diese Lichtbildkategorien geht von dem aktuellen Lichtbildschutz nach § 72 UrhG keine wesentliche Anreizwirkung mehr aus, sodass mit deren Schutz kein Wohlfahrtsgewinn für die Gesellschaft verbunden ist.[1308] Währenddessen sind Reproduktionsfotografien musealer Vorlagen, Satellitenfotografien und zu kommerziellen Zwecken angefertigte Luftbildaufnahmen mit hohen Investitionen und einem gewissen Amortisations- und kommerziellen Verwertungsinteresse verbunden, dessen Verwirklichung wesentlich von dem Lichtbildschutz nach § 72 UrhG abhängig ist.[1309] Mit diesem ist daher für die genannten Lichtbildkategorien noch eine Anreizwirkung verbunden.[1310] Hohe Investitionen und die Anfertigung durch einen Berufsfotografen sind letztlich nicht mehr in allen Fällen ausschlaggebend für die Anreizwirkung eines gesetzlichen Schutzrechtes. Dennoch ist das Vorliegen von beidem noch immer ein entsprechendes Indiz. Auch für einfache Stockfotografien, die in der Regel nur zum Zweck der kommerziellen Verwertung angefertigt werden, ist der Lichtbildschutz noch immer entscheidend.[1311] Ein wettbewerbs-

1303 Siehe Teil 3 A. II. 2. b) cc).
1304 Siehe Teil 3 A. II. 2. b) cc).
1305 Siehe Teil 3 A. II. 2. b) ff) (1), (3), (4), (5).
1306 Siehe Teil 3 A. II. 2. b) dd) (1).
1307 Siehe Teil 3 A. II. 2. b) dd) (3).
1308 Siehe Teil 3 A. II. 2. b) aa), cc), dd), ff) (1), (3), (4), (5).
1309 Siehe Teil 3 A. II. 2. b) bb), ff) (2), (3).
1310 Siehe Teil 3 A. II. 2. b) bb), ff) (2), (3).
1311 Siehe Teil 3 A. II. 2. b) ee).

rechtlicher Schutz stellt keinen attraktiven, alternativen gesetzlichen Anreiz dar.[1312]

Der mit dem Lichtbildschutz verbundene Wohlfahrtsverlust liegt in der Beschränkung der Nutzung durch die Allgemeinheit.[1313] Die unzulässige Nutzung von einfachen Lichtbildern im Internet, deren Anfertigung vielfach nicht mit großem Aufwand verbunden ist,[1314] wird mittlerweile rigoros verfolgt und hat in der Vergangenheit zu zahlreichen Abmahnungen und gerichtlichen Streitigkeiten geführt.[1315] Auch die Nutzung von Kulturgütern in Form von Reproduktionsfotografien wird erschwert. Das gestärkte Zitatrecht nach § 51 Satz 3 UrhG stellt keinen hinreichenden Ausgleich dar.[1316]

Eine Abwägung von Wohlfahrtsgewinn und Wohlfahrtsverlust ist nur in den Fällen erforderlich, in denen noch ein Wohlfahrtsgewinn in Form einer Anreizwirkung anzunehmen ist.[1317] Das betrifft ausschließlich investitionsintensive Reproduktionsfotografien musealer Vorlagen, Stockfotografien, Satellitenfotografien und zu kommerziellen Zwecken erstellte Luftbildaufnahmen.[1318] Der mit dem Schutz dieser Lichtbildkategorien nach § 72 UrhG verbundene Wohlfahrtsgewinn in Form einer Anreizwirkung überwiegt im Ergebnis den Wohlfahrtsverlust.[1319] Nur hinsichtlich der eingeschränkten privaten Nutzbarkeit über die Schrankenregelung in § 53 UrhG hinaus besteht eine eingeschränkte Legitimation und daher Reformbedarf.[1320] Der Schutz der anderen Lichtbildkategorien

1312 Siehe Teil 3 A. II. 3.

1313 Siehe Teil 3 B. Vgl. *Bechtold*, 298 f.; vgl. *Cohen*, 53 Vand. L. Rev. 2000, 1799 (1801); vgl. *Hansen*, 132 f.; vgl. *Koboldt*, in: Ott/Schäfer, Ökonomische Analyse der rechtlichen Organisation von Innovationen, 69 (76); vgl. *Landes/Posner*, 18 JLS 1989, 325 (326); vgl. *Lemley*, 75 Tex. L. Rev. 1996–1997, 989 (996); vgl. *Peukert*, in: Hilty/Peukert, Interessenausgleich im Urheberrecht, 11 (17, 20); vgl. *Watt*, 12.

1314 *Klimpel/Rack*, RuZ 2020, 243 (248, 57); *Lerach*, in: DSRI-Tagungsband 2012, 175 (190); *Zech*, 363, 371, 423; vgl. *Schack*, in: FS Wandtke, 9 (11).

1315 Siehe Einleitung A. *Bleich*, c't 1/2010, 154 (154); *Forch*, GRUR-Prax 2016, 142 (142); *Lerach*, in: DSRI-Tagungsband 2012, 175 (175 f.); *Ohly*, 36 f.; *Schiessel*, 249; *Schneider*, in: DSRI-Tagungsband 2015, 581 (581, 585); vgl. *Apel*, in: FS Vogel, 205 (216).

1316 Vgl. *Lauber-Rönsberg*, Anm. zu BGH – I ZR 104/17, ZUM 2019, 341 (343); vgl. *Schulze*, GRUR 2019, 779 (779); vgl. *Seiler*, K&R 2019, 245 (247); vgl. *Stang*, ZUM 2019, 668 (670).

1317 Siehe Teil 3 C.

1318 Siehe Teil 3 C. I., II.

1319 Siehe Teil 3 C., D.

1320 Siehe Teil 3 C. I., II., D.

bewirkt keinen Wohlfahrtsgewinn, sondern nur einen Wohlfahrtsverlust.[1321] Daher fehlt es für deren Lichtbildschutz an einer Rechtfertigung.[1322]

Der Lichtbildschutz nach § 72 UrhG ist reformbedürftig.[1323]

Nutzer werden darüber hinaus durch die hohen Anforderungen an die Umsetzung des Namensnennungsrechts nach § 13 UrhG belastet.[1324] Sie sehen sich zudem mit der mitunter schwierigen Recherche nach dem Urheber einer Fotografie konfrontiert.[1325] Überdies wird infolge einer Verletzung des Namensnennungsrechts noch immer vielfach ein pauschaler Verletzeraufschlag in Höhe von hundert Prozent auf den Schadensersatz als Ausgleich für die unberechtigte Nutzung gewährt.[1326] Die Rechtsprechung ist daher zu einer hinreichenden Differenzierung anhand der Umstände des Einzelfalls aufgerufen.[1327] Ist die fehlende Namensnennung nicht mit wirtschaftlich nachteiligen Folgen verbunden, ist ein Verletzeraufschlag gänzlich abzulehnen.[1328]

Daneben wird die Nutzbarkeit für die Allgemeinheit durch die für Lichtbilder geltende Schutzdauer von fünfzig Jahren unangemessen belastet.[1329] Die Anreizwirkung würde durch eine Verkürzung der Schutzfrist auf dreißig bis vierzig Jahre nicht wesentlich verringert.[1330] Die aktuelle Länge der Schutzdauer ist nicht mehr gerechtfertigt und daher reformbedürftig.[1331]

1321 Siehe Teil 3 B., C. III.

1322 Siehe Teil 3 D.

1323 Siehe Teil 3 D.

1324 Siehe Teil 4 E. I.

1325 Vgl. *Raue*, GRUR 2017, 11 (12).

1326 Siehe Teil 4 E. II. *BGH*, GRUR 2019, 292 (293 f.) – Foto eines Sportwagens; *OLG München*, ZUM 2014, 420 (423); *OLG München*, ZUM-RD 2014, 165 (166); *OLG Brandenburg*, GRUR-RR 2009, 413 (414) – MFM-Bildhonorartabellen; *OLG Düsseldorf*, GRUR-RR 2006, 393 (395) – Informationsbroschüre; *LG Köln*, GRUR-RS 2021, 20665; Schricker/Loewenheim/*Wimmers*, § 97 UrhG Rn. 303; *Wanckel*, Rn. 393.

1327 Siehe Teil 4 E. IV.

1328 Siehe Teil 4 E. II. *OLG Braunschweig*, GRUR 2012, 920 (924 f.) – MFM-Honorarempfehlungen; *AG Düsseldorf*, beckRS 2012, 14861; *Schneider*, CR 2016, 37 (38, 42); vgl. *OLG München*, ZUM-RD 2014, 165 (166); vgl. *OLG Düsseldorf*, NJW-RR 1999, 194 (195 f.).

1329 Siehe Teil 4 F. IV.

1330 Siehe Teil 4 F. IV.

1331 Siehe Teil 4 F. IV.

C. Rechtsökonomische Notwendigkeit der Einschränkung des Lichtbildschutzes durch Art. 14 DSM-RL und die Umsetzung in § 68 UrhG

Vor der Ausnahme fotografischer Vervielfältigungen gemeinfreier visueller Werke vom Anwendungsbereich des Lichtbildschutzes durch § 68 UrhG war die Kritik am Schutz dieser Fotografien teilweise immens,[1332] wenngleich der Bundesgerichtshof eine dahingehende teleologische Reduktion ablehnte.[1333] Der Hauptanwendungsfall solcher Vervielfältigungen sind Reproduktionsfotografien gemeinfreier musealer Vorlagen.

Ein Rückgang der Produktion solcher Reproduktionsfotografien ist nicht ausgeschlossen.[1334] Mit der Anfertigung sind oftmals hohe Investitionen und unter anderem ein Amortisations- und Verwertungsinteresse verbunden.[1335] Ein Ausgleich dieser Produktionsverringerung durch von der Allgemeinheit angefertigte Fotografien ist unwahrscheinlich.[1336] Museen würden ihre in allgemeinen Geschäftsbedingungen integrierten Fotografierverbote beibehalten.[1337] Der Bundesgerichtshof wird möglicherweise im Hinblick auf gemeinfreie Werke strengere Anforderungen an die Wirksamkeit des Fotografierverbotes stellen, aber an dieser im Grundsatz voraussichtlich festhalten.[1338]

Die Allgemeinheit wurde durch den Schutz der Reproduktionsfotografien gemeinfreier musealer Vorlagen sowohl in ihrer Nutzung der Reproduktionsfotografien selbst als auch durch die Verbindung mit Fotografierverboten in der Nutzung der Originalwerke beeinträchtigt.[1339] Ein erleichterter Zugang zu den Originalwerken ergibt sich durch die Abschaffung des Lichtbildschutzes für Reproduktionsfotografien gemeinfreier musealer Vorlagen allerdings nur dann, wenn die Museen in ihren Fotografierverboten infolgedessen Ausnahmen für gemeinfreie Werke vorsehen müssen.[1340] Dahingehend bleibt die

1332 *Dreier*, Anm. zu BGH – I ZR 104/17, JZ 2019, 417 (418); *Nordemann*, GRUR 1987, 15 (18); *Ohly*, 37; *Peukert*, 110; *Specht-Riemenschneider/Paschwitz*, RuZ 2020, 95 (97 f.); *Stang*, ZUM 2019, 668 (670); *Stang*, ZGE 2009, 167 (213 ff.).

1333 *BGH*, GRUR 2019, 284 (286 f.) – Museumsfotos.

1334 Siehe Teil 5 A. IV. 2.

1335 Siehe Teil 5 A. I., II.

1336 Siehe Teil 5 A. IV. 1.

1337 Siehe Teil 5 A. IV. 1.

1338 Siehe Teil 5 A. IV. 1.

1339 Siehe Teil 5 B. I.

1340 Siehe Teil 5 B. II. 1.

Rechtsprechung des Bundesgerichtshofs abzuwarten.[1341] Die Nutzung der Reproduktionsfotografien selbst wird erleichtert und damit auch zumindest die mittelbare Nutzung der gemeinfreien Vorlagen über das Medium der Fotografie.[1342] Die Abschaffung des Schutzes wirkt insofern in zweifacher Hinsicht.[1343] Das ist auch der Grund dafür, dass die Abwägung von Wohlfahrtsgewinn und Wohlfahrtsverlust bezüglich des Schutzes von Reproduktionsfotografien gemeinfreier musealer Vorlagen, anders als bei dem Schutz von Reproduktionsfotografien urheberrechtlich geschützter musealer Vorlagen, ein Überwiegen des Wohlfahrtsverlustes ergibt.[1344] Dementsprechend war der Schutz von Reproduktionsfotografien gemeinfreier musealer Vorlagen nicht mehr legitimiert und eine entsprechende Reform erforderlich.[1345] Wünschenswert wäre jedoch eine Regelung als Schranke für die private und wissenschaftliche Nutzung unter Ausschluss der gewerblichen und kommerziellen Nutzung gewesen,[1346] da dann eine drastische Verringerung des Wohlfahrtsverlusts, aber keine verringerte Produktion zu erwarten gewesen wäre.[1347]

D. Reformvorschläge

Für die Reform von § 72 UrhG werden die vollständige Abschaffung des Lichtbildschutzes,[1348] die Einschränkung durch das Erfordernis einer wesentlichen Investition,[1349] die bereichsspezifische Abschaffung für Lichtbilder, die nicht berufsmäßig oder im Rahmen wissenschaftlicher/technischer Tätigkeit hergestellt werden,[1350] und eine Schranke für die Verwendung in sozialen

1341 Siehe Teil 5 B. II. 1.

1342 Siehe Teil 5 B. II. 2.

1343 Siehe Teil 5 B. II. 2.

1344 Siehe Teil 5 C.

1345 Siehe Teil 5 C.

1346 Ebenso Stellungnahme des Deutschen Museumsbundes e.V. v. 13.09.2019 zur Umsetzung der DSM-RL, S. 3; a.A. *Schulze*, GRUR 2019, 779 (781).

1347 Siehe Teil 5 C.

1348 *Flechsig*, in: VFF Verwertungsgesellschaft der Film- und Fernsehproduzenten mbH, Urheberrecht im Wandel der Zeit, 91 (108); *Hoeren*, EuZ 2012, 2 (9); *Klimpel/Rack*, RuZ 2020, 243 (257); *Lerach*, in: DSRI-Tagungsband 2012, 175 (190); *Ohly*, 126; *Overbeck*, 161, 195 f.; *Schack*, GRUR 2021, 904 (906 f.); *Schack*, in: FS Wandtke, 9 (19); *Ziegler*, 250 f.

1349 *Apel*, in: FS Vogel, 205 (222 f.); *Zech*, Anm. zu BGH – I ZR 104/17, GRUR 2019, 291 (291); kritisch *Stang*, 180 f.

1350 *Schiessel*, 255, 281, 300.

Medien[1351] durch private Nutzer vorgeschlagen. Die Folgenabwägung hat ergeben, dass keiner der Reformvorschläge nur Vorteile für die Gesamtwohlfahrt mit sich bringt.[1352] Im Ergebnis scheint auch angesichts der Ergebnisse zur Legitimation eine Kombination aus dem Erfordernis einer wesentlichen Investition und dem Erfordernis der Anfertigung durch einen Berufsfotografen angemessen und zielführend.[1353]

Folgende Formulierung für einen veränderten § 72 UrhG wird vorgeschlagen:

> „*Lichtbilder und Erzeugnisse, die ähnlich wie Lichtbilder hergestellt werden, werden in entsprechender Anwendung der für Lichtbildwerke geltenden Vorschriften des Teils 1 geschützt, soweit diese von einem Berufslichtbildner hergestellt werden und deren Herstellung mit einer nicht notwendigerweise vom Berufslichtbildner selbst getätigten wesentlichen Investition verbunden ist. Der Schutz entsteht nur, wenn der Berufslichtbildner die Lichtbilder vor der erstmaligen Veröffentlichung, Verwertung und/oder öffentlichen Wiedergabe mit einer sichtbaren Kennzeichnung versieht, die zum Ausdruck bringt, dass das Lichtbild dem Schutz dieser Vorschrift unterliegen soll. Berufslichtbildner ist, wer seinen Lebensunterhalt dauerhaft ganz oder teilweise aus der Herstellung von Lichtbildern im Rahmen seiner abhängigen oder selbstständigen Tätigkeit bezieht. Eine Kennzeichnung gem. S. 2 erfolgt durch die Kennzeichnung mit (B).*“[1354]

Unter einer Investition soll jeder mit der Anfertigung eines Lichtbildes verbundene zeitliche, organisatorische und finanzielle Aufwand zu verstehen sein, dessen Tätigung zu der Anfertigung des Lichtbildes in seiner konkreten Form geführt hat. Umfasst sein sollen davon auch vor- und nachbereitende Tätigkeiten.[1355] Die Wesentlichkeit kann sich in der Regel aus der Qualität und/oder der Höhe der Investition ergeben und ist im Gesamtzusammenhang zu bestimmen.[1356] Ein Indiz für die Wesentlichkeit besteht darin, dass von deren Amortisationsmöglichkeit die Tätigung in wesentlichem Maße abhängig ist.[1357] Die Kennzeichnungspflicht dient der Erhöhung der Rechtssicherheit.[1358] Zudem

---

1351 *Schiessel*, 287 ff., 300; *Ullrich* (Interview), abrufbar unter http://go.wwu.de/nfd21 (zuletzt abgerufen am 28.11.2021).

1352 Siehe Teil 4 C.

1353 Siehe Teil 4 C.

1354 Nahezu identische Übernahme hinsichtlich des Erfordernisses der berufsmäßigen Herstellung (Herstellung durch einen Berufslichtbildner, Kennzeichnungspflicht und Definition des Berufslichtbildners) von *Schiessel*, 281, siehe Teil 4 A. III. und Teil 4 D. I. Unterstrichen ist die vorgeschlagene Änderung von § 72 Abs. 1 UrhG.

1355 Siehe Teil 4 D. I. 1. a).

1356 Siehe Teil 4 D. I. 1. b).

1357 Siehe Teil 4 D. I. 1. b).

1358 Siehe Teil 4 D. I. 2.

sind das missbräuchliche Anbringen, die missbräuchliche Nutzung und das missbräuchliche Entfernen als Ordnungswidrigkeit und bei gewerblicher Nutzung als Straftat zu sanktionieren.[1359]

Ein Vergleich mit dem österreichischen Namensnennungsrecht für Lichtbildner ergibt, dass mit einer vergleichbaren Regelung des deutschen Namensnennungsrechts für Lichtbildner eine größere Rechtssicherheit gewährleistet und der Wohlfahrtsverlust dadurch minimiert werden könnte.[1360] Der Lichtbildner müsste dann das Original-Lichtbild mit seinem Namen versehen haben, wenn er einen Anspruch auf Anbringung einer Herstellerbezeichnung auf Vervielfältigungsstücken geltend machen will.[1361] Dieses Erfordernis ist zusätzlich zu der Kennzeichnungspflicht zu erfüllen. § 72 UrhG sollte daher um einen dem § 74 Abs. 3 des österreichischen Urheberrechtsgesetzes ähnlichen weiteren Absatz ergänzt werden:

> *„Hat der Lichtbildner ein Lichtbild mit seinem Namen bezeichnet, so sind auch die von anderen hergestellten, zur Verbreitung bestimmten Vervielfältigungsstücke mit einem entsprechenden Hinweis auf den Lichtbildner zu versehen. Gibt ein derart bezeichnetes Vervielfältigungsstück das Lichtbild mit wesentlichen Änderungen wieder, so ist die Herstellerbezeichnung mit einem entsprechenden Zusatz zu versehen.“*[1362]

Eine Schranke für eine umfassende private und wissenschaftliche Nutzbarkeit könnte wie folgt formuliert werden:

> *„Zulässig ist die Vervielfältigung, öffentliche Wiedergabe und öffentliche Zugänglichmachung eines Lichtbildes gemäß § 72 UrhG, soweit die jeweilige Handlung keinem Erwerbs- oder einem anderen kommerziellen Zweck des Nutzers dient. Die an einer Vorlage bestehenden Rechte bleiben davon unberührt.“*[1363]

Mit der Einführung einer solchen Schrankenregelung wäre die Regelung in § 68 UrhG aus rechtsökonomischer Perspektive obsolet. Die Umsetzung von Art. 14 DSM-RL wäre auch im Wege dieser Schrankenregelung möglich.

Der Lichtbildschutz in seiner jetzigen Ausgestaltung ist in vielerlei Hinsicht ein Relikt alter Zeit. Es ist höchste Zeit für eine Anpassung an die aktuelle Anwender- und Nutzerrealität.

1359 Siehe Teil 4. D. I. 2. So auch schon *Schiessel*, 280 f., 301.

1360 Siehe Teil 4 E. III., IV.

1361 Siehe Teil 4 E. III., IV.

1362 Siehe Teil 4 E. III., IV.

1363 Siehe Teil 4 D. II. Orientierung an *Schiessel*, 294.

Literaturverzeichnis

Ahlberg, Hartwig/Götting, Horst-Peter/Lauber-Rönsberg, Anne (Hrsg.), Beck'-scher Online-Kommentar Urheberrecht, 32. Auflage, München 2021.

Akerlof, George A. et al., The Copyright Term Extension Act of 1998: An Economic Analysis, 2002.

Allfeld, Philipp, Die Reichsgesetze betr. das literarische und artistische Urheberrecht, München 1893.

Allianz der Wissenschaftsorganisationen, Stellungnahme v. 30. Juli 2020 zum Diskussionsentwurf des Bundesministeriums der Justiz und für Verbraucherschutz eines Zweiten Gesetzes zur Anpassung des Urheberrechts an die Erfordernisse des digitalen Binnenmarktes v. 24. Juni 2020, abrufbar unter http://go.wwu.de/g455x.

Allianz der Wissenschaftsorganisationen, Stellungnahme v. 5. September 2019 zur Umsetzung der RL 2019/790, abrufbar unter http://go.wwu.de/ucuyv.

Apel, Simon, Überlegungen zu einer Reform des Lichtbildschutzrechts (§ 72 UrhG), in: Götz von Olenhusen, Albrecht/Gergen, Thomas (Hrsg.), Kreativität und Charakter – Recht, Geschichte und Kultur in schöpferischen Prozessen, Festschrift für Martin Vogel zum siebzigsten Geburtstag, Hamburg 2017, 205–226.

Appel, Sharon, Copyright, Digitization of Images, and Art Museums: Cyberspace and Other New Frontiers, UCLA ELR 1999, Vol. 6, 149–233.

Barrelet, Denis/Egloff, Willi et al., Das neue Urheberrecht – Kommentar zum Bundesgesetz über das Urheberrecht und verwandte Schutzrechte, 4. Auflage, Bern 2020.

Bartmann, Jeannine, Grenzen der Monopolisierung durch Urheberrechte am Beispiel von Datenbanken und Computerprogrammen – Eine rechtsvergleichende Studie des europäischen, deutschen und US-amerikanischen Rechts, Köln Berlin München 2005, zugl. Diss. Universität Jena 2004.

Bechtold, Stefan, Vom Urheber- zum Informationsrecht – Implikationen des Digital Rights Management, München 2002, zugl. Diss. Universität Tübingen 2001.

Bechtold, Stefan, Zur rechtsökonomischen Analyse im Immaterialgüterrecht, GRUR Int. 2008, 484–488.

Behrens, Volker, Der Fotoapparat: Vom Luxus- zum Gebrauchsgegenstand – Anmerkungen zur Verbreitung des Fotoapparates, in: Industrie Museum

Lohne (Hrsg.), „ABGELICHTET" – Faszination Fotografie – Eine Zeitreise in die Region, Lohne 2014, 15–20.

Behrens, Volker, Kurze Geschichte der Fotografie in Zahlen, in: Industrie Museum Lohne (Hrsg.), „ABGELICHTET" – Faszination Fotografie – Eine Zeitreise in die Region, Lohne 2014, 12–13.

Beier, Nils, Die urheberrechtliche Schutzfrist – Eine historische, rechtsvergleichende und dogmatische Untersuchung der zeitlichen Begrenzung, ihrer Länge und ihrer Harmonisierung in der Europäischen Gesellschaft, München 2001, zugl. Diss. Universität München 1999.

Bildhäuser, Carsten, Lizenzschaden und Streitwert von Produktfotos: Ein Rechtsprechungsüberblick, GRUR-Prax 2013, 30–32.

Birngruber, Christoph G./Lasczkowski, Gabriele/Dettmeyer, Reinhard B., Forensische Verletzungskunde – Rechtssichere Befunderhebung, Dokumentation und Begutachtung äußerer Verletzungsbefunde, Berlin 2020.

Bischoffshausen, Albrecht, Die ökonomische Rechtfertigung der urheberrechtlichen Schutzfrist – Analyse der Schutzfrist de lege lata und de lege ferenda aus historischer, dogmatischer und rechtsökonomischer Sicht, Baden-Baden 2013, zugl. Diss. Technische Universität Dresden 2012.

Bisges, Marcel (Hrsg.), Handbuch Urheberrecht, Berlin 2016.

Bleich, Holger, Die Abmahn-Industrie – Wie mit dem Missbrauch des Urheberrechts Kasse gemacht wird, c't 1/2010, 154–157.

Boehm, Gottfried, Die Wiederkehr der Bilder, in: Boehm, Gottfried (Hrsg.), Was ist ein Bild?, München 1994, 11–38.

Boehm, Gottfried, Iconic Turn. Ein Brief, in: Belting, Hans (Hrsg.), Bilderfragen – Die Bildwissenschaften im Aufbruch, München 2007, 27–36.

Büchner, Thomas, Schutz von Computerbildern als Lichtbild(werk), ZUM 2011, 549–552.

Bullinger, Winfried, Kunstwerke in Museen – die klippenreiche Bildauswertung, in: Jacobs, Rainer/Papier, Hans-Jürgen/Schuster, Peter-Klaus (Hrsg.), Festschrift für Peter Raue zum 65. Geburtstag am 4. Februar 2006, Köln Berlin München 2006, 379–400.

Bullinger, Winfried/Garbers-von Boehm, Katharina, Der Blick ist frei – Nachgestellte Fotos aus urheberrechtlicher Sicht, GRUR 2008, 24–30.

Bundesverband professioneller Bildanbieter, Stellungnahme v. 23. August 2019 zur Umsetzung der RL 2019/790, abrufbar unter http://go.wwu.de/ys3sh.

Castendyk, Oliver (Hrsg.), Fotorecht – Recht der Aufnahme, Gestaltung und Verwertung von Bildern, 2. Auflage, Berlin 2012.

Cohen, Julie E., Copyright and the Perfect Curve, Vand. L. Rev. 2000, Vol. 53, 1799–1819.

Cohen, Julie E., Lochner in Cyberspace: The New Economic Orthodoxy of "Rights Management", Mich. L. Rev. 1998, Vol. 97, 462–563.

COMMUNIA, Stellungnahme v. 29. Juli 2020 zum Diskussionsentwurf des Bundesministeriums der Justiz und für Verbraucherschutz eines Zweiten Gesetzes zur Anpassung des Urheberrechts an die Erfordernisse des digitalen Binnenmarktes v. 24. Juni 2020, abrufbar unter http://go.wwu.de/1jibv.

Conraths, Timo, Künstliche Intelligenz in der Medienproduktion – Datenschutz, urheber- und vertragsrechtliche Fragen aus Sicht eines Medienunternehmens, MMR 2021, 457–461.

Cooter, Robert/Ulen, Thomas, Law & Economics, 6. Auflage, Boston 2016.

Cordys, Bruno, Das deutsche Photographengewerbe, Diss. Universität Köln 1932.

Cornwall, James E., Die Frühzeit der Photographie in Deutschland 1839–1869 – Die Männer der ersten Stunden und ihre Verfahren, Herrsching/Ammersee 1979.

Danisch, Marcus, Die Schutzdauerproblematik im Immaterialgüterrecht – Lösungsansätze für das Urheberrecht aus dem gewerblichen Rechtsschutz und dem US-amerikanischen Copyright, Diss. Universität Würzburg 2007.

Daumann, Stephan, Wundmanagement und Wunddokumentation, 5. Auflage, Stuttgart 2018.

Dauner-Lieb, Barbara/Langen, Werner (Hrsg.), BGB – Schuldrecht – ProdHaftG, UKlaG, Band 2, 4. Auflage, Baden-Baden 2021.

Dawirs, Dustin/Fusbahn, Jens K., Neues zum Foto- und Lichtbildschutz – Ist der Lichtbildschutz noch zeitgemäß ausgestaltet?, IPRB 2020, 292–296.

De la Durantaye, Katharina, Der Kampf um die Public Domain, GRUR Int. 2012, 989–994.

De la Durantaye, Katharina, Reform der Verlegerbeteiligung – Ein Prototyp mit Potenzial – Kommentar zum Diskussionsentwurf des BMJV v. 15. Januar 2020, ZUM 2020, 161–162.

De la Durantaye, Katharina/Hofmann, Franz, Regulierungsansätze, -defizite und -trends im Urheberrecht 2021, ZUM 2021, 873–881.

Dellenbaugh, Frederick S., A Canyon Voyage – The Narrative of the Second Powell Expedition down the Green-Colorado River from Wyoming, and the Explorations on Land, in the Years 1871 and 1872, New York 1908.

Depoorter, Ben/Parisi, Francesco, Fair use and copyright protection: a price theory explanation, Int'l Rev. L. & Econ. 2002, Vol. 21, 453–473.

Deutsche Initiative für Netzwerkinformation e.V., Stellungnahme v. 31. Juli 2020 zum Diskussionsentwurf des Bundesministeriums der Justiz und für Verbraucherschutz eines Zweiten Gesetzes zur Anpassung des Urheberrechts an die Erfordernisse des digitalen Binnenmarktes v. 24. Juni 2020, abrufbar unter http://go.wwu.de/9qx8a.

Deutscher Bibliotheksverband e.V., Stellungnahme v. 30. August 2019 zur Umsetzung der RL 2019/790, abrufbar unter http://go.wwu.de/x6k91.

Deutscher Museumsbund e.V., Stellungnahme v. 6. November 2020 zum Referentenentwurf des Bundesministeriums der Justiz und für Verbraucherschutz eines Gesetzes zur Anpassung des Urheberrechts an die Erfordernisse des digitalen Binnenmarktes v. 2. September 2020, abrufbar unter http://go.wwu.de/shzz0.

Deutscher Museumsbund e.V., Stellungnahme v. 31. Juli 2020 zum Diskussionsentwurf des Bundesministeriums der Justiz und für Verbraucherschutz eines Zweiten Gesetzes zur Anpassung des Urheberrechts an die Erfordernisse des digitalen Binnenmarktes v. 24. Juni 2020, abrufbar unter http://go.wwu.de/pfyh0.

Deutscher Museumsbund e.V., Stellungnahme v. 13. September 2019 zur Umsetzung der RL 2019/790, abrufbar unter http://go.wwu.de/vsidu.

Dokalik, Dietmar/Zemann, Adolf (Hrsg.), Österreichisches und internationales Urheberrecht, 7. Auflage, Wien 2018.

Dreier, Thomas, Anmerkung zu BGH – I ZR 104/17, JZ 2019, 417–420.

Dreier, Thomas, Bilder im Zeitalter ihrer vernetzten Kommunizierbarkeit, ZGE 2017, 135–148.

Dreier, Thomas, Der Schrankenkatalog: Adäquate Zugangsregeln für die Wissensgesellschaft? – Vortrag auf dem III. ZUM-Symposium „EU-Urheberrechtsreform – Ergebnisse und Analysen“ des Instituts für Urheber- und Medienrecht am 01.02.2019 in München, ZUM 2019, 384–393.

Dreier, Thomas, Die Schlacht ist geschlagen – ein Überblick – Zum Ergebnis des Copyright Package der EU-Kommission, GRUR 2019, 771–779.

Dreier, Thomas, Sachfotografie, Urheberrecht und Eigentum, in: Ganea, Peter/Heath, Christopher/Schricker, Gerhard (Hrsg.), Urheberrecht – Gestern – Heute – Morgen, Festschrift für Adolf Dietz zum 65. Geburtstag, München 2001, 235–252.

Dreier, Thomas/Schulze, Gernot (Hrsg.), Urheberrechtsgesetz – Verwertungsgesellschaftengesetz, Kunsturhebergesetz – Kommentar, 6. Auflage, München 2018.

Dreyer, Gunda/Kotthoff, Jost/Meckel, Astrid/Hentsch, Christian-Henner (Hrsg.), Urheberrecht – Urheberrechtsgesetz, Verwertungsgesellschaftengesetz, Kunsturhebergesetz, 4. Auflage, Heidelberg 2018.

Eder, Josef Maria, Geschichte der Photographie, Band 1, 4. Auflage, Halle 1932.

Ehrenstein, Gottfried W. (Hrsg.), Mikroskopie – Lichtmikroskopie, Polarisation, Rasterkraftmikroskopie, Flureszenzmikroskopie, Rasterelektronenmikroskopie, München 2020.

Eichmann, Helmut/Kur, Annette (Hrsg.), Designrecht – Praxishandbuch, 2. Auflage, Baden-Baden 2016.

Eidenmüller, Horst, Effizienz als Rechtsprinzip – Möglichkeiten und Grenzen der ökonomischen Analyse des Rechts, 4. Auflage, Tübingen 2015.

Elkin-Koren, Niva/Salzberger, Eli, Law and Economics in Cyberspace, Int'l Rev. L. & Econ. 1999, Vol. 19, 553–581.

Elster, Alexander, Gewerblicher Rechtsschutz umfassend Urheber- und Verlagsrecht, Patent- und Musterschutzrecht, Warenzeichenrecht und Wettbewerbsrecht, Berlin und Leipzig 1921.

Erdmann, Willi, Der urheberrechtliche Schutz von Lichtbildwerken und Lichtbildern, in: Büscher, Wolfgang/Erdmann, Willi/Haedicke, Maximilian/Köhler, Helmut/Loschelder, Michael (Hrsg.), Festschrift für Joachim Bornkamm zum 65. Geburtstag, München 2014, 761–771.

Euler, Ellen, Creative Commons: Mehr Innovation durch die Öffnung des Urheberrechts?, in: Drossou, Olga/Krempl, Stefan/Poltermann, Andreas (Hrsg.), Die wunderbare Wissensvermehrung – Wie Open Innovation unsere Welt revolutioniert, Hannover 2006, 147–158.

Euler, Ellen, Open Access in der Wissenschaft und die Realitäten des Rechts, RuZ 2020, 56–82.

Feldmann, Dirk, Anmerkung zu LG Hamburg – 308 O 515/02, ZUM 2004, 679–681.

Ferchland, Dana, Fotografieschutz im Wandel – Auswirkungen technischer, künstlerischer und rechtlicher Veränderungen auf den Urheberrechtsschutz von Fotografien, Hamburg 2018, zugl. Diss. Humboldt-Universität zu Berlin 2017.

Fezer, Karl-Heinz/Büscher, Wolfgang/Obergfell, Eva Inés (Hrsg.), Lauterkeitsrecht – Kommentar zum Gesetz gegen den unlauteren Wettbewerb (UWG), 3. Auflage, München 2016.

Fisher III, William W., Property and Contract on the Internet, Chi.-Kent L. Rev. 1998, Vol. 73, 1203–1256.

Fisher III, William W., Reconstructing the Fair Use Doctrine, Harv. L. Rev. 1988, Vol. 101, 1659–1795.

Flechsig, Norbert P., „500 Jahre Schutz des Werkschaffens – Sind wir für die Zukunft gerüstet?" – Vortrag gehalten aus Anlass des Symposiums der Rechtswissenschaftlichen Fakultät der Eberhard Karls Universität Tübingen am Freitag, den 8. Dezember 2017, in: VFF Verwertungsgesellschaft der Film- und Fernsehproduzenten mbH (Hrsg.), Urheberrecht im Wandel der Zeit – Symposium aus Anlass des 70. Geburtstags von Norbert P. Flechsig, Baden-Baden 2018, 91–124.

Flechsig, Norbert P., Das Lichtbild als Dokument der Zeitgeschichte – Inhalt und Umfang des Rechtsschutzes, UFITA 1991, 5–33.

Forch, Dana, Unberechtigte Fotonutzung im Internet: Höhe des angemessenen Schadensersatzes, GRUR-Prax 2016, 142–144.

Fortmeyer, Jan-Alexander, Anmerkung zu OLG Braunschweig – 2 U 7/11, MMR 2012, 332–334.

Fraunhofer IAIS – Institut für Intelligente Analyse- und Informationssysteme, Bestandsaufnahme zur Digitalisierung von Kulturgut und Handlungsfelder, 2007.

Freund, Gisèle, Photographie et société, Paris 1974.

Fromm, Friedrich Karl/Nordemann, Axel et al., Urheberrecht – Kommentar zum Urheberrechtsgesetz, Verlagsgesetz, Einigungsvertrag (Urheberrecht), neu: zur EU-Portabilitätsverordnung, 12. Auflage, Stuttgart 2018.

Fromm, Friedrich Karl/Nordemann, Wilhelm et al., Urheberrecht – Kommentar zum Urheberrechtsgesetz und zum Urheberrechtswahrnehmungsgesetz mit den Texten der Urheberrechtsgesetze der DDR, Österreichs und der Schweiz, 7. Auflage, Stuttgart Berlin Köln Mainz 1988.

Garbers-von Boehm, Katharina, Öffentliches Museum kann Fotografieren gemeinfreier Werke mittels AGB verbieten, Anmerkung zu BGH – I ZR 104/17, GRUR-Prax 2019, 92–92.

Garbers-von Boehm, Katharina, Rechtliche Aspekte der Digitalisierung und Kommerzialisierung musealer Bildbestände – Unter besonderer Berücksichtigung des Urheberrechts, Baden-Baden 2011, zugl. Diss. Universität Dresden 2010.

Gebhardt, Heinz, Königlich bayerische Photographie 1838–1918, München 1978.

Geiger, Christophe, Der urheberrechtliche Interessenausgleich in der Informationsgesellschaft – Zur Rechtsnatur der Beschränkungen des Urheberrechts, GRUR Int. 2004, 815–821.

Gerstenberg, Ekkehard, Fototechnik und Urheberrecht – Grenzfragen des Lichtbildschutzes, in: Herbst, Georg (Hrsg.), Festschrift für Rainer Klaka, München 1987, 120–126.

Gerstenberg, Ekkehard, Zur Schutzdauer für Lichtbilder und Lichtbildwerke, GRUR 1976, 131–135.

Gierke, Otto, Urheberrechte, UFITA 1994, 103–200.

Gordon, Wendy J., Fair Use as Market Failure: A Structural and Economic Analysis of the *Betamax* Case and its Predecessors, Colum. L. Rev. 1982, Vol. 82, 1600–1657.

Gordon, Wendy J., Systemische und fallbezogene Lösungsansätze für Marktversagen bei Immaterialgütern, in: Ott, Claus/Schäfer, Hans-Bernd (Hrsg.), Ökonomische Analyse der rechtlichen Organisation von Innovationen – Beiträge zum IV. Travemünder Symposium zur ökonomischen Analyse des Rechts (23.–26. März 1994), Tübingen 1994, 328–369.

Götting, Horst-Peter/Nordemann, Axel (Hrsg.), UWG – Handkommentar, 3. Auflage, Baden-Baden 2016.

Grün, Christian, Die zeitliche Schranke des Urheberrechts – Eine historische und dogmatische Erklärung, Bern 1979, zugl. Diss. Universität Freiburg i. Br. 1979.

Haberkorn, Heinz, Anfänge der Fotografie – Entstehungsbedingungen eines neuen Mediums, Reinbek bei Hamburg 1981.

Hagedorn-Saupe, Monika, Digitalisierung in deutschen Museen, in: Maier, Gerald/Fricke, Thomas (Hrsg.), Kulturgut aus Archiven, Bibliotheken und Museen im Internet – Neue Ansätze und Techniken, Stuttgart 2004, 37–46.

Handke, Christian, Die Ökonomik des Urheberrechts – Beobachten, Abwägen und Prinzipienreiterei, Kurswechsel 4/2010, 15–26.

Hansen, Gerd, Warum Urheberrecht? – Die Rechtfertigung des Urheberrechts unter besonderer Berücksichtigung des Nutzerschutzes, Baden-Baden 2009, zugl. Diss. Universität München 2008.

Hartmann, Thomas, Urheberrechtliche Schutzfähigkeit von Forschungsdaten, in: Taeger, Jürgen (Hrsg.), Law as Service (LaaS) – Recht im Internet- und Cloud-Zeitalter, Tagungsband DSRI-Herbstakademie 2013, Band 1, Edewecht 2013, 505–515.

Heermann, Peter W./Schlingloff, Jochen (Hrsg.), Münchener Kommentar zum Lauterkeitsrecht, 3. Auflage, München 2020.

Heidtmann, Frank, Wie das Photo ins Buch kam, Berlin 1984.

Heitland, Horst, Der Schutz der Fotografie im Urheberrecht Deutschlands, Frankreichs und der Vereinigten Staaten von Amerika, München 1995, zugl. Diss. Universität München 1994.

Helberger, Natali/Dufft, Nicole/van Gompel, Stef/Hugenholtz, Bernt, Never Forever: Why Extending the Term of Protection for Sound Recordings is a Bad Idea, E.I.P.R. 2008, Issue 5, 174–181.

Hilty, Reto M., Eldred v. Ashcroft: Die Schutzfrist im Urheberrecht – eine Diskussion, die auch Europäer interessieren sollte, GRUR Int. 2003, 201–204.

Hinte, Oliver, Nach 25 Jahren ist Schluss – Ein Denkansatz zur Verbesserung der Bewahrung des kulturellen Erbes und zur Förderung der Kreativität, in: Klimpel, Paul (Hrsg.), Mit gutem Recht erinnern – Gedanken zur Änderung der rechtlichen Rahmenbedingungen des kulturellen Erbes in der digitalen Welt, Hamburg 2018, 81–87.

Hoenisch, Werner, Fotografisches Urheberrecht und Urhebervertragsrecht, Diss. Universität Leipzig 1934.

Hoeren, Thomas, Anmerkung zu BGH – I ZR 104/17, MMR 2019, 246–246.

Hoeren, Thomas, Der Blick über den Tellerrand – Rechtsvergleichende Aspekte – Das Urheberrecht als Standortfaktor im globalen Wettbewerb um Bildung und Wissenschaft, vhw Mitteilungen 2005, 25–27.

Hoeren, Thomas, Multimedia und Fragen des Urheberrechts, in: Kubicek, Herbert/Müller, Günter/Neumann, Karl-Heinz/Raubold, Eckart/Roßnagel, Alexander (Hrsg.), Multimedia – Technik sucht Anwendung, Jahrbuch Telekommunikation und Gesellschaft 1995, 94–100.

Hoeren, Thomas, Urheberrecht 2000 – Thesen für eine Reform des Urheberrechts, MMR 2000, 3–7.

Hoeren, Thomas, Urheberrecht in der Informationsgesellschaft – Überlegungen zu einem Rechtsgutachten von Gerhard Schricker et al., GRUR 1997, 866–875.

Hoeren, Thomas, Was bleibt vom Urheberrecht im Zeitalter von Filesharing und Facebook?, EuZ 2012, 2–9.

Hoeren, Thomas/Münker, Reiner (Hrsg.), GeschGehG – Gesetz zum Schutz von Geschäftsgeheimnissen, Berlin Boston 2021.

Hoeren, Thomas/Nielen, Michael (Hrsg.), Fotorecht – Recht der Aufnahme, Gestaltung und Verwertung von Bildern, Berlin 2004.

Hoeren, Thomas/Sieber, Ulrich/Holznagel, Bernd (Hrsg.), Handbuch Multimedia-Recht – Rechtsfragen des elektronischen Geschäftsverkehrs, 56. Ergänzungslieferung, München 2021.

Hofmann, Franz, Update für das Urheberrecht – Einführung in das Gesetz zur Anpassung des Urheberrechts an die Erfordernisse des digitalen Binnenmarktes, GRUR 2021, 895–903.

Hughes, Justin, Gorgeous Photograph, Limited Copyright, in: Bogre, Michelle/Wolff, Nancy (Hrsg.), The Routledge Companion to Copyright and Creativity in the 21st Century, New York 2021, 78–90.

Hughes, Justin, The Photographer's Copyright – Photograph as Art, Photograph as Database, JOLT 2012, Vol. 25, 327–413.

Jaworski, Stanislaus/Kraetzig, Viktoria, Influencer-Marketing: nicht nur lauterkeitsrechtlich eine Herausforderung, GRUR-Prax 2020, 302–304.

Jenkins, Reese V., Technology and the Market: George Eastman and the Origins of Mass Amateur Photography, Technology and Culture 1975, Vol. 16, 1–19.

Kaiser, Hermann, Entwurf eines Gesetzes für den Norddeutschen Bund zum Schutze der Original-Photographien gegen unbefugte Nachbildung – Nebst Erläuterungen und einer Denkschrift über die Schutzberechtigung der Original-Photographien, Berlin 1868.

Katzenberger, Paul, Neue Urheberrechtsprobleme der Photographie – Reproduktionsphotographie, Luftbild- und Satellitenaufnahmen, GRUR Int. 1989, 116–119.

Klass, Nadine, Die geplante Schutzfristenverlängerung für ausübende Künstler und Tonträgerhersteller: Der falsche Ansatz für das richtige Ziel, ZUM 2008, 663–673.

Klass, Nadine/Rupp, Hajo, Die Digitalisierung des europäischen Kulturerbes – Europäische Strategien im Interesse der Bewahrung und öffentlichen Zugänglichmachung europäischer Kulturgüter, ZUM 2013, 760–769.

Klimpel, Paul, Reformen für das kulturelle Erbe?, RuZ 2021, 68–85.

Klimpel, Paul/Rack, Fabian, Reproduktionen und urheberrechtlicher Schutz – Vervielfältigung, Lichtbildschutz und Gemeinfreiheit – was gilt bisher, was wird gelten?, RuZ 2020, 243–257.

Kneschke, Robert, Stockfotografie – Geld verdienen mit eigenen Fotos, 5. Auflage, Frechen 2020.

Koboldt, Christian, Property Rights und Urheberschutz, in: Ott, Claus/Schäfer, Hans-Bernd (Hrsg.), Ökonomische Analyse der rechtlichen Organisation von Innovationen – Beiträge zum IV. Travemünder Symposium zur ökonomischen Analyse des Rechts (23.–26. März 1994), Tübingen 1994, 69–114.

Kogan, Terry S., Photographic Reproductions, Copyright and the Slavish Copy, COLUM. J.L. & ARTS 2012, Vol. 35, 445–502.

Köhler, Helmut/Bornkamm, Joachim/Feddersen, Jörn et al., Gesetz gegen den unlauteren Wettbewerb – GeschGehG, PAngV, UKlaG, DL-InfoV, 39. Auflage, München 2021.

Kommission zur Ermittlung des Finanzbedarfs der Rundfunkanstalten, 22. Bericht aus Februar 2020, abrufbar unter http://go.wwu.de/jgbzs.

Koreng, Ansgar, Der rechtliche Status von Reproduktionsfotografien – Fotografien zweidimensionaler Vorlagen zwischen Vervielfältigung und Lichtbildschutz, in: Weller, Matthias/Kemle, Nicolai B./Dreier, Thomas/Michl, Felix M. (Hrsg.), Kulturgüterrecht – Reproduktionsfotografie – StreetPhotography, Tagungsband des Elften Heidelberger Kunstrechtstags am 20. und 21. Oktober 2017, Baden-Baden 2018, 87–103.

Koschatzky, Walter, Die Kunst der Photographie – Technik, Geschichte, Meisterwerke, Salzburg Wien 1984.

Kreile, Reinhold/Schricker, Gerhard/Melichar, Ferdinand, Plädoyer für eine einheitliche 70-jährige Schutzfrist für Urheber in der gesamten EG – Eine gemeinsame Stellungnahme zum Fragebogen der EG-Kommission zur Harmonisierung der Schutzdauer des Urheberrechts und der Leistungsschutzrechte der GEMA, des Max-Planck-Instituts für ausländisches und internationales Patent-, Urheber- und Wettbewerbsrecht und der VG Wort, ZUM 1991, 359–362.

Landes, William M./Posner, Richard A., An Economic Analysis of Copyright Law, JLS 1989, Vol. 18, 325–363.

Landes, William M./Posner, Richard A., The Economic Structure of Intellectual Property Law, Cambridge London 2003.

Lauber-Rönsberg, Anne, Fotografien gemeinfreier Museumsexponate, Anmerkung zu BGH – I ZR 104/17, ZUM 2019, 341–344.

Lauber-Rönsberg, Anne/Krahn, Philipp/Baumann, Paul, Kurzfassung des Gutachtens zu den rechtlichen Rahmenbedingungen des Forschungsdatenmanagements – im Rahmen des DataJus-Projektes, 12. Juli 2018.

Lavigne, Joseph A., For Limited Times? Making Rich Kids Richer Via the Copyright Term Extension Act of 1996, U. Det. Mercy L. Rev. 1996, Vol. 73, 311–360.

Lehment, Henrik, Das Fotografieren von Kunstgegenständen, Göttingen 2008, zugl. Diss. Universität Kiel 2007/2008.

Leistner, Matthias/Hansen, Gerd, Die Begründung des Urheberrechts im digitalen Zeitalter – Versuch einer Zusammenführung von individualistischen und utilitaristischen Rechtfertigungsbemühungen, GRUR 2008, 479–490.

Leistner, Matthias/Metzger, Axel, The EU Copyright Package: A Way Out of the Dilemma in Two Stages, IIC 2017, 381–384.

Lemley, Mark A., The Economics of Improvement in Intellectual Property Law, Tex. L. Rev. 1996–1997, Vol. 75, 989–1084.

Lerach, Mark, Lichtbildschutz im Internet, in: Taeger, Jürgen (Hrsg.), IT und Internet mit Recht gestalten, Tagungsband DSRI-Herbstakademie 2012, Edewecht 2012, 175–191.

Linke, David/Žikovská, Petra, 'The Implementation of the Directive on Copyright and Related Rights in the Digital Single Market' – Conference Report on the Sixth Binational Seminar of the Technische Universität Dresden and Charles University in Prague, 1. December 2020, GRUR Int. 2021, 770–775.

Liu, Joseph P., Copyright and Time: A Proposal, Mich. L. Rev. 2002, Vol. 101, 409–481.

Loewenheim, Ulrich (Hrsg.), Handbuch des Urheberrechts, 3. Auflage, München 2021.

Lutzi, Tobias, Digitalisate klassischer Gemälde – zwischen Lichtbildschutz, Eigentumseingriff und Gemeinfreiheit – Zugleich Besprechung von OLG Stuttgart „Reiss-Engelhorn-Museen", GRUR 2017, 878–881.

Maar, Christa/Burda, Hubert (Hrsg.), Iconic Turn – Die neue Macht der Bilder, Köln 2004.

Maaßen, Stefan, Abmahnung wegen unterlassener Urheberbenennung: Grenzen eines Geschäftsmodells, GRUR-Prax 2013, 127–129.

Maaßen, Wolfgang, Urheberrechtliche Probleme der elektronischen Bildverarbeitung, ZUM 1992, 338–352.

Malevanny, Nikita, Die Länge der Schutzfristen im Musikurheberrecht: Rechtfertigung im Zeitalter des Internet, GRUR Int. 2013, 737–747.

Metzger, Axel, Droit d'auteur et droit du public à l'information, GRUR Int. 2006, 171–174.

Miller, Arthur R., Extending Copyrights Preserves U.S. Culture, in: Congressional Record, Proceedings and Debates of the 104th Congress, First Session, Vol. 141 No. 39, 1995, S 3394.

Mitchell, W. J. T., Pictorial Turn. Eine Antwort, in: Belting, Hans (Hrsg.), Bilderfragen – Die Bildwissenschaften im Aufbruch, München 2007, 37–46.

Mitchell, W. J. T., Picture Theory – Essays on Verbal and Visual Representation, Chicago 1994.

Mitchell, W. J. T., The Pictorial Turn, Art Forum 1992, 89–94.

Mosimann, Peter (Hrsg.), Das revidierte Urheberrecht – Die wesentlichen Neuerungen – eine Standortbestimmung, Basel 2020.

Mosimann, Peter/Renold, Marc-André/Raschèr, Andrea F. G. (Hrsg.), Kultur Kunst Recht – Schweizerisches und internationales Recht, Basel 2020.

Nemeczek, Heinrich, Gibt es einen unmittelbaren Leistungsschutz im Lauterkeitsrecht?, WRP 2010, 1204–1214.

Nemeczek, Heinrich, Rechtsübertragungen und Lizenzen beim wettbewerbsrechtlichen Leistungsschutz – Zugleich ein Beitrag gegen den unmittelbaren Leistungsschutz, GRUR 2011, 292–295.

Netanel, Neil Weinstock, Copyright and a Democratic Civil Society, Yale L. J. 1996, Vol. 106, 283–387.

Newhall, Beaumont, The history of photography – from 1839 to the present day, revised and enlarged edition, New York 1964.

Neymeyer, Florian, Die urheberrechtliche Schutzdauer – Am Beispiel der digitalen Fotografie, Hamburg 2015, zugl. Diss. Universität Augsburg 2015.

Niederalt, Stephanie, Recht und Zugang – Die Perspektive der Museen, RuZ 2020, 47–55.

Nordemann, Axel, Die künstlerische Fotografie als urheberrechtlich geschütztes Werk, Baden-Baden 1992, zugl. Diss. Universität Frankfurt am Main 1990/1991.

Nordemann, Wilhelm, Lichtbildschutz für fotografisch hergestellte Vervielfältigungen?, GRUR 1987, 15–18.

Nordemann, Axel/Heise, Friedrich Nicolaus, Urheberrechtlicher Schutz für Designleistungen in Deutschland und auf europäischer Ebene, ZUM 2001, 128–146.

Novos, Ian E./Waldman, Michael, The Effects of Increased Copyright Protection: An Analytic Approach, JPE 1984, Vol. 92, 236–246.

Oertli, Reinhard, Neues Urheberrecht für Fotografien – Bestandsaufnahme und einige kritische Gedanken, sic! 11/2020, 599–607.

Ohly, Ansgar, A Fairness-Based Approach to Economic Rights, in: Hugenholtz, P. Bernt (Hrsg.), Copyright Reconstructed, Alphen aan den Rijn 2018, 83–120.

Ohly, Ansgar, Gibt es einen Numerus Clausus der Immaterialgüterrechte?, in: Ohly, Ansgar/Bodewig, Theo/Dreier, Thomas/Götting, Horst-Peter/Haedicke, Maximilian/Lehmann, Michael (Hrsg.), Perspektiven des Geistigen Eigentums und Wettbewerbsrechts, Festschrift für Gerhard Schricker zum 70. Geburtstag, München 2005, 105–121.

Ohly, Ansgar, Hartplatzhelden.de oder: Wohin mit dem unmittelbaren Leistungsschutz?, GRUR 2010, 487–494.

Ohly, Ansgar, Urheberrecht im digitalen Binnenmarkt – Die Urheberrechtsnovelle 2021 im Überblick, ZUM 2021, 745–755.

Ohly, Ansgar, Urheberrecht in der digitalen Welt – Brauchen wir neue Regelungen zum Urheberrecht und dessen Umsetzung?, Gutachten F zum 70. Deutschen Juristentag, München 2014.

Ohly, Ansgar, Verwertungsverträge im Bereich der bildenden Kunst, in: Beier, Friedrich-Karl/Götting, Horst-Peter/Lehmann, Michael/Moufang, Rainer (Hrsg.), Urhebervertragsrecht, Festgabe für Gerhard Schricker zum 60. Geburtstag, München 1995, 427–458.

Oldekop, Axel, Elektronische Bildbearbeitung im Urheberrecht, Köln Berlin München 2006, zugl. Diss. Universität Osnabrück 2005.

Overbeck, Melanie, Der Lichtbildschutz gem. § 72 UrhG im Lichte der Digitalfotografie, Berlin Münster 2018, zugl. Diss. Universität Münster 2017.

Palandt, Otto, Bürgerliches Gesetzbuch mit Nebengesetzen, 80. Auflage, München 2021.

Pense, Andreas, Der urheberrechtliche Filmherstellerbegriff des § 94 UrhG, ZUM 1999, 121–126.

Perlmutter, Shira, The European Commission's Initiative: Concern of the (proposed) Term Extension – Status of Legislation, in: ALAI Association Littéraire et Artistique Internationale Groupe Autrichien/Walter, Michel M. (Hrsg.), ALAI Study Days 2010 Vienna, Wien 2012, 103–106.

Peukert, Alexander, Der Schutzbereich des Urheberrechts und das Werk als öffentliches Gut – Insbesondere: Die urheberrechtliche Relevanz des privaten Werkgenusses, in: Hilty, Reto M./Peukert, Alexander (Hrsg.), Interessenausgleich im Urheberrecht, Baden-Baden 2004, 11–46.

Peukert, Alexander, Die Gemeinfreiheit – Begriff, Funktion, Dogmatik, Tübingen 2012.

Peukert, Alexander, hartplatzhelden.de – Eine Nagelprobe für den wettbewerbsrechtlichen Leistungsschutz, WRP 2010, 316–321.

Pfennig, Gerhard, Die digitale Verwertung von Werken der bildenden Kunst und von Fotografien, in: Becker, Jürgen/Dreier, Thomas (Hrsg.), Urheberrecht und digitale Technologie – Arbeitssitzung des Instituts für Urheber- und Medienrecht am 22. April 1994, Baden-Baden 1994, 95–104.

Pfennig, Gerhard, Museumspraxis und Urheberrecht – Eine Einführung, Opladen 1996.

Platena, Thomas, Das Lichtbild im Urheberrecht – Gesetzliche Regelung und technische Weiterentwicklung, Frankfurt am Main 1998, zugl. Diss. Universität Marburg 1998.

Pollock, Rufus, Forever Minus a Day? Calculating Optimal Copyright Term, RERCI 2009, Vol. 6, 35–60.

Prengel, Timo, Bildzitate von Kunstwerken als Schranke des Urheberrechts und des Eigentums mit Bezügen zum Internationalen Privatrecht, Frankfurt am Main 2011, zugl. Diss. Universität Heidelberg 2010.

Prosi, Gerhard, Ökonomische Theorie des Buches – Volkswirtschaftliche Aspekte des Urheber- und Verlegerschutzes, Düsseldorf 1971, zugl. Habil. Universität Marburg 1970.

Rau, Wolfgang, Recht für Fotografen, Der Ratgeber für den fotografischen Alltag, 3. Auflage, Bonn 2017.

Raue, Benjamin, Das Urheberrecht der digitalen Wissen(schaft)sgesellschaft, GRUR 2017, 11–19.

Rauer, Nils/Bibi, Alexander, Digitale Wirklichkeit – Gibt es einen Lichtbildschutz für virtuelle Bilder?, ZUM 2020, 519–525.

Rauer, Nils/Ettig, Diana, Creative Commons & Co. – Rechtliche Fragestellungen rund um die Nutzung (kostenfreier) Bilddatenbanken, WRP 2015, 153–157.

Rehbinder, Manfred/*Peukert, Alexander*, Urheberrecht und verwandte Schutzrechte – Ein Studienbuch, 18. Auflage, München 2018.

Reich, Michael Mark, Die ökonomische Analyse des Urheberrechts in der Informationsgesellschaft, München 2006, zugl. Diss. Universität München 2004.

Reuter, Alexander, Digitale Bild- und Filmbearbeitung im Licht des Urheberrechts, GRUR 1997, 23–33.

Ricke, Stefan, Entwicklung des rechtlichen Schutzes von Fotografien in Deutschland unter besonderer Berücksichtigung der preußischen Gesetzgebung, Münster 1998, zugl. Diss. Universität Münster 1998.

Riedel, H., Schutz der Photographie im geltenden und zukünftigen Urheberrecht, GRUR 1951, 378–382.

Rigamonti, Cyrill P., On the New Copyright Protection for Non-Original Photographs in Switzerland, GRUR Int. 2020, 987–988.

Rühl, Gisela, Ökonomische Analyse des Rechts, in: Krüper, Julian (Hrsg.), Grundlagen des Rechts, 4. Auflage, Baden-Baden 2021.

Sachs-Hombach, Klaus, Das Bild als kommunikatives Medium – Elemente einer allgemeinen Bildwissenschaft, Köln 2003.

Sack, Rolf, Leistungsschutz nach § 3 UWG, GRUR 2016, 782–789.

Schack, Haimo, Bildzitate zu Lasten der Fotografen?, in: Schierholz, Anke/Melichar, Ferdinand (Hrsg.), Kunst, Recht und Geld, Festschrift für Gerhard Pfennig zum 65. Geburtstag, München 2012, 207–215.

Schack, Haimo, Schutzgegenstand, „Ausnahmen oder Beschränkungen" des Urheberrechts, GRUR 2021, 904–909.

Schack, Haimo, Urheber- und Urhebervertragsrecht, 9. Auflage, Tübingen 2019.

Schack, Haimo, Weniger Urheberrecht ist mehr, in: Bullinger, Winfried/Grunert, Eike/Ohst, Claudia/Wöhrn, Kirsten-Inger (Hrsg.), Festschrift für Artur-Axel Wandtke zum 70. Geburtstag am 26. März 2013, Berlin/Boston 2013, 9–20.

Schäfer, Hans-Bernd/Ott, Claus, Lehrbuch der ökonomischen Analyse des Zivilrechts, 6. Auflage, Berlin 2021.

Scheibel, Josef/Scheibel, Robert, Basiswissen Digitalfotografie verstehen und anwenden, Gilching 2010.

Scheid, Uwe, Photographica sammeln – Kameras – Photographien – Ausrüstungen, München 1977.

Schiessel, Ilva Johanna, Reichweite und Rechtfertigung des einfachen Lichtbildschutzes gem. § 72 UrhG, Baden-Baden 2020, zugl. Diss. Universität Freiburg i. Br. 2020.

Schiller, Albert, Das Photographengewerbe in Deutschland, Diss. Universität Halle-Wittenberg 1923.

Schneider, Inge, Das Recht des Kunstverlags, München 1991, zugl. Diss. Universität München 1990.

Schneider, Mathias, Der Status Quo bei der Urhebernennung im Web, in: Taeger, Jürgen (Hrsg.), Internet der Dinge – Digitalisierung von Wirtschaft und Gesellschaft, Tagungsband DSRI-Herbstakademie 2015, Edewecht 2015, 581–598.

Schneider, Mathias, Offene Fragen zur Urhebernennung nach Pixelio – Widersprüche in der aktuellen Rechtsprechung zum Urhebernennungsrecht und Lösungsmöglichkeiten, CR 2016, 37–43.

Schreiner, Eduard, Offenes Sendschreiben an die Commission der k. b. Akademie der bildenden Künste zu München in Angelegenheiten der Photographie, bezüglich ihrer Stellung zur Kunst, München 1864.

Schricker, Gerhard/Loewenheim, Ulrich, Urheberrecht – UrhG, KUG, VGG – Kommentar, 6. Auflage, München 2020.

Schulze, Gernot, Das Urheberrecht und die bildende Kunst, in: Deutsche Vereinigung für gewerblichen Rechtsschutz und Urheberrecht durch Beier, Friedrich-Karl/Kraft, Alfons/Schricker, Gerhard/Wadle, Elmar (Hrsg.), Festschrift zum hundertjährigen Bestehen der Deutschen Vereinigung für gewerblichen Rechtsschutz und Urheberrecht und ihrer Zeitschrift, Band II, Weinheim 1991, 1303–1348.

Schulze, Gernot, Der Richtlinienvorschlag der EU-Kommission zur Schutzfristenverlängerung für ausübende Künstler und Tonträgerhersteller aus dogmatischer, kritischer und konstruktiver Sicht, ZUM 2009, 93–102.

Schulze, Gernot, Der Schutzumfang des Urheberrechts in Deutschland – Der Schutzumfang (Schutzvoraussetzungen, Schutzdauer) des Urheberrechts und

Gedanken für künftige Regelungen zum Schutz von Werken und Leistungen, in: Hilty, Reto M./Geiger, Christophe (Hrsg.), Impulse für eine europäische Harmonisierung des Urheberrechts – Urheberrecht im deutsch-französischen Dialog, Berlin Heidelberg New York 2007, 117–128.

Schulze, Gernot, Fotos von gemeinfreien Werken der bildenden Kunst – Umsetzungsbedarf bei Art. 14 der Richtlinie zum Urheberrecht im digitalen Binnenmarkt, GRUR 2019, 779–783.

Schulze, Gernot, Museale Reproduktionsfotografie und Bildrecht an der eigenen Sache, in: Weller, Matthias/Kemle, Nicolai B./Dreier, Thomas/Michl, Felix M. (Hrsg.), Kulturgüterrecht – Reproduktionsfotografie – StreetPhotography, Tagungsband des Elften Heidelberger Kunstrechtstags am 20. und 21. Oktober 2017, Baden-Baden 2018, 104–124.

Schuster, Ludwig, Analoge Fotografie, Frechen 2017.

Schütz, Christoph, Schutz der Pressefotografie: Unterwegs Richtung Lichtbildschutz?, sic! 2/2016, 53–56.

Schütz, Christoph, Schutz von Fotografien: Die Lex Egloff im Kreuzfeuer der Kritik, sic! 6/2021, 285–292.

Seiler, David, Urheberrechtlicher Schutz von Reprofotos – Zugleich Kommentar zu BGH, Urteil vom 20.12.2018 – I ZR 104/17, K&R 2019, 245–249.

Shapiro, Carl/Varian, Hal. R., Information Rules – A Strategic Guide to the Network Economy, Boston 1999.

Specht-Riemenschneider, Louisa/Paschwitz, Julia, Gemeinfreiheit als Prinzip? – Reichweite und Umsetzungsbedarf des Art. 14 DSM-Richtlinie, RuZ 2020, 95–107.

Spieker, Oliver, Die fehlerhafte Urheberbenennung: Falschbenennung des Urhebers als besonders schwerwiegender Fall, GRUR 2006, 118–124.

Spingler, Leopold, Der Photohandel in Deutschland, Diss. München 1935.

stadtpunkt kultur, Stellungnahme v. 3. September 2019 zur Umsetzung der RL 2019/790, abrufbar unter http://go.wwu.de/x1883.

Stang, Felix Laurin, Art. 14 der neuen DSM-Richtlinie – Das Ende des Schutzes von Reproduktionsfotografien, ZUM 2019, 668–674.

Stang, Felix Laurin, Das urheberrechtliche Werk nach Ablauf der Schutzfrist – Negative Schutzrechtsüberschneidung, Remonopolisierung und der Grundsatz der Gemeinfreiheit, Tübingen 2011, zugl. Diss. Universität Bonn 2010.

Stang, Felix Laurin, Freie Verwendung von Abbildungen gemeinfreier Werke? – Zur urheberrechtlichen Bewertung von Angeboten gemeinfreier Bilder bei *Wikipedia* und *Wikimedia Commons*, ZGE 2009, 167–219.

Stenger, Erich, Die beginnende Photographie im Spiegel von Tageszeitungen und Tagebüchern – Ein Beitrag zum 100jährigen Bestehen der Lichtbildnerei 1839–1939, Würzburg-Aumühle 1940.

Stenger, Erich, Siegeszug der Photographie – in Kultur, Wissenschaft, Technik, Seebruck am Chiemsee 1950.

Sterk, Stewart E., Rhetoric and Reality in Copyright Law, Mich. L. Rev. 1996, Vol. 94, 1197–1249.

Stieper, Malte, Geistiges Eigentum an Kulturgütern – Möglichkeiten und Grenzen der Remonopolisierung gemeinfreier Werke, GRUR 2012, 1083–1091.

Stieper, Malte, Rechtfertigung, Rechtsnatur und Disponibilität der Schranken des Urheberrechts, Tübingen 2009, zugl. Habil. Universität Kiel 2009.

Stiftung Preußischer Kulturbesitz, Stellungnahme v. 6. November 2020 zum Referentenentwurf des Bundesministeriums der Justiz und für Verbraucherschutz eines Gesetzes zur Anpassung des Urheberrechts an die Erfordernisse des digitalen Binnenmarktes v. 2. September 2020, abrufbar unter http://go.wwu.de/-jcgn.

Stiftung Preußischer Kulturbesitz, Stellungnahme v. 31. Juli 2020 zum Diskussionsentwurf des Bundesministeriums der Justiz und für Verbraucherschutz eines Zweiten Gesetzes zur Anpassung des Urheberrechts an die Erfordernisse des digitalen Binnenmarktes v. 24. Juni 2020, abrufbar unter http://go.wwu.de/nisb0.

Stiftung Preußischer Kulturbesitz, Stellungnahme v. 6. September 2019 zur Umsetzung der RL 2019/790, abrufbar unter http://go.wwu.de/azg09.

Sykora, Sandra, „Lichtbildschutz reloaded": Der „Schutz der nicht individuellen Fotografie" im neuen Entwurf für die Modernisierung des Schweizer Urheberrechts, KUR 2018, 45–56.

Talke, Armin, Lichtbildschutz für digitale Bilder von zweidimensionalen Vorlagen, ZUM 2010, 846–852.

Tiessen, Marten, Ausgeknipst! – Ende des Schutzes für Reproduktionsfotografien durch Art. 14 DSM-RL, DFN-Infobrief Recht 3/2020, 2–4.

Tillmanns, Urs, Geschichte der Photographie – Ein Jahrhundert prägt ein Medium, Stuttgart 1981.

Towse, Ruth, What we know, what we don't know and what Policy-Makers would like us to know about the Economics of Copyright, RERCI 2011, Vol. 8, 101–120.

Ullrich, Wolfgang, „Urheberrechte für die sozialen Netzwerke gänzlich suspendieren" (Interview v. 18. Mai 2015), abrufbar unter http://go.wwu.de/nfd21.

Ulmer, Eugen, Urheber- und Verlagsrecht, 3. Auflage, Berlin Heidelberg New York 1980.

Verband Deutscher Kunsthistoriker, Stellungnahme v. 24. Juli 2020 zum Diskussionsentwurf des Bundesministeriums der Justiz und für Verbraucherschutz eines Zweiten Gesetzes zur Anpassung des Urheberrechts an die Erfordernisse des digitalen Binnenmarktes v. 24. Juni 2020, abrufbar unter http://go.wwu.de/ugmym.

Volgger, Michael, Lichtmikroskopie, Theorie und Anwendung, Universität Wien 2008.

Von Brauchitsch, Boris, Kleine Geschichte der Fotografie, Stuttgart 2002.

Wagner, Reinhard/Kindermann, Klaus, Meisterschule Digitale Fotografie, Poing 2010.

Waitz, Clemens, Die Ausstellung als urheberrechtlich geschütztes Werk, Baden-Baden 2009, zugl. Diss. Universität Freiburg 2009.

Wallace, Andrea/Euler, Ellen, Revisiting Access to Cultural Heritage in the Public Domain: EU and International Developments, IIC 2020, 823–855.

Walter, Giulia, Der neue Art. 2 Abs. 3bis URG – Die Umkehrung des Urheberrechts?, sic! 7+8/2021, 377–383.

Wanckel, Endress, Foto- und Bildrecht, 5. Auflage, München 2017.

Wandtke, Artur-Axel/Bullinger, Winfried (Hrsg.), Praxiskommentar Urheberrecht – UrhG, VGG, InsO, UKlaG, KUG, EVtr, InfoSoc-RL, 5. Auflage, München 2019.

Wandtke, Artur-Axel/Ohst, Claudia (Hrsg.), Praxishandbuch Medienrecht, Band 2: Schutz von Medienprodukten, 3. Auflage, Berlin Boston 2014.

Watt, Richard, Copyright and Economic Theory – Friends or Foes?, Cheltenham Northampton 2000.

Westphalen, Christian, Die große Fotoschule – Digitale Fotopraxis, 2. Auflage, Bonn 2014.

Wiese, Rolf, Wirtschaftliche Aktivitäten von Museen, in: Walz, Markus (Hrsg.), Handbuch Museum – Geschichte – Aufgaben – Perspektiven, Stuttgart 2016, 351–354.

Wikimedia Deutschland, Gesellschaft zur Förderung freien Wissens e.V., Stellungnahme v. 6. November 2020 zum Referentenentwurf des Bundesministeriums der Justiz und für Verbraucherschutz eines Gesetzes zur Anpassung des Urheberrechts an die Erfordernisse des digitalen Binnenmarktes v. 2. September 2020, abrufbar unter http://go.wwu.de/n4-zs.

Wirth, Thomas, § 68 UrhG-E: Vervielfältigungen gemeinfreier visueller Werke – Kommentar zum Diskussionsentwurf des BMJV v. 24. Juni 2020 zu einem

Zweiten Gesetz zur Anpassung des Urheberrechts an die Erfordernisse des digitalen Binnenmarktes, ZUM 2020, 715–716.

Wolf, Eberhard, Natur- und Landschaftsfotografie, Hannover 2011.

Würtenberger, Gert/Freischem, Stephan, Stellungnahme des GRUR Fachausschusses für Urheber- und Verlagsrecht zur Umsetzung der EU-RL im Urheberrecht (DSM-RL [EU] 2019/790 und Online-SatCab-RL [EU] 2019/789), GRUR 2019, 1140–1166.

Yang, David, Bilder von Bildern: Urheberrechtliche und eigentumsrechtliche Fragen der Kunstfotografie, Anmerkung zu OLG Stuttgart – 4 U 204/16, ZUM 2017, 951–955.

Zech, Herbert, Anmerkung zu BGH – I ZR 104/17, GRUR 2019, 291–292.

Zech, Herbert, Information als Schutzgegenstand, Tübingen 2012, zugl. Habil. Universität Bayreuth 2011/2012.

Zeitler, Herbert, Die Entwicklung des Photographieschutzes, Diss. Universität München 1952.

Ziegler, Katharina, Urheberrechtsverletzungen durch Social Sharing – Urheber- und haftungsrechtliche Aspekte sozialer Netzwerke am Beispiel der Plattform Facebook, Tübingen 2016, zugl. Diss. Universität Regensburg 2016.

Zierl, Richard, Technische Fotografie – Für Naturwissenschaftler, Mediziner und Ingenieure, München 2007.